Emperor Qianlong
Son of Heaven, Man of the World

〔美〕欧立德 著
Mark C. Elliott

青石 译
贾建飞 欧立德 审校

社会科学文献出版社
SOCIAL SCIENCES ACADEMIC PRESS (CHINA)

换一个角度看乾隆和他的时代

定宜庄

在中国，乾隆皇帝是家喻户晓的人物。他执政时间最长，在他统治的漫长的60年中，“康乾盛世”被推至鼎盛，这使今天向往“强国梦”的中国人为之骄傲并缅怀不已。影视与文学作品中历时数十年不衰的清宫戏，更以乾隆皇帝为题材，演绎出层出不穷的足以供人们茶余饭后津津乐道的故事。

从史学研究的角度来说，乾隆朝也是清朝历史中最重要的一段时期，在史家眼中，它是清朝由盛转衰的开始，这种由盛转衰的契机和过程以及从中反映出的各种现象，从来都是史家关注的节点。最近二三十年，我国清史学界对乾隆帝及其所统治的朝代的研究，堪称硕果累累，仅乾隆皇帝的传记，就已经有六七部专著问世，大多数都出自治史多年、功力深厚的专家之手，其中不乏上乘之作，所涉及的诸多重大事件、重大议题，已经不限于乾隆一朝，而是有清一代乃至整个中国历史研究中多年来颇为关注的问题。

不过，我们手中的这部《乾隆帝》，却不在上述提及的范畴之内，因为它并非出自中国的清史学家之手。本书作者Mark C. Elliott，中文名欧立德，是美国哈佛大学东亚系和历史系教授，他的研究领域，主要是1600年以后的中国史和内陆亚洲史，因其代表作《满洲之道：八旗与清代族群认同》，而被视为近年来在国内颇受争议的美国“新清史”学派的领军人物之一。在当今的中国清史学界，尤其年青一代的学者中，不知道他的人恐怕不多。但是这部乾隆皇帝的传记，却并不是一部纯学术专著，而是一部以英文写作、面向欧美那些对中国史感兴趣的读者的读物，是常被美国的大学作为本科生学习中国史的教材来用的，所以，它的受众群比起纯学术专著，还要广泛得多。

对于这样一部作品，我曾有过颇多不解。我不明白作者为何在从事学术研究的最佳年龄，搁置起在我眼中更重要的学术研究，汲汲于这样一件对他学术发展道路未必有利的工作，何况撰写这样的作品也并不轻松，甚至有些吃力不讨好。而他自己对此则有这样的解释，他说在他看来，尽管乾隆皇帝是一位在世界历史中（请注意他说的不是或者不仅仅是在中国历史中）发挥过重大作用的人物，但迄今为止，在绝大多数欧美国家，他却仍然鲜为人知。中国人耳熟能详的“康雍乾”三世，对外国人而言，却依然相当陌生。而对世界历史来说，如果缺少了对乾隆皇帝与他的清朝帝国的叙述，则缺少了很大的一部分，而且是非常重要的一部分。他进而论道，如果人们真的想要理解今天正在崛起的这个中国，就必须对乾隆皇帝所处的那个时代予以认真的审视。所以，作为一名历史学家，向欧美读者介绍这个人物，提醒人们关注这个人物和这个时代，是他的责任。我感动于他的这种责任感和为此付出的热情，这是我愿意为本书的中译本作序，并向中国学界和读者推荐这部书的原因。

本书既然是为不熟悉、不了解中国历史的欧美读者而作，所以，尽管对于乾隆朝的种种败象，作者也有深入具体的指摘和批评，就像中国学者常做的那样，但是作者更着力的，还是向读者展示一个繁荣强盛的东方帝国，它疆域辽阔、社会富庶、经济发达、文化高度繁荣。这个帝国中最富庶的那些人控制着当时地球上最多的财富，它的行政管理体系和效率，是其他任何前现代国家都无法比拟的。总之，对乾隆这个人物和清帝国，本书看来有过多溢美之词，但据我理解，这倒不是出于作者的个人偏好，更不是哗众取宠，而是表达了作者的一种愿望。他希望让西方读者知道，在 18 世纪的东方，也同样有过在世界历史上的影响力不逊于西方同时代任何帝国的王朝，这个王朝的统治者曾通过许多方式参与了全球历史的发展，并对这种发展做出了自己的贡献。这是中国学者很少有人指出过的。

说到这里，读者当然也会产生一个问题。那就是，既然这部书是由美国学者向不熟悉中国历史的读者写的，那它对于我们中国的读者，又有什么意义呢？也就是说，有什么必要花费如许精力，将它翻译成中文并且在中国出版呢？

我想，首先是贯穿于全书的全球史的叙事角度。具体地说，譬如本书一开篇，就提到“漫长的 18 世纪”（Long eighteenth century），须知这并不仅指某个特定的时间段，而是世界史研究中的一个重要的概念，甚至已经成为史学研究中的一个专门领域。对于这个在世界史中被视为具有独一无二重要性的“革命时代”，无疑应该将与之同时代的、在中国历史上也极为重要的乾隆时代包括进去，而且应该将后者置于这样的历史情境中进行观察和分析。令人遗憾的是，尽管这个概念在欧美学界被广泛认知的时间已经有 20 年甚至更长，也有一些论述早已译成中文，但在中国学界迄今鲜有回应者。我们仍然习惯于以"康乾盛世"的传统说法，以一种自说自话的方式描述它，而没有意识到，从这里入手来看待清朝，而不是仅仅将其视为中国传统社会循环往复的盛衰规律来看待，才能够使我们对乾隆时代的研究有更多元更深层的理解和实质性的突破。

将乾隆朝与其他前现代帝国进行比较，并不仅仅是简单地、机械地罗列出二者的同异，它需要作者具有对这些不同帝国各自不同性质的深刻的洞察力，这样的要求对任何一个史学家都过高，何况也不是区区一部小书能够承担的任务。但本书在这方面，还是尽可能地做了些有启发性的尝试。譬如在提到满洲帝国与其他帝国的不同时，虽然也强调了满洲特性以及统治者为保持这种特性所做的努力，但也特别强调了清朝与传统中原王朝之间高度的延续性。作者注意到中原王朝的历史为满洲统治者所提供的极为重要的意识形态系统，认为这是导致乾隆皇帝不能像俄罗斯的彼得大帝那样开展大规模革新的原因。这些比较，以及比较背后的思考和分析，虽然可能存在诸多值得商榷之处，但还是能够促使我们换一个新的角度，从另一个方面，来看待乾隆乃至有清一代的性质，分析乾隆朝产生的各种问题的原因。

前面一再说过，本书并不是一部纯学术专著，书中所述乾隆漫长一生所涉的各个方面、各种问题，大多数也并非来自作者本人的研究成果，而是采用了近二三十年来清史学界的大量研究成果，其中包括上文提到的中国学者的研究，但更多的还是美国学者的著作。在本书的第九章中，作者将他所采纳的各种成果的出处一一做了具体扼要的说明，使这样一部篇幅并不很长的书，几乎成为美国近年关于中国清史研究的一个展示。通过本书，我们可以大致了解美国学界对于乾隆帝乃至乾隆所处时代，着重关注的是哪些方面，在哪些方面有重要的被公认的成果，有哪些比较重大的争论，又有些什么时下最流行的议题和面向。能够做到这一点，一是由于作者作为美国哈佛大学东亚系和费正清东亚中心的教授，多年来始终位于学术研究的前沿，近水楼台，有交流与研究之便。再一个，便是作者的概括能力了，用简洁明了的文字将这些学术成果准确地、生动地表达出来，这是作者为自己订立的目标，我认为这个目标是达到了的。第三，这也体现了作者对其他同行的尊重。然而，本书的重要性，在我看来还不在于此，而在于它可以为中国研习史学尤其是清史的年轻学者，提供一个了解美国中国学研究的途径。这对于作者，可能是无意为之，我却认为，这是将本书译成中文的最有价值之所在。

如今世界已经进入全球化时代，学术研究包括史学，都不可避免地面临着必须与国际接轨的问题，了解我们在国际上的地位也成为学者必须认真对待的问题。而这个“国际地位”不仅包括当下，而且也包括过去，也就是历史。我觉得，力图跨越中美之间的文化障碍进行更深入广泛的交流，应该是中外学者共同的努力方向。

欧立德教授，我一直按照美国人的习惯，称他为 Mark。他早年就读于美国耶鲁大学时，就对中国文化产生浓厚兴趣，远赴台北和辽宁大学，攻读中国语言和历史，不仅学得一口流利的中文口语，而且在学习满文上也颇下功夫，因而能够顺利阅读汉文和满文的文献档案。他 1990 年再次来京进修期间，经日本神田信夫教授推荐引见，专程登门拜见我的恩师、中国著名清史专家王钟翰教授，自称从先生处受益良多，遂对先生执弟子礼，从此与我，便以同门师姐师弟相处，转眼竟已24年矣。我俩的博士论文选题相似，同样从爬梳满文档案开始，同样从研究八旗制度起步，二十余年多有过从。常言道，多一个朋友多一条路，我则常说，多一个朋友多一扇窗，Mark于我，就是一扇可以从这里看到国际学界精彩纷呈风景的窗子。我为有这样的师弟和朋友庆幸，也祝愿他越走越好，为美国的中国学研究做出更大的贡献。

2009年春，我曾为我的两名博士生开设了一门“美国中国学”课程，计划带领他们阅读一些美国史学家最新出版的英文的研究成果。我们研究室几位年轻同仁得知后甚感兴趣，主动加入进来，随后又有几位其他单位的年轻学者、学生参加，于是组成读书班，相约于每周三上午在我们研究室的办公室聚会，所读作品由大家共同选定，轮流担任主讲。年轻人信息灵通、思维活跃，每到讨论时，场面或严肃或激烈，我虽忝为导师，却深感从他们那里获得的启发和教益，已经超过我对他们的给予，欣慰欣喜之情难以言表。这个读书班坚持一年有余，Mark这部《乾隆帝》，即是我们当年曾经阅读并认真讨论过的作品之一。此后数年，我的博士生已经卒业，我本人多数时间又在台湾或国外游学，凡着手翻译、校对以及联系出版诸事宜，都是诸位年轻人共同努力的结果，贾建飞博士所付出的辛苦尤多。如今本书中译本得获社会科学文献出版社大力支持并慨予出版，我为Mark高兴，也为诸位年轻的译者高兴。愿以此文，纪念我与Mark并诸君共同度过的那些时光。

是为序。

2014年3月于北京上地寓所

目　录

中文版序

本书主要针对美国和欧洲的读者而作，目的是向他们介绍乾隆皇帝这样一位在世界历史进程中发挥过重要作用的人物。我所面临的问题是：绝大多数欧美读者对于乾隆本人的事迹一无所知，甚至连其名号都不知晓。那么应该从何着手？

中国读者可能会感到诧异，像乾隆皇帝这样著名的人物竟然在西方鲜为人知，然而现实就是如此。可以说，与二三十年前相比，或许如今西方人对于乾隆已经有了一些初步的了解。这并不是因为看了大量有关乾隆的畅销小说和影视剧（欧美国家通常是无法看到这些作品的），而应该归功于在很多博物馆举办的清代宫廷文物展览，它让以前对于17、18世纪的清朝缺乏感性认识的很多人了解到其丰富多彩的艺术品与陈设。尽管如此，中国人所熟知的康、雍、乾三代君主，对于外国人而言依然较为陌生。作为历史学者，我很难接受这种情况。我相信，人们若想要了解今天中国的崛起，以及思考中国如何重返世界强国之列，首先应该重新审视与思考中国上一次拥有这样的世界地位的时期，而这恰好指向乾隆的时代。因此，我写作这一传记的目的之一就是给盛行的“中国崛起”论提供更好的历史剖析。

这部有关乾隆本人及其时代的历史研究的目标之二，是让读者们对 18 世纪的中国如何适应全球历史潮流获得基本的感知。人们（甚至包括很多中国人）总是认为，在1840～1842 年的鸦片战争爆发前，清代中国是对外封闭的。而我期望此书能够消除“长城隔阻了中国与外部世界”这一荒诞说法，并试图向人们展示，乾隆治下的清代中国事实上通过诸多方式在经济、文化、政治层面以及某些学术领域内都很好地参与了全球历史的发展。我还想证明清朝在很多方面与近代早期的世界各帝国很相像（当然也存在差别），通过将清朝的扩张、王朝政策以及制度与同时代其他帝国的形成进行比较，可以加深我们对清朝的理解。另外，作为历史学家，我们也必须注重中国本土的编史传统。在中国史研究中，我们主要依赖的显然是汉语原始文献，而对于清史研究而言，还包括大量满语及其他非汉语的一手文献。总之，我希望通过这本书告诉人们，中国的历史无疑是独特的，但绝不是“独一无二的”。虽然每一个国家都有其特殊“国情”，但我认为，在 21 世纪，重要的是在全球的背景下去研究中国历史，而不是盲目地去重复一些陈旧的叙述，把中国置于与世界隔绝的孤立状态。

写这本书的第三个目标在于使乾隆皇帝更为人性化。乾隆统治中国的时间相当漫长，至其驾崩之时，其形象已经日趋神化。为了确保自己留给后世的完美形象和良好声誉，乾隆在世时做出了巨大的努力，这就使得学者们很难从这种表象之下发掘出乾隆的“真实”面貌。我本人也并无把握是否可以洞穿这层坚硬而耀眼的外壳，只能尽力将我所了解到的乾隆个人生活及其性格的种种方面展现给大家。希望我的论述可以更多地表现出乾隆皇帝作为凡人的一面：非唯他的成功，还有他的缺点和不幸。

拙著英文版出版后，承蒙许多同行告知，这本书在他们给本科生开设的中国史课程中很有用。但据我所知，本书在学术界之外的传播尚属有限。因此，我非常欣慰本书的中文版本即将发行，因为这意味着我在书中所塑造出来的乾隆形象如今可以呈现给更多的读者。同时，我也预料到这会是一个要求更为苛刻的读者群，因为中国人对于乾隆皇帝及清朝历史普遍都了解颇多。所以，我必须请求中国读者对本书中出现的一些似乎并不必要的阐释给予理解。即便书中的很多内容对于中国读者而言已经较为熟悉，我仍希望本书提供的独特视角能够引起他们的兴趣。

最后，我想对本书的译者王惠敏博士、吴玉廉博士、邢新欣博士、邱源媛博士、汪润博士以及贾建飞博士表达我的真挚谢意。我尤其要感谢贾建飞博士，他主持了本书的翻译工作并审校了全部译稿。我本人也逐字逐句认真审阅了全稿，并做了进一步的校正和修改，因此，书中如果存在任何错误，责任自当由我承担。此外，我也要感谢社会科学文献出版社的编辑们在本书出版过程中所付出的辛苦劳动。

欧立德

2014 年 1 月 2 日

英文版序

在欧洲历史上，人们普遍认为18世纪是一个具有独一无二重要性的时代。人们所称的“启蒙时代”或是“革命时代”的“漫长的18世纪”，被认为一直从17世纪末延续到了19世纪初。在此期间，欧洲的社会、政治和经济结构已经具有现代的形式。事实上，18世纪是如此的特殊，以至于已经成为历史研究中的一个独立领域，出现了各种致力于18世纪研究的学术期刊、协会和研究中心，法国人甚至提出了“18世纪研究者”的说法。

巧合的是，同一时期在中国历史上也是一个极为重要的时期。在很多方面，中国的18世纪都和欧洲的18世纪颇为相似，二者都很漫长，且都具有重大的历史意义。也许对中国而言，最重要的发展是国家的人口翻了一番，从1700年的1.5亿增加到了1800年的3亿多。这种人口爆炸不断冲击着整个人类与自然环境，同时，经济尤其是地区间的贸易也获得了繁荣发展，极大地提高了人们的生活水平，还刺激了文化产业的发展，在城市地区尤其如此。与此同时，18世纪也见证了国家疆域为五百年来最大、学术考据时代的来临、文化的繁荣、各种深受人们欢迎的宗教信仰和宗教组织获得了广泛发展。最终，也正是在这一时期，中国与欧洲的交流骤增，中西之间还发生了首次近代的外交接触。

所有这些变化都发生在统治中国的最后一个王朝——清朝时期。应当指出的是，清朝的统治家族和清王朝的上层贵族是满洲人，而非汉人。满洲人起源于中国、朝鲜、蒙古和西伯利亚交会之处的中国东北边疆这一大片区域（这一地区在19世纪初期才被称为满洲）。这里及其西边的蒙古草原，历史上是各游牧与半游牧部落的家园，这些军事力量一直威胁着中原王朝的稳定统治。在公元900年至1400年的多数时间中，许多北疆部落（最著名的就是蒙古人）通过军事征服和中原王朝的政治妥协，占领了中原王朝的大片领土甚至是整个中原王朝。1368年，朱元璋重新恢复了汉人对这个国家的统治，建立了强大的明朝，但是其疆域并不包括北方各部族所辖之地。

直到16世纪末，满洲各部还只是一个松散的、充满纷争的联盟。但到了17世纪20年代，就已经建立起一个虽小却组织有序的后金国。满洲的首领借鉴蒙古之例，创建了一套较为发达的可以与其统率下的强大军队相匹配的行政机构，并逐步对外扩张。1636年，他们改国号为“清”。至1644年，满洲及其同盟的实力已经非常强大，他们横扫了日趋羸弱的明王朝，占领了北京城。满洲统治者认为他们的军事胜利足以证明其乃受自天命。他们宣称拥有对汉人领域（即中国）的主权，清朝应当被视为正统王朝。这一观念虽为多数人接受，但绝未被所有人接受。作为一个人口数量远远少于汉人的统治中国的少数民族，满洲人凭借其杰出的政治智慧和军事力量的有机结合，打造了世界史上一个伟大的帝国。

这一帝制大业在中国“漫长的18世纪”中达到顶峰。由于中国直到20世纪才广泛使用公元纪年，因此，中国人称颂这一时段为“康乾盛世”。“康”指的是康熙皇帝，是1662～1722年间的清帝年号。“乾”是乾隆帝（1711～1799）的简称，他是康熙皇帝的孙子，也是本书的中心人物。乾隆帝是清朝第六位皇帝，1736～1795年在位，统治清朝达60年。乾隆于1795年退位，但依然在幕后维持着统治，直至1799年去世。因此，在中国历史上，他掌权的时间超过了历代的所有皇帝。今人可以想象一下，如果约翰·肯尼迪（John F. Kennedy）从1960年当选美国总统后一直统治到2024年，那会是个什么样的情形。

如同伊丽莎白一世（Elizabeth I）或路易十四（Louis XIV）那样，乾隆帝①也驾驭了他的那个时代。他的品味塑造了这个时代的意识，他的年号则定义了这一时代的风格。乾隆还像伊丽莎白一世和路易十四一样，非常关注并竭力以其认为的最好方式来塑造自己的形象。他的声名享誉世界：在18世纪欧洲颇为权威的文学家伏尔泰（Voltaire）看来，这个满洲帝王接近于真正理想中的哲学王（philosopher-king）。乾隆对他多达30余卷的个人文学成就和为他赢得“十全老人”雅号的军事开拓感到同样的自豪。“十全老人”这个雅号为乾隆本人所起，它表明乾隆很喜欢自夸，同时也很自负（乾隆不仅是中国历史上寿命最长的皇帝，还是画像最多的帝王）。

但是，乾隆对近现代的中国可谓功不可没。在乾隆统治

① 严格而言，应称其为“乾隆帝”，因为“乾隆”是其年号，而非其名字。不过，为了简便，我在本书中将会使用“乾隆”这一简称。

期间，帝国领土为数世纪中最大，奠定了今天中国的基本疆域。根据乾隆的天下观，清朝把从蒙古到喜马拉雅山脉、从鄂霍次克海到巴尔喀什湖的大片地域都并入了清帝国之中，乾隆对这些地区说不同语言、持不同信仰的臣民实行了仁慈而公正的统治。他积极地推进农业发展和地区贸易，促进了一段时期内的繁荣昌盛。国内经济蓬勃发展，多数民众的生活水平提高，其中最富庶的一些人控制着地球上最多的财富。文化事业兴旺发达，世界上没有其他任何地方出版过这么多的图书。出自乾隆帝国各画坊、窑场和作坊的佳作不仅装饰了清朝的宫殿和豪宅，而且，甚至迄今仍为世界各博物馆收藏，并成为拍卖行的精美拍品。中国也是当时的一个国际贸易大国，直到 21 世纪，中国才再次享有了这样的地位。

乾隆的重要性毋庸置疑，但令人吃惊的是，至今竟然没有一本有关他的英文或是西方其他语言的传记。出版于 1971 年的康无为（Harold Kahn）的名著《帝王眼中的君主统治》是唯一一本有关乾隆的专著，本书有关乾隆的论述从中受益匪浅。不过，终究说来，那本书并非一本传记，正如康无为一针见血地指出的，我们永远都不能真正了解这个帝王。我们只能从不同镜像中窥见他的不同形象，而无论是在哪个镜像中，这个帝王的形象都遭到了扭曲。但我们并不知道哪个形象才是真实的乾隆。

在本书中，很多论述都涉及乾隆的形象塑造。但是，在康无为的著作出版后的 38 年间，笼罩在乾隆身上的表象正逐渐被层层剥离，这就使得今天的我们能够越来越多地认识到他的真正面貌。大量清朝的官方档案向世界各国学者开放，已经在学术界激起了研究 18 世纪历史的热潮，研究领域包括政治制度、军事战役、对外关系、学术发展趋势和经济变化。我已尽量将这些新的研究成果应用在了本书对乾隆及其时代的论述之中。我所依赖的主要是中国学术界的研究成果，自 1987 年以来，他们已经出版了十余本有关乾隆的著作。在本书后面对参考书的说明中，我列出了这些文献来源和补充读物。乾隆是世界历史上最值得关注和最具影响力的人物之一，自始至终，我的目标一直是提供一部简短、准确、真实的关于他的介绍性作品。

像所有的作者一样，在本书的写作中，我应该感谢很多人，尤其最应该感谢那些对我而言具有重要参考价值的著述的作者们。这些学者的名字都列于本书后面的说明之中。在这里，我只表达对几个人的感谢。首先必须感谢建议我撰写本书的 Donald Sutton，感谢 Longman 的编辑 Erika Gutierrez 和 Janet Lanphier，以及 Pearson 的 Charles Cavaliere 长期以来对我的耐心和鼓励。我还要感谢几位读者，他们的意见促进了本书的改进，并减少了我的错误。他们是：R. D. Arkush（University of Iowa），Jonathan Dresner（The University of Hawaii at Hilo），Huaiyin Li（University of Texas），Creston Long（Salisbury University），Mark W. McLeod（University of Delaware），David K. McQuilkin（Bridgewater College），David A. Meier（Dickinson State University），Daniel Meissner（Marquette University），Louis Perez（Illinois State University），Lisa Tran（California State University，Fullerton），John A. Tucker（East Carolina University）。

就个人而言，我首先想在这里记录下妻子和儿子所给予我的大力支持，此情此爱，无以偿还。我要特别感谢高士达（Blaine Gaustad）、张勉治（Michael Chang）和 Dorothy Elliott，他们通读了本书的原稿，并给予我详细且富有建设性的建议，还有 Rena，她总是能够确保我的工作空间。我的谢意还要献给帮我提供插图的 Peabody-Essex 博物馆的 Nancy Berliner，以及张勉治、Bennet Bronson 和 Chuimei Ho，他们允许我在本书第四、五、七章使用他们翻译的乾隆之话语。本书其他的汉语和满语翻译均系我本人独立完成。文中如有任何翻译、事实和解释方面的错误，责任当然由我承担。

欧立德

列克星敦，马萨诸塞州

一　登基

让时光回到1735年。4月，乔治国王[①]（King George）最喜欢的作曲家乔治·弗雷德里克·亨德尔[②]（George Frideric Handel）创作的歌剧《阿尔西纳》（*Alcina*）在伦敦的考文特花园（Covent Garden）首次公演。9月，约翰·塞巴斯蒂安·巴赫（Johann Sebastian Bach）的第11个儿子约翰·克里斯蒂安（Johann Christian）出生在莱比锡，他后来成为莫扎特（Mozart）的老师。就在小巴赫出生后不久，瑞典著名的自然学者林奈乌斯[③]（Linnaeus）在荷兰莱顿出版了他的伟大的分类学著作《自然系统》（*Systema Naturae*）的第一版。在费城，年轻的本杰明·富兰克林（Benjamin Franklin）正在忙于撰写《穷查理年鉴》（*Poor Richard's*

---

① 此处应该指的是乔治二世（George Ⅱ of Great Britain，1683 - 1760），1727年乔治一世驾崩后即位。——译者注

② 德国作曲家。1685年生于德国哈勒，1759年病逝于伦敦。亨德尔一生共创作了《阿尔西纳》、《奥兰多》等46部歌剧，除5部外，其余均在伦敦创作。——译者注

③ 林奈乌斯（1707～1778），瑞典自然学者，现代生物学分类命名的奠基人。——译者注

Almanack）中的新篇章。在江户（今东京），德川幕府的将军统治下的植物学家成功地进行了培植甜土豆的农业试验，解决了日本长期的食物供应危机。而在那年 10 月的北京，世界上最富有且人口最多的国家的统治者雍正皇帝走到了生命的尽头。

帝王之死

经年累月的过度劳累给这位 57 岁天子的身体造成了巨大的伤害。雍正四年时，他已积劳成疾。然而，雍正身边的大臣仍然难以说服他松弛紧凑的日程来休息一下。通常，雍正每天清晨五点钟开始第一次朝会，午夜时起草最后一份谕旨。现在，他又出现了不适的症状。起初他还能在病榻上处理国事，但在 24 小时后，他突然变得非常虚弱，除了接见他的两个已经长大成人的皇子（其中一个是宝亲王）外，无法处理其他任何事情。他的两个儿子整天都焦虑地陪伴在他身边。夜间，他的情况进一步恶化。弥留之际，雍正帝在其居住的圆明园召他的两个兄弟庄亲王允禄、果亲王允礼至寝宫。没过多久，大学士鄂尔泰、张廷玉，领侍卫内大臣丰盛额、讷亲，内大臣、户部侍郎海望等五人也被召至这里，这些人都是朝廷重臣和皇亲国戚。雍正告诉他们，他该宣布继任者了。

在清朝这样一个不正式公布合法继任者的国家，权力的传承是一件可怕而又不可预测的事情。清朝的满洲统治者不像前代王朝的汉人统治者那样，自动立长子为皇储，而是以与其政治传统相近的蒙古和突厥人的方式来解决权力的继承问题：一个统治者死后，他的至亲与上层贵族一道，召开会议来决定在皇帝之子或其他男性亲属中谁最有资格成为继任统治者。尽管这种方式有爆发争斗之险，但也有利于确保领导权落入能人之手。雍正帝之前的所有清朝帝王都是通过这种方式被推选登基的。但是，雍正除外。

多年以前，雍正之父康熙帝背离了满洲的这种传统。他宣布立其嫡长子允礽为太子。但因为太子的暴虐无道和滥用职权，这一权力继承方式以悲剧而告终。太子的命运遭到了巨大的逆转，康熙不仅下令废除其太子之位，还将其逮捕并圈禁起来。康熙帝幡然醒悟，痛苦地发誓他再也不会建储。而在康熙帝于1722年驾崩时，对于20多位皇子中谁会继位存在很多猜测。因此，当时北京的气氛非常紧张，在继任者成功浮出水面之前实行了一周的军事管制。直到今天，这一权力承继事件仍然存在很多不解之谜。这个继任者就是康熙帝的四子胤禛，即后来的雍正皇帝。

当时一些人认为雍正的即位存有争议。因此，雍正登基后，首要任务就是找到解决办法，以免将来再出现同样的风波，同时也可以避免因公开建储而产生的诸多问题。雍正想到的解决方法是秘密建储，即由他自己而不是由八旗旗主会议共同选出继任者，然后将其立储这一事实公之于众。但是对继任者的确切身份予以保密，这样就能最大限度地减少潜在的继承者之间的争斗。在雍正即位的第一年即1723年9月，他在紫禁城召集众臣，告知他们他已选定继承者，并将他的名字书于密诏，密封于一个小的锦匣内，然后将锦匣置于乾清宫中。但绝非随便放在一个地方，而是置于十米多高的宫中最高处、王位之上的“正大光明”匾额后面。群臣皆知锦匣所置之处，也知道匣内所放何物，但是，时辰未到，谁也不能开启锦匣。

雍正住在圆明园时，还将写有继承者名字的内容相同的一份密诏随身放于圆明园，此事只有近臣张廷玉和鄂尔泰知晓。雍正七年，雍正患病，虽于次年病愈，但为防万一，他还是采取了预防措施。如今，雍正的健康状况急剧恶化，遂令总管太监前往内府取出密诏。密诏外用黄纸固封，背后书一“封”字。片刻之后，密诏取来，众人聚集于雍正寝宫，张廷玉当着皇上的面，大声宣读了新皇之名。四个时辰之后，雍正驾崩。

在极为悲恸而政治局势又非常严峻的情况下，皇家侍卫迅速返回大内，次日拂晓前新君的身份将在这里予以确认。在群臣面前，领侍卫内大臣先在“正大光明”匾额后取出锦匣，然后庄严地呈递给雍正四子宝亲王。在父亲辞世前几天和几个时辰前他被宣布为新君之时，他都陪伴在父亲身边。对于即将发生的事情，他已胸有成竹。在他两边是他的两个叔叔（允禄、允礼）以及父亲的两个军机大臣——汉人张廷玉和满洲人鄂尔泰，他们前一夜也都守候在即将驾崩的雍正身边。24 岁的宝亲王跪下，打开锦匣，取出了里面的诏书。随后，他启开封条，打开了雍正于雍正元年所书之遗诏。如同拨云见日，雍正所写的继承者的名字正是宝亲王。放松之余，新任天子瘫软在地（官方记载称他在悲恸之中）。但在向朝廷重臣宣布他即位之时，他已恢复了平静。

培养皇子

尽管一切显得极富戏剧化，但是，没有人会对此感到非常惊奇。众人皆知宝亲王弘历最受雍正宠爱，其祖父康熙也最喜欢他。他接受了最好的教育，还接受了严格的军事以及绘画、文学和书法训练。1733 年，他被授予亲王衔，这不仅增加了他的个人威望和收入，同时也赋予了他新的责任。其他皇子虽然也被授予官职，有些还被封为亲王，但是，没人像弘历那样受宠。

未来的乾隆帝出生于 1711 年 9 月 25 日后半夜的北京，此时正值另一位著名的国王、普鲁士的弗雷德里克大帝（Frederick the Great）出生整整一年。弘历的父亲已经有了三个孩子，他们虽然都度过了幼儿期，但是到 1711 年时，有两个已经离世，只有 7 周岁的弘时存活下来。家族中另一个潜在的男性继承者的到来自然令人颇为激动和欣慰。弘历的生身母亲当时还只是一个低级嫔妃，而在精英家庭中，生母的地位常常会影响到一个人一生的发展，但是，这一事实并没能准确地预测出她儿子的未来。弘历最终继位使得他的母亲成为中国历史上受到颂誉最多的女性之一，本书第三章中将会对此进行详细阐述。

除了保留皇室所有成员完整家系的“玉牒”中记载的出生日期外，我们对于乾隆的早期生活知之甚少。毋庸置疑，他的父母、乳母以及照管抚育幼儿的家族其他成员都对他非常关心。乾隆帝在 5（虚）岁时就开始接受正式的教育，很多幼儿此时可能才刚开始学习认字。在中国，这一过程远比简单地背诵字母表要复杂得多。年轻的学生们（几乎都是男孩）开始要熟记诸如《千字文》这样的古文，其古典韵味与日常口语迥然不同。一开始，学生们只是跟着老师读，他们根本不懂这些文字的含义。只有当学生们可以流利地背诵这些课文时，老师才会教授他们文中每个字的意思，并教他们认字和书写。正常来说，这个起始教育阶段要经历几年，以乾隆为例，用了大约三年。我们之所以知道这一点，是因为乾隆有一次提到他 8 岁左右就可以阅读了。在拥有了基础的读写能力后，学生们要进一步背诵和学习更具挑战性的儒家经典，这是所有高级教育的基础，也是通过科举入仕的基础。在中华帝国，这可是最为紧要的。

尽管皇家成员并不需要参加科举考试，但是，就像其他富裕精英一样，皇室非常重视皇家年青一代的教育。因为，只有在掌握了中国的贤哲之学、中国的悠久历史和中国的精美诗画后，统治者方能明白天地合一之道。同样，只有通过这种方式，那些辅助皇上之人才能更好地履行其职责。正如乾隆后来在位时所言："凡修己治人之道，事君居官之理，备载于书。"（当然，他是否真的相信这个道理是另一个问题）因为明白增进才、德可以确保王朝之成功，所以，京城各皇族都为其儿子，偶尔也为其女儿聘请最好的老师。著名的满洲学者福敏就是这样一个老师。他是乾隆第一个，也是教授时间最长的一个老师，从乾隆刚会认字一直教到乾隆之父雍正即位之时。福敏后来还教了乾隆的儿子。在福敏的指导下，乾隆进步飞快，几年内就在历史和文学方面打下了坚实的基础。后来，乾隆又有了其他的老师。12 岁时，他已经掌握了《四书》（《论语》、《孟子》、《大学》和《中庸》），这些始于公元前 3 世纪的经典自公元 1100 年左右就成为中华帝国标准课程的主干。

但是，乾隆所受的教育并不局限于此。除了要学习这些严格的汉语课程外，作为一个满洲人，他还要面对另外的挑战。这意味着他还需要学习与汉语语法和书写形式完全不同的满洲语言以及与此相似的另一种阿尔泰语言蒙古语。为了了解满洲的过去，学生们还要学习早期的满洲历史，包括他们的远祖在东北、靠近朝鲜的长白山诞生的传奇；数世纪后，一个蔑视其主子明朝帝王的少数族首领努尔哈赤的崛起；1615 年努尔哈赤创建八旗军事组织；1636 年，努尔哈赤之子皇太极建立大清；1644 年明朝灭亡。清朝在皇太极之弟多尔衮的率领下征服了明朝。对于 18 世纪初期的乾隆及其同族兄弟们而言，这些并不只是历史课程，更是其家族之故事，因为其中的主要人物都是他们的祖先（皇太极是乾隆的高祖）。乾隆还要接受严格的骑射训练。作为一个有着军事传统的征服民族，满洲人都应该掌握这些技艺，贵族子弟也不例外。确实，他们应该为别人做出榜样。因此，对于乾隆来说，每天都很漫长，一天的生活开始于拂晓前，结束于黄昏后。唯一的假日是春节。

在其父雍正 1722 年即位之后，乾隆的地位从皇孙（共有一百多个）提升为皇子（共有三个），这就意味着对他的教育更为重要。雍正指定当朝硕学大儒在紫禁城内的上书房教授他的皇子。乾隆从这些老师身上学到了进一步的有关传统经典、历史及对其之评述等多方面的知识，所有这些都是为了使其认识到自己的责任、义务，并向他灌输一个公平、公正的皇子所应有的正确的价值观。无论如何，懒惰和傲慢都是应该规避的缺点。而且，为确保书房内的师生关系符合规范，雍正命令诸皇子要向老师行礼问安，这似乎并无大碍，只是太傅像其他高官一样，自己会提出给皇子行礼（在拜师礼前，皇帝会关照太傅们，皇子过一会儿会向他们行礼，让他们不要去拒绝这种不合常规的礼仪）。乾隆从未忘记过给太傅行礼。太傅们给他留下了非常深刻的印象，他在 1779 年近 70 岁时，曾写了一首长长的

“怀旧诗”，在诗中、他像所有老人那样，深情地追忆起了50多年前的学生生活。

少年弘历

我们很难了解乾隆究竟是个什么样的年轻人。官修史书将他描述为一个聪明、脾气温和和恭谨谦让之人。这与其弟弟和亲王弘昼的贪婪、懒惰且对待礼仪非常轻浮形成了鲜明的对比：据说他的弟弟喜欢举办自己的葬礼，由自己扮演死者，“宾客们”要号啕痛哭，以博一乐。这种轻浮让乾隆颇觉格格不入，甚至让他厌恶。我们还知道，即使在年轻的时候，乾隆也非常喜欢学习，并为自己的学习成绩感到自豪。

有关乾隆年轻时候的更多信息来自1730年印行的他少年时的一部诗文集。在他的老师们给这部诗文集所写的序言中充满了赞誉之词。如果他们所说可信，那么这个未来的帝王就是一个非常优秀的学生，不管是什么样的素材放在他的面前，他都会认真地加以应用。其中一篇序言说乾隆“自经史百家以及性理之阃奥，诸赋之源流，靡不情览”。另一个老师对他的赞美则更为谄媚：“其气象之崇宏，则川淳岳峙也。其心胸之开浚，则风发泉涌也。其词采之高华，则云蒸霞蔚也。其音韵之调谐，则金和玉节也。”从这些褒扬中，我们很容易得出这样的结论：乾隆集老师之宠爱于一身。但是，这并非单纯来自偏爱，乾隆确实是一个颇具天分的学生，其聪慧为众人所公认。到18世纪20年代初期，众人皆知乾隆迟早是要继位的。因此，大家在提及乾隆个人及其成就时，当然要用那些炽热的赞誉性的语言。即使此时尚早，我们也可以确定，皇家的形象塑造机制已经开始运行。

无论如何，必须承认20岁的乾隆看上去确实非常严肃认真。在他本人给这个青少年时期的文集所作的序中，确有许多值得赞美的描述，可以反映出他所受到的儒家学说的熏陶：

> 常取余所言者，以自检所行。行倘有不能自省克，以至于言行不相顾，能知而不能行，余愧不滋甚乎哉。

其中也有这样出人意料的坦诚：

> 内反窃深惭恧，每自念受皇父深恩，时聆训诲，至谆且详，又为之择贤师傅以授业解惑，切磋琢磨，从容于藏修息游之中。

他知道自己迟早有一天会成为皇上，似乎偶尔会因此而失眠，并感到些许担心。弘历因此而感到苦恼是可以理解的，毕竟，他也是人。但是，在审慎地培育着一个几乎如神一般之形象时，他通过这样一种坦率的方式来显示自己的仁慈，确实让人觉得有些意外，尤其在考虑到他后来的经历时就更加如此。

注定登基

在18世纪30年代初，人们之所以认为弘历总有一天会继位，不仅是因为他作为雍正的四子受过正式的培养，而且还因为他与其祖父康熙的特殊关系。对康熙来说，两人之间亲密的关系在其暮年才得以形成；但对弘历来说，那时他尚年轻，这种关系足以给他留下难以忘怀的印象。

康熙和弘历的首次正式见面似乎是在1722年4月，那时雍正（当时还是雍亲王）邀请老父亲去他位于郊外圆明园的牡丹台，品赏那里盛开的牡丹花。在这里可以不受宫廷礼仪的束缚，雍正在古朴的雪松梁柱之下，将他11岁大的儿子引见给了康熙。康熙立即就喜爱上了这个男孩，坚持要把小王子带到宫中居住，那样弘历就可以与康熙近在咫尺，并可以和康熙的一些年幼的儿子一起上学。康熙的这些儿子尽管名义上是弘历的叔叔，但他们是同龄。从此时直到7个月后康熙驾崩，祖孙俩一直都在一起。用膳时，康熙给他珍馐美味，就是在批阅大臣奏折或是接见大臣时都让乾隆陪侍左右。他还亲自指导乾隆学习骑射和使用火枪，并送他到京城西南专为皇家娱乐的小狩猎场南苑海子外去行围。乾隆曾赋诗《海子外行围》，对此进行了描述：

朝雾敛秋空，遥天白如水。猎骑出郭门，寒郊行逦迤。

箭逐双雕飞，鹰伺群雉起。相逢倚杖翁，农话斜阳里。

悠扬墟里烟，淡挂疏林紫。归鞍拂晓风，猎罢心犹喜。

遗憾的是，由于缺乏记载，我们无从得知乾隆是否把这首诗献给了祖父康熙，康熙爷对此又作何感想。

夏日来临，乾隆受邀前往承德避暑山庄。从北京北行到那里需要几天的行程，皇帝每年都会在那里待上一两个月。在承德，康熙对乾隆的喜爱更为明显。他们住在一起，每天都有很多时候互相陪伴。乾隆着迷于康熙的书法，所以康熙欣然给他题了几幅字，他知道通过这样一种方式会让所有人清楚地认识到皇上对乾隆的偏爱。老皇帝还帮助乾隆学习，并在他取得特殊成绩时给予鼓励。乾隆在背诵了宋朝大儒周敦颐歌咏出淤泥而不染的莲花之作《爱莲说》后，就受到了这样的鼓励。随后的一天晚上，康熙应雍正之请前往雍正在承德的驻所狮子园与雍正及其儿子一同进膳，康熙提出要见乾隆的母亲。他称赞钮祜禄氏为“有福之人”，暗指她的儿子注定要带给她“殊荣”，其中之意味可谓路人皆知。

1722 年的这次皇家承德巡游意义极为重大，可谓乾隆一生中最著名的事件之一，他差点儿丧命于前往位于承德北部、蒙古草原南缘的皇家围场木兰的路上。1683 年一位与清朝结盟的蒙古部落首领将木兰这块土地献给康熙御用，每年初秋，这里都会举行围猎，这种保持满洲传统的围猎活动对于康熙以及后来的乾隆而言都非常重要。康熙认为所有年轻满洲男性都应该传承这一习俗，因此，他让乾隆随行，并专门给乾隆提供了一个展现技艺的舞台，向群臣昭示，虽然乾隆只有 11 岁，但他是值得托付的。乾隆上马表演骑射，连射五箭，箭箭中的，给人留下深刻印象。康熙非常高兴，赐给乾隆一件黄马褂，这一荣誉通常只会赐予皇帝那些杰出的臣僚。不过，在这样的场合总会发生一些令人震惊不安的事。康熙用火枪射中一只熊后，令乾隆持弓上前将其射杀，想借此让孙子载誉而归。乾隆于是上马靠近猎物。就在此时，受伤的熊突然立起，冲着乾隆扑了过来。受到惊吓的康熙随即又开了一枪，彻底将熊打死，然后关切地转向他的孙子，乾隆仍然“控辔自若”，完全未受惊吓。这个男孩压力之下的表现远远超出了康熙的想象。受到惊吓但是很快就将熊杀掉的康熙毫无疑问情绪已经得到缓和，当天下午，他在返回帐篷后，对他的嫔妃之一和妃说："是命贵重，福将过予。"

乾隆处乱不惊成为官方记载的一部分，后来成为他的一段传奇。这个年轻人冷静地盯着向其猛扑过来的愤怒的熊的故事，象征着乾隆拥有特殊的力量来统治国家，他注定会面临帝国内外同样凶残的敌人。这些因素，再加上康熙对这个男孩的眷恋，在某种程度上被认为是康熙帝选择雍正继位的真正原因。当然，在这一故事的形成过程中也有乾隆本人的贡献。乾隆后来深情地记录下了祖父对他的特殊喜爱，并创作了一些富有感情诗作，譬如其中一首《虎神枪记诗》是关于康熙赐给他的一支"神枪"。但是，乾隆有意让自己与父亲继位的谣言保持距离，称雍正之继位实归因于康熙对其父亲雍正的喜爱，而他则因此而受宠。

宠幸之子

乾隆与雍正的复杂关系或许并没有乾隆与康熙的关系那么为人所熟知，然而，雍正对乾隆的影响却丝毫不逊色于康熙，甚至有过之而无不及。当然，雍正对弘历也寄予了厚望，否则他也不会选择弘历作为继承人，或是煞费苦心地在1722年春将弘历引见给康熙。有证据表明乾隆确实可谓雍正的掌上明珠。例如，1723年，雍正作为皇帝首次主持祈谷大典（每年最重要的礼仪，正月举行，以祈获丰收），曾赐乾隆胙肉分享。这一姿态象征着雍正对乾隆的信任，也预示着皇上的抉择。当年晚些时候，雍正决定秘密立乾隆为皇储。乾隆之弟弘昼对此也有记载："吾兄随皇父在藩邸时，朝夕共处，寝食相同。及皇祖见爱，养育宫中，恪慎温恭。皇父见之，未尝不喜，皇父闻之，未尝不乐。”

有一个人见证了乾隆和其父亲之间的亲密关系，这个人就是服务于清朝的意大利耶稣会士、著名的宫廷画家郎世宁(Giuseppe Castiglione)。大概在1730年，郎世宁为雍正和乾隆两人绘制了一幅非常之作（有关乾隆和郎世宁之事，详见第八章)。在这幅画中有两个人物，左边的长者是雍正，右边的年轻人是乾隆。他们似乎是在花园中摆好了造型，在前面盛开的小梅花树（树的一部分隐藏于一块怪石之后)、草丛和二人身后高挑的竹子映衬之下，效果极为突出。而且，深蓝色的背景将整个场景置于抽象境界中，使其脱离了真实的景观。这幅画像也颇为理想化，尤其是乾隆的形象看上去略带女性之特征。这是一幅私人画像，纵68.8厘米，横40.8厘米，显然是为个人而非官方所用（见图1－1)。

这幅著名的画作给我们了解乾隆及其父亲提供了更多的线索。这幅画像体现出的完全是汉人的话语。在画像中，当今和未来的皇帝的衣着类似以前的汉人士绅。这种刻画不仅是要强调二人之间的亲密关系，而且，还要强调一种未来承继关系的预演，类似于近代早期欧洲统治者身着罗马服饰的绘画所展现出的效果。这种对正统和古典主义的强调还可以在雍正伸向乾隆的枝杈上看到，它象征着合法统治的延续，将由父亲传递给儿子。皇位和继承人之间的这种等级制度是进一步的证明，在画中，乾隆身形比雍正要小很多，而他弯曲的身姿就像是他屈服于父亲的权威。1782年，当乾隆在多年后再次看到这幅画时，在画作上方题写了这样一首诗：“写真世宁擅，缋我少年时。入室皤然者，不知此是谁。”

图 1－1　平安春信图

郎世宁（1688～1766）绘。约 1730 年。绢本，设色画。现藏于北京故宫博物院。这幅雍正（左）和年轻的弘历（未来的乾隆皇帝）的非同寻常之画像既象征着父子之间的亲密关系，也象征着他们对顺利承继的期望。

为了让乾隆做好日后登基的准备，雍正在乾隆成年后又采取了进一步的行动。如前所指，1733 年，他封弘历为宝亲王。在谕旨中他是这么说的："皇四子素为皇考钟爱，今年岁已二十外，学识增长，朕心嘉悦。"通过赐予弘历亲王头衔，就使得他有机会获得亲手掌管国家的经历。一方面，雍正让乾隆直接参加了当年两场军事战役的策划：一场是在西北对准噶尔的战争，另一场是西南苗疆的改土归流。乾隆登基后，采取了进一步的行动，结束了这两场战役。在这一过程中，乾隆不仅熟悉了权力的应用，知道要倾听能臣干吏的建议以及要拥有可靠的信息，而且，对于后勤在战争中的至关重要性以及如何掌控那些将帅都有了了解。同时，他也熟悉了军机处和"奏折"制度，这是以前那些帝王为了更加有效地经营帝国而推行的制度上的变革（见第二章）。

另一方面，在祭祖、祭先农坛、祭孔和祭关帝等至少十种不同的场合中，雍正委托乾隆参与主持了一些重要的礼仪活动。主持这种礼仪并不同于现代女王或王子参加对船舶的命名典礼或是对医院的奉献仪式。作为皇上的替身，弘历主持了两千年来代表着沟通天地的仪式，而这一仪式一般只能由皇帝主持。

通过对经典的阅读，乾隆了解了孔子对于古代舜帝的评价："无为而治者，其舜也与？夫何为哉？恭己正南面而已矣。"作为宝亲王，正是这样的崇礼让弘历必须要证明他可以履行父亲给予他的责任。如果国家遇到如歉收、叛乱和在边疆遭到军事失败这样的挫折，那么人们就会认为，国家在执行这些维持天下正常秩序的礼仪时不够真诚。作为一个年轻人，弘历可能已经感受到了尘世所施加于他身上的重压。而且，很快他就会感受到它的全部重量。相比历代其他帝王，弘历已经为登基做好了较为全面的准备。

二　当政

在正式登基前，乾隆只有两年的从政经历。雍正的突然驾崩令人震惊，随后谣言四起，有人说雍正为道士毒害，这个道士承诺为其寻找长生不老之药；也有人说雍正乃被暗杀。在所有与谋杀相关的逸事中，流传最广的故事与雍正最为痛恨的文人之一吕留良之女有关。据说她曾经受过忍术之类的训练，于夜间悄悄潜入皇帝寝宫刺杀了雍正，为其家族报仇雪恨。无论此类谣传有多传奇，就在雍正驾崩后两天，乾隆确实将所有道士都驱逐出宫。而且，乾隆确实下旨抓捕了许多曾卷入吕留良案的重要人物，并将他们处死，其中一些人本已为雍正赦免。这些事实无疑增加了那些广为流传的野史的可信度。

尽管如此，皇位之传承却并未出现雍正继位时的那种争议。人们曾对刚刚驾崩的雍正所订立的皇位继承制度抱有怀疑，但是，在锦盒被取下，弘历被宣布为继位者时，人们的这种疑虑得以消除，年轻的皇子弘历成为大清的新皇帝。在十天之后，即 1735 年 10 月 18 日上午，乾隆在紫禁城宏伟的太和殿正式登基，并定新年号为乾隆，于来年春节正式生效。

新皇帝

在中国，选择一个吉利的年号是新皇登基大典中不可或缺的部分。大体上，年号要祈求上天之庇佑，并预示统治者之成功。然而，我们不知乾隆因何选择这样一个汉语词作为其年号。"乾"字主要出现在《易经》中，它代表着宇宙的原始力量，往往也与男性的力量和上天联系在一起。在汉语中，"隆"字的含义很多，譬如"伟大"、"宏伟"或"繁荣"。在此前的一些帝王的年号中曾多次使用到这两个字。"乾隆"二字合在一起就是"上天之繁盛"或是"宇宙之繁荣"之意。在满语中，与"乾隆"相对应的词是"Abkai wehiyehe"，按照字面意思理解，是"上天佑助"之意。在本质上，二者所要表达的意思都是天意与帝王统治的一致性。

乾隆继位后，他的名字就需要避讳。按照西方的算法，他是 24 岁继位。与祖父和曾祖父相比，乾隆继位之时已经不算年轻，因此并不需要有摄政王辅政，日后也就无须摆脱摄政王的影响；然而和父亲相比，乾隆继位时却又非常年轻，这样在他的身上也就不会有什么政治包袱。他几乎没有什么敌对者，他的继位也没有什么问题。在乾隆登基周年之时，意大利耶稣会士郎世宁曾为他绘制了一幅画像（见图 2－1），从中可以看出乾隆此时的很多情况。在画像中，乾隆身着毛领长袍，上绣象征帝王权力的龙、云团及波浪。他的目光自信，丝毫没有掩饰。他的脸形稍长，呈椭圆形状，五官匀称而帅气。他的表情淡定而显慧智。嘴唇丰润，双耳和下颌突出，肤色白皙，面部尚无须髯（在后来的画像中，就有了细须之迹象）。与同为郎世宁所绘的一年前的一张正装画像相比，我们可以发现他的嘴部轮廓略显僵化，这显然显现了这位年轻人对自己未来的乐观，以及能够统治宏伟大清帝国的自信。

图 2-1　乾隆登基图

郎世宁绘。1736 年。绢本，设色画。现藏于北京故宫博物院。在其钟爱的宫廷画家、意大利人郎世宁为其绘制这幅画像时，乾隆 25 岁。画中，他左手的手指间捻着一串朝珠。

清帝国概观

乾隆统治之下的王国并非现代意义上的民族国家。通过不同且本质上亦不平等的方式，大清帝国将不同的地域和民族置于单一君主的统治之下，而这一君主受到了这些地域和民族的普遍认同。当然，清帝国的核心区域是中原各省。这里有最富庶的农业区，最发达的商业和交通网，最大的城市，最繁忙的港口，重要的手工业中心以及数量庞大的手工工场和作坊。这些地区的人口超过两亿，约占乾隆朝总人口的90%，其中多数是汉人，他们主要分布于村镇和小城镇。而像北京、南京、广州这样的大城市，其人口数量仅占总人口的7%左右。

中原各省也称为“内地”，其外围是满洲、蒙古、西藏、台湾岛（1683年被清朝收复，隶属福建省）以及南部的云南、贵州、广西三省。与内地相比，这些外围区域（还有后来称作“新疆”的地区）人口稀少，较为贫穷。就气候而言，这些地区或极端酷热，或过于寒冷，或海拔很高；就人口而言，这些地区与内地也存在很大不同，很多地方都是以诸如蒙古人、藏人、突厥人和苗人这样的非汉族人口为主体。同内地相比，边疆地区的交通运输更为昂贵，效率也很低，所以，生活在这些地区的普通民众甚至是统治者，其生计相较内地而言都颇为艰苦。但是，这些广阔的区域，尤其是北部和西部地区，作为内地与外部世界之间的屏障，对清帝国的安全极为重要，被视为国家的战略要地（见图2-2）。

到乾隆继位40年时，清帝国的疆域得到了极大的扩展，

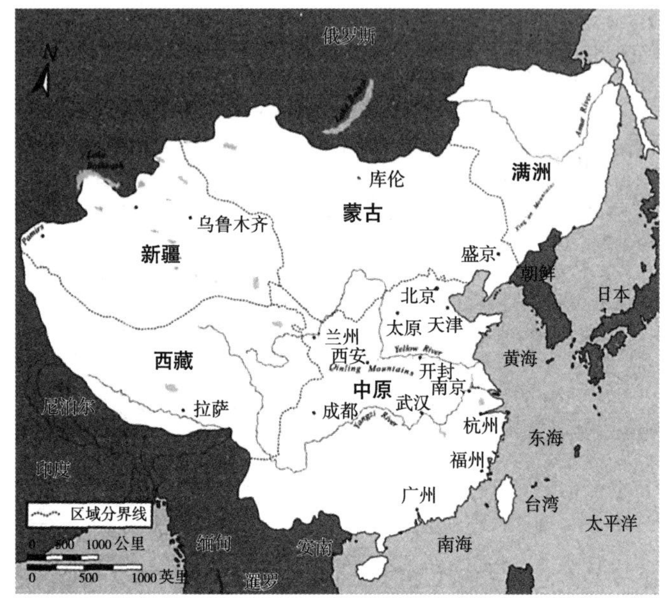

图 2-2 1780 年前后的清帝国

从黄海沿岸富庶的港口城市到古丝绸之路沿线繁荣的沙漠绿洲，从东北风暴肆虐的萨哈林岛到西南白雪皑皑的喜马拉雅山脉，从西双版纳（位于缅甸边界）的热带丛林地带到北方蒙古的沙漠与草原地带，这之间的广大地域，全部并入清朝的疆域。为了对这些地区施行统治，乾隆将复杂的民事与军事管理体制结合在一起，其权威得到这些地区各种思想体系的认可和支持。对内地各省及其居民的统治，由北京的文官政府通过中央、省、州、县四级政府来实施，各级官员由那些通过了竞争异常激烈的科举考试从而获取功名的人员担任。这些官员不到 25000 千人，均由皇帝任命。他们直接向平民传达皇帝的指令，定期向上汇报地方事务，执行地方法规，并负责监管各类税收上交给政府。

与内地不同的是，清政府在边疆地区大多实行的是准军事化管理，其官员主要是八旗的军事精英（参见第四章）。他们或是通过武力威胁，或是通过与地方领袖的合作来维持地方秩序。清朝在西南地区和西藏的统治模式与此明显不同，均未设八旗驻防：西南地区实行的是一种多样性的行政体制，既有内地标准的郡县制，也有边地部落的土司制（均由皇帝任命）。而在对西藏的统治中，除了自雍正朝开始派驻拉萨的两个满洲办事大臣之外，清朝或是得到了与其联合的西藏贵族的协助，或是得到了诸如达赖喇嘛这样的藏传佛教领袖的协助，或是得到了二者的共同协助。一些边疆贵族需要缴纳赋税，而另一些贵族则需向朝廷进贡当地的珍贵特产（毛皮、人参、马匹和玉石等）来代替税收。朝廷要求许多地方贵族按照固定的日程或是通过其他变通形式来向皇帝表示效忠。朝廷有其政治目的，同时也规定了缜密的礼仪，二者中的很多都是相互关联和影响的。另外，在全国，各类事务都留有书面记录，由此形成了数以亿计的文件，其中多数是汉文档案，还有一部分是满文档案。其内容从人口普查到粮食价格，从茶叶收成到降雪，从牧马场到堤坝修理，无所不包，其中很多档案保留至今。可以肯定的是，就行政管理体系和效率而言，任何前现代国家都无法与清代的行政规模和复杂程度相比。

在帝国的组成方面，清帝国与罗马帝国、奥斯曼帝国、莫卧儿帝国等伟大的早期近代大陆帝国存在诸多相似之处。这些帝国的地域宽广，境内民族多样，国家通过一个核心城邦来实行统治；各个帝国均有不同的特权阶层；各个帝国都依赖于以统治者个人为中心的复杂而又灵活的正统理念；各帝国的权力都存在一定程度的分散，实行的是直接与间接统治的结合（总体上，离中心越远，就越依赖于地方精英的忠诚）；各帝国都依赖于有效的怀柔与高压来保持帝国的统一；各帝国均实行多样性的政策，一方面，展现出对国内民族、宗教、语言和文化差异的相对宽容，另一方面，又竭力控制着这些差异，避免这些差异成为可能导致帝国分裂的潜在的强大离心力。因此，早期近代帝国的这些原则截然不同于现代民族国家的平等、自治和自决理念。

不过，满洲帝国有两个方面不同于其他帝国。其一，清朝继承了汉、唐、宋、元和明这些王朝的体制与结构，而这种体制与结构注定使清朝与以往王朝具有高度的延续性。因此，即便存在一定的机遇，但同时这种延续了1800年的传统也给清朝施加了某些限制和期望——在18世纪的中国，无论是皇帝还是文武百官，在理念上都应该坚持以前的历史模式。因此，乾隆不可能随意开展大范围的革新，或是在已经存在上千年的传统政府机构中进行彻底的变革，这是乾隆与彼得大帝非常不同的一个地方。但是，这并不意味着乾隆没有进行革新，只不过他进行的是实验性的、非正式的和间接的变革。历史证明，剧烈的政治变革通常效果会适得其反，乾隆深受历史之影响，无法轻易摒弃这些教训。毕竟，历史的先例为满洲帝王这样的闯入者提供了极为重要的意识形态资源，满洲帝王需要（或者至少他们自己觉得需要）让那些抱怀疑态度、怀念前明的人相信，尽管他们不是中原的汉人，但他们还是认同并延续前代天子所流传下来的道统与正统的。

汉人对满洲人差异的认识以及不时对这种差异所发出的怨恨，有时被认为是潜在的近代中国早期的“民族主义”的一种迹象，虽然它在本质上明显不同于近代民族主义者的观念，但还是给清朝统治者提出了十分棘手的问题。这就引出了清帝国的第二点特征，即满洲人是少数民族统治者，与其臣民的人口比例是1∶250。虽然他们意识到需要与人口占据多数的汉人分享权力，但同时也要防范不能让汉人享有太大的权力。清朝统治者知道，既要确保征服精英的特殊利益，也要允许汉族文人进入统治阶层，这就需要在推进满洲的本位主义和应对逐渐同化（或是说汉化）之间取得平衡。例如，满洲人入关后，强迫全体汉人男性按照满洲人的习俗剃发留辫，以此作为汉人臣服的标志。许多汉人将这种行为视为对垮台的明朝统治者和父母忠诚度的一种亵渎，因为"身体发肤，受之父母"，剃发，即使只剃掉一半，也是对祖宗的背弃。作为法规，清朝规定"留发不留头，留头不留发"。但是，清廷同时也愿意继续推行已经证明系切实可行的科举考试来征募官员，并坚持儒学教育。

从这个角度来说，大清皇帝所面临的情况与罗曼诺夫沙皇和奥斯曼帝国的苏丹不一样。他们并不需要去平衡族群的特殊性与主权的普遍性，因为要么他们与被统治者来自同一族群，要么在其治下之人口中，没有哪一个族群占据主导地位，并可能对外来统治者的统治产生实质性的影响。① 不过，印度的莫卧儿帝王们则面临着这样的问题。在宽仁的阿克巴大帝（Akbar，1556～1605年在位）统治之下，莫卧儿帝国最初成功地在穆斯林少数民族统治者的利益与占据莫卧儿帝国总人口80%的印度教臣民的期望之间取得了平衡。

① 在今天看来，让一个外国人担任君主似乎很奇怪，但在世界历史中，这一现象却非常普遍。例如，英国国王威廉三世（1689～1701年在位）和乔治一世（1714～1727年在位），尽管他们都与英国皇室有关（威廉是通过婚姻），但他们毕竟都是外国人，而且从未真正学习过英语。

不过，至 17 世纪时，由于统治者严重倾向于波斯的苏非派，而疏远了大多数人，支持者日益减少，莫卧儿帝国最终瓦解。同莫卧儿帝国一样，满洲人发现他们入关后所面临的自然与人文环境也是非常成熟的，不同的是满洲人在这种环境下取得了很大的成功。不过，成功的代价是不得不对当地习俗做出比莫卧儿帝国大得多的让步，而莫卧儿帝国则从未接受过印度教。

父亲的遗产

如果说乾隆登基时的画像展现出的是乐观，那绝对不是一种盲目的乐观。经过雍正的治理之后，国家的状况日益改善，与雍正即位时的情形截然不同。那个时候腐败盛行，税收减少，党派猖獗，人们已经失去了 17 世纪后期时曾经拥有过的那种自信：当时，活力依旧的康熙帝巩固了满洲人的统治，在南方、北方分别消除了明朝故臣遗老和蒙古酋长首领的威胁，招徕文人，扩大耕作面积，并减免了赋税。后来，因皇储之背叛，康熙非常痛心，并因朝中汉人官员和边疆蒙古首领的不忠而极为愤怒，这些都使得康熙无法像以前那样全身心地投入到国家的治理之中。在令人不安的 18 世纪头十年，一个问题已经萦绕于人们心头：清朝统治之初的那些期望难道这么快就要破灭了吗？对此，尚且年幼的乾隆当然是无法理解的。

1723 年继位之后，雍正帝推行了高压而又关注细节的政策，并进行了富有创意的改革，终于重新巩固了朝廷的财政状况。第一，也是最重要的一点，他使国家财政恢复健康发展。雍正出台政策，详细阐明官员们耗羡归公的比例，大幅提高了国家的税率，并把部分耗羡用于实施一项新的制度，每年对那些廉洁的官员加以奖赏。雍正还对官员们的非法所得予以坚决无情的没收，并加大了对贪腐及滥用职权官员的惩罚力度。总体而言，雍正的目的在于，让各级官员都不敢侵吞地方上农民和国库的财产来中饱私囊。结果，雍正时期的国库由原来不到 800 万两白银剧增至 6000 多万两，有了这笔巨额财富，乾隆就可以实施他父亲和祖父只能梦想的一些工程。[①] 难怪他在画像中会表现出这样的淡定和自信。

雍正在其他方面也采取了积极的行动。除了推出新的建储制度外，他还进一步采取行动以根除党派之争，他认为党派之争是导致康熙朝衰落的最重要原因。例如，雍正剥夺了满洲贵族的大部分特权，并将八旗军事组织转变为中央帝权的工具。另外，他还试图左右汉人对满洲人的态度。在本章开头部分提到的他对文人吕留良之案的处理就是一个典型例子。吕留良（1629～1683）与其很多同辈人一样，鄙夷满洲之发辫，并将满洲人贬抑为卑下之“夷狄”，指出满洲人没有资格统治中国。在吕留良去世 40 多年后，他的华夷之见公之于世，雍正大怒，命人将吕留良剖棺戮尸，处死吕留良尚存之子，吕家女眷全部被贬为奴。而且，雍正还创作了《大义觉迷录》一书，对吕留良的言论予以详细驳斥。在一段时期里，雍正的这本小册子乃全国所有学生必读之物。雍正之意在于迫使汉人尊重大清律令，即便不尊重，也要确保

① 清朝采用的是复本位制货币体系。税收和大宗款项以白银交纳，日常则多使用铜钱，这种铜钱呈圆形，中有方孔，便于穿成串。铜钱与白银之间的比率并不固定，一般的比率是 1000 文 =1 两。

汉人不敢公开对抗清廷。对于乾隆而言，这一政治遗产至少与他所承继的雄厚财力是同等重要的。同时，与他的父亲、祖父一样，乾隆担心一旦放松戒备，汉人随时都可能危及满洲人的统治。18 世纪 60 年代，乾隆接到奏报，中原地区一些村落的农民不知何故剪掉了辫子。因担心发生骚乱，乾隆立即发动了一场大规模的政治迫害运动，但最终证明这些均系捕风捉影。

虽然雍正帝取得了诸多成就，但是他的突然驾崩也意味身后留下了很多未竟之事业，最突出的是西南地区的叛乱以及在西北边界同准噶尔蒙古的谈判，这些都是乾隆即位后亟须解决的问题。他会如何去做？他的治国风格又会如何？他会成为父亲那样事必躬亲的独裁皇帝，还是会更像他的祖父，满足于以身作则且信任他的臣僚呢？

最初的政策

乾隆非常清楚，他最初的行动一定会受到密切的关注。他也知道自己缺乏统治经验，所以非常依赖受雍正委派来指导自己度过这段过渡时期的张廷玉和鄂尔泰两位雍正朝的重臣。两位大臣与雍正关系密切，并享有雍正的绝对信任。在乾隆统治之下，二人至少在一段时间内仍然享受着特殊的皇恩。在这些官员的建议下，加之他本人也熟悉有关雍正的成败记载，因此，乾隆宣布将废除雍正时期那些标志性的威压政策。

乾隆巧妙地将其意图公之于众，宣称此乃雍正最后之遗嘱。这样的遗嘱在传统上是对大行皇帝本人进行评判的一个平台，并为后继者进行必要的调整奠定基础。在这份遗诏中，雍正说（或者，更可能是被宣称说，因为通常这样的声明都是出自他人之口），他所实施的那些严厉措施对于遏制他即位后发现的那些腐败行为非常必要，但是那些措施只是暂时的。如今，既然那些贪腐行为已经得以纠正，雍正因此在遗诏中指出，“可酌复旧章”，代之以更为宽容的政策。在雍正驾崩几天之后，乾隆即将此遗诏予以公布，并承诺要开启新的一页。而且，乾隆还使这种改变看上去好像是其父雍正授意的，以此避免不孝之名。对于一个宣称其统治乃基于古代圣人教诲的帝王而言，不孝可是最为严重的指控。

乾隆改变政策的声明受到了朝中许多官员的欢迎。如果说还有一些文人精英（他们正是这一声明指向的主要对象）对此表示质疑，那么有很多证据表明乾隆做到了言出必行。在继位后的几天中，这位年轻的皇帝宣布大赦很多在雍正时期入狱或者失宠的人。在这些获赦者中，有乾隆的叔伯，有在18世纪20年代因为密谋取代雍正而受牵连的其他皇室成员，有失去雍正信任的优秀将领，还有其他一些不受雍正喜爱而被革职、羞辱和抄家的能干官员，有的人甚至是被发配边疆的。通过这一系列举措，乾隆希望能够抚平那些对1723年雍正继位抱有怨恨之人心中的伤痛，同时也希望那些因党派之争而分裂的满洲精英能够团结起来。乾隆之意在于尽可能营造一个对其统治有利的宽容、团结和亲善的氛围。1735～1736年进行的大赦也让乾隆有机会展示其宽宏与仁爱，这也是数个世纪以来像乾隆这样新登基的皇帝都要大赦天下的另一个原因。但是乾隆并未就此止步。他蠲免了赋税，在法律上放宽了对私盐的处罚（盐业贸易利润巨大，由国家垄断），并尽力招募那些未能通过科举考试的才子。通过这些，乾隆时期确实标志着一个全新时代的到来。正如当时流行的一句谚语所说："乾隆宝，增寿考；乾隆钱，万万年。"

不过，如果那些对乾隆抱有怀疑的文人能够观察得更细致一些，就会发现乾隆与其父亲的政策的差别其实并不像最初显现出来的那么大。即使他让自己摆脱了雍正时期的那些负面因素，但是，他显然也不是要去恢复康熙后期的贪腐与败落，那时权力的滥用几乎接近失控。下面是乾隆继位一个月后所颁布的谕令：

> 治天下之道，贵得其中，故宽则纠之以猛，猛则济之以宽…… 皇祖圣祖仁皇帝，深仁厚泽，垂六十年。休养生息，民物恬熙，循是以往，恐有过宽之弊。我皇考绍承大统，振饬纪纲，俾吏治澄清，庶事厘正，人知畏法远罪，而不敢萌侥幸之心。此皇考之因时更化，所以导之于至中。而整肃官方，无非惠爱斯民之至意也。皇考尝以朕为赋性宽缓，屡教诫之。朕仰承圣训，深用警惕，兹当御极之初，时时以皇考之心为心，即以皇考之政为政。惟思刚柔相济，不竞不絿，以臻平康正直之治。

这一道谕旨显示出了乾隆对其父亲和祖父的承继，然而他也恭敬地对他们的过失提出了批评。例如，尽管称雍正至"中"，但是，事实上，他对雍正处置官员的评论（"无非惠爱斯民之至意"）却暗指，父亲雍正的出发点虽好，却过于严厉。同时，他也认识到康熙的统治过于宽松。因此，对于乾隆帝来说，他的任务就是要寻找到宽与严、说服与威压之间的平衡点。

乾隆在上谕中的其他部分说得很明确，他可以宽容对待偶尔的失误，但绝不会纵容图谋私利："朕之所谓宽者，如兵丁之宜存恤，百姓之宜惠保，而非谓罪恶之可以悉赦，刑罚之可以姑纵。"在这份上谕以及接下来几个月中发布给臣属的其他三份上谕中，乾隆对其意图进行了阐释，其意在于以己之宽容换取臣下律己之承诺。他警告臣下，如果他们不能严以律己，他本人也会效法雍正，对不法行为严加惩处。

可以这样认为，乾隆尚未能够完全确认"中"之所在。他肯定会想到祖父晚年时所享有的那种盛名，但是也清醒地认识到，如果不是雍正的独裁统治所给予人们的那种畏惧，那么也将很难进行有效的统治。这是一种典型的进退维谷，根源在于对人性的不同认识。君主总要面对这种选择，是以严刑苛律进行统治，还是相信自己道德典范的影响。乾隆希望能够消除这种分歧，在一段时间内实现自己的目标。但最终，似乎他更接近于康熙而非雍正。随着岁月流逝，乾隆后期也出现了同样的衰败现象，丑闻和腐败随之而来，而嗣子人选的不确定（见第九章）同样让人们对未定之前途产生了担忧。

权力的试验

上述事情之发展在1735年时尚属遥不可及。事实上，尽管乾隆承诺要实行较为温和的统治，并想给人以与过去决裂的印象，但是，从其最初几年的统治基调来看，却更像是雍正时期的延续。对抗并未在一夜间消失。即便是安抚了那些被他父亲疏远的人，但在很多方面，乾隆其实都很像他的父亲，他更像是一个带有嘲讽性的雍正，例如，下令各省官员勿得再借悼念大行皇帝之名义进献果品和其他方物：

> 汝奏请节哀，知道了。两月以来，已屡次降旨，晓谕外省臣工，想汝已领悉矣。汝既感皇考神恩，惟有殚心竭力，经理地方，庶可极称。

或者，对那些上朝迟到的官员加以斥责：

> 凡朕御门听政，辨色而起，每遣人询问诸臣曾齐集否。屡次之后，始云齐集。即今日亦复如是。诸臣于御门奏事尚且迟迟后期，则每日入署办事，更可想见。

更重要的是，乾隆与其父亲一样，都急于查处那些可能危及其权威的新的朋党。以其堂兄弘晳为首的一个小集团就是其中之一。作为康熙时期被废且被幽禁的太子胤礽之子，弘晳一向受到雍正之恩遇，雍正赐其郡王衔和府邸，不过并未赐其官职。这种冷落显然让弘晳颇为失落。弘晳周围聚集了一些与他“同病相怜”之人，这些人同样也是乾隆的堂兄弟，其中包括雍正的弟弟、乾隆重要辅臣之一庄亲王允禄之子弘普。早在1737年，乾隆已经注意到弘晳一党可能会引发的问题，但是他采取了以静制动之策略。1739年底，机会出现，弘晳在乾隆诞辰庆典上乘一项鹅黄色肩舆现身，其设计和颜色显然系皇帝专属。表面上此乃弘晳献给乾隆之礼物，不过，乾隆并未受其愚弄。几周后，弘晳被控心怀异志，交由宗人府审讯。在那里，弘晳被揭出他曾问过巫师一些可疑的问题，如“皇上寿算如何”以及“将来我还升腾与否”等。对于这种大逆不道之行为，乾隆之反应与其父亲相比并无二致。他下令将弘晳永远圈禁，弘晳及其家人开除宗籍。弘晳朋党的其他成员被革爵和罚俸。庄亲王允禄官职被革，爵位被削。巫师则被判绞监候。乾隆称，“朕虽欲敦亲亲之谊，亦断不能宽假也”。

乾隆对待那些高层政治权贵同样严酷。在弘皙逆案发生几年后，乾隆的太傅之一鄂尔泰利用其名望庇护党羽，乾隆即对鄂尔泰进行了严惩。身为满洲人的鄂尔泰（1680～1745）无须通过科举便可步入仕途，且因操守廉洁，在雍正帝的扶植下，迅速升迁，成为一人之下万人之上的满洲权臣。1735年雍正帝驾崩后，鄂尔泰凭借其威望，与张廷玉一同继续辅佐乾隆皇帝。这就使他可以借机赢得支持者，进一步扩大其影响力。事实上，乾隆在即位不久就注意到，在上层官员中，“满洲则思依附鄂尔泰，汉人则思依附张廷玉”。这可不是好现象。华夏的政体是一种没有党派的政体，结党确实令人厌恶（孔子曰：“君子不党”）。乾隆警告其他大臣，不要凡事都听信于鄂尔泰和张廷玉两人。同前代帝王一样，对于乾隆而言，在自己和其他官员之间，唯一重要也是唯一可以接受的政治联系是这些人对乾隆的忠诚。任何一个具有相似观点且行事方式一致的群体都会被烙上朋党的印记，而根据朋党之定义，朋党者只为一己私利，而非公众利益。而张廷玉和鄂尔泰之间的族群分野则使得态势日趋严重。

因此，在1743年初，乾隆注意到鄂尔泰之子与某个存有野心的官员搅到了一起，此人为了升官，指控他人贪腐。后来这些指控被证明为假，但鄂尔泰依然包庇指控者。乾隆认为自己遭到了背叛，遂谴责鄂尔泰结党营私。乾隆警告鄂尔泰：“朕从前能用汝，今日能宽汝，将来独不能重治之罪乎。”从这些案件中我们可以看到，虽然乾隆宣称自己是仁慈的康熙帝的精神继承者，但他更是严厉的雍正之子。从他早期对苗人叛乱和准噶尔问题这两件紧急事件的处理上，也可以得出相同的看法。乾隆对这两件事情迅速而有效的解决（下文详述），让人觉得这就是雍正的处理方式，是一个勤劳的儿子在急于取悦他已故的父亲。

皇帝的日程

当皇帝并非一件易事。现代人往往只会想到宏伟的宫殿、奴仆、奢华和特权等这些皇权的象征，却不会想到作为一个皇帝，其职责有多么的繁苛，对于如乾隆这样过于注重此类职责的皇帝而言更是如此。

皇帝的一天开始得很早，通常在早晨五点左右，皇家即已开始对其崇拜的萨满神灵进行例行的晨祭。起床沐浴后，皇帝在太监的伺候下更衣、用膳，然后会读一会儿史书。这有助于让他在一天中保持一个不错的心绪。七点前皇帝就要准备早朝接见群臣。根据当天政务的性质，早朝可能会在乾清宫举行，也可能会在乾清宫西侧、皇帝的私人书房养心殿举行。当然，每天的大部分时间都用以处理国家事务。其中典型的事情有：对各省官员有关天气、自然灾害、河道维护、土地开垦、粮食收成以及地方物价等内容的奏疏进行朱批；对那些最为严重的法律案件进行终审判决（也就是对那些斩监候者予以处决）；对所有文武官员的任命、调换和降职做出批示；对那些进行中的特殊工程，如宏大的建筑项目（寺庙、堤坝和宫殿）、大规模的庆典或是重要出版物的编纂进行核查。

此外，乾隆还必须批阅大量的请安折和正式公文。其中多数只是例行公事，因为军机大臣已经就皇帝如何回应给出了意见。如果乾隆同意他们的意见，那么他只需做出批复并发布上谕照此行事。不过，皇帝有时候也会不同意大臣之议奏，或是认为他们考虑不周。如果是这样，他就会做出自己的批示，或是将奏议发回大臣进一步审议。当有大规模的军事行动发生之时（这是常事），皇帝就会更加勤政。他会与其最为信任的军机大臣们一起制定战略、策划军事行动、督察后勤，并对战事奏疏进行评估。根据奏疏的时机及紧急程度，皇帝会随时召见军机大臣，而这就会打乱皇帝通常的日程安排。

中午时分，当天最为紧要的事务才能处理完毕，然后皇帝会留出一点时间召见新任官员。每个人都会手持一块事先准备好的绿头牌，上面写有这些人的名字及履历。另外，宫中还备有每个人的完整卷宗，以备乾隆召见时所用。凭借这些资料，皇帝的接见可以更有效率，一天之中可能会接见五十多人。皇帝可能会问及这些新任官员的家庭和家乡或者其他方面的情况，也许还会有选择地向这些官员询问一些更为严肃的问题，如地方管理、紧要的经济问题，或是人生哲理等。会见结束后，皇帝会做出批示。借助这种方式，皇帝可以激发起官员的信任感，也可建立起皇帝与臣属之间的个人联系，还可以让皇帝亲自了解到哪些新任官员属于能干之人，以便日后提拔。当然，也可以淘汰掉那些在皇帝看来缺乏责任心和奉献精神的官员。当天召见这些官员的最后一个环节是乾隆与军机大臣的私下会晤，以便审议这些人事决策。

下午两点左右通常是皇帝一天中的主餐时间。御膳房中有三百七十人，他们每天的大部分时间都在为皇帝和其他皇族成员准备各种食物。皇帝每天吃了什么、由何人准备这些食物、哪些太监在旁伺候等都要被仔细记录在案，以免皇帝膳后出现不适。筷子和餐具均为银质，因为人们相信银质的筷子和餐具遇毒会变黑，这可以防范阴谋的发生。（为避免读者因此认为乾隆过于谨慎，我们可以回顾一下与他同时代的其他一些帝王，如乔治三世国王于 1788 年初中毒，这或许使得他后来有些“疯癫”，而且肯定是他 1820 年去世的原因）。皇帝的餐桌上每天都可能会有好多道菜，用以激起皇帝的食欲。由于他不会指定特定的菜肴，所以很难确定皇帝的喜好，不过从记录中显示，尽管乾隆也喜欢传统的满洲饮食，如鹿肉和其他野味，但是，他最喜欢的是燕窝羹以及含有鸭肉的菜肴。乾隆称其在饮食方面非常节俭，说御膳房平均每天的花销只有一百两银子。但这可是八旗满洲中一个骑兵月饷的二十五倍（比普通农民的收入自然高得更多），因此，乾隆之言自然不能完全相信。

用膳完毕，乾隆会暂时抛下政务去练习绘画和书法、吟诗以及鉴赏其收藏品。正如读者将在第七章中看到的，乾隆帝是一个世界级的绘画、古董和瓷器方面的收藏家；对于乾隆而言，鉴赏这些艺术作品并非闲极无聊之事，而是充满了一种激情。人们可以想象，黄昏时分可能是乾隆一天当中最喜欢的时刻。有时他也会去看戏。为了不影响次日的日程，如果没有紧急政务需要处理，乾隆一般会在晚上八点左右就寝。

在边疆的初步成功

在登基后的最初几年中，年轻的乾隆在上午主要用来处理边疆要务。如南方的苗人，他们和满洲人一样是非汉民族，生活在传统的中原地区的边缘。他们居住的地区主要位于今天的贵州省，元、明时期逐步被并入中原王朝，但是中央王朝对这一地区的统治长期以来却并不顺利。除了当地酷热的、对人健康无益的气候外，这里多山的地形也阻碍了军队的机动性和大范围军事行动的开展。此外，苗人没有自己的文字，多数苗人也不懂汉语。中央政府认为在这里推行中原的政府机构并任用汉人官员非常困难，因此，主要通过当地的世袭土司进行统治，皇帝认可他们的地位，并给予这些土司各种特权来换取他们对自己的效忠。清朝最初接受了这一制度，但是在 1726 年，有奏疏控诉这些土司肆意压榨其苗族子民，雍正遂决定由中央政府派遣流官前去取代土司，并将苗疆之管理体制与中原各省予以统一，此谓“改土归流”。国家会更为公平地将土司的大量土地重新分配给那些平民，然后向这些苗疆的农民征收土地税，来取代以前每年苗人土司向朝廷进奉的贡品。

不出所料，苗疆的土司抵制这种改变。幸好有鄂尔泰强势的（在某些人看来是残酷的）领导，这一新政方得以实行。鄂尔泰统兵数千，用了一年多时间才消除了这种对抗。他在贵州一直待到了 1731 年。回京后不久，他所营造的这种脆弱的和平局面就被打破。1735 年初，中央对苗疆的统治瓦解，一个新的“苗王”取而代之。朝廷遂派遣张照前去镇压，厌恶鄂尔泰的张照不是致力于平息叛乱，而是积极搜集鄂尔泰失职的证据，企图利用职务之便捞取政治资本，故事态更为恶化。这就是乾隆登基后的情况。

乾隆还是宝亲王之时，就已在父亲雍正设置的处理紧急军务的军机处参与军国要务，因此，他对此类军务是非常熟悉的。在雍正驾崩次日，乾隆即将张照召回京师，以曾在贵州协助过鄂尔泰、时任湖广总督的能员干吏张广泗取而代之。乾隆处理此事之风格颇似雍正，从他针对张照奏请放弃新政所作的刻薄谕示中即可见一斑：

> 又伊奏称，新辟苗疆，当因其悖乱而降旨弃绝。此语尤为乖谬。前朕奉旨与王大臣等会议时，佥云苗人现在跳梁，此时断无弃置之理，惟有俟事平之后，再行计议。彼时张照亦力主此说，今何以自相矛盾如此。且折内忽云弃置，忽云痛剿，仍是两歧之见，究不知其意之所在，甚属糊涂！

九个月后，乾隆委派的张广泗终于在一场血腥战役之中击溃叛军，最终完成了这一始于雍正时期的事业。此后，为了安抚苗人，乾隆在这一地区推行了宽容的政策——土地永不征赋、苗人争端之解决依据苗例，但是为防止日后再次发生叛乱，清政府在苗疆驻军设防。这些政策换来了苗疆几十年的（相对）和平局面。

在西部，乾隆也迅速扫除了准噶尔蒙古这一障碍。在乾隆成长的过程中，他已经听说了他的祖父康熙皇帝在 17 世纪 90 年代率兵征服准噶尔部首领噶尔丹的事情。在这场自忽必烈汗之后世界最大规模的军事行动中，康熙需要为穿越戈壁的三支大军提供粮草。这场军事胜利既是政治上的胜利，也是后勤上的胜利。康熙最终击溃了噶尔丹领导下的勇敢的草原游牧民族组成的部落联盟势力，迫其就范。清朝的胜利维持了一代人的时间，18 世纪 30 年代，准噶尔人又开始与清朝对抗。虽然准噶尔部新的首领噶尔丹策零并不像其叔祖噶尔丹那样难以对付，但是乾隆知道绝不能低估这支游牧军队的挑战，尤其是战事将会在距京师 3000 多公里之外的沙漠无人区展开。

让乾隆困扰的并不只有军事威胁。作为藏传佛教格鲁派主要教主达赖喇嘛的忠实信徒，准噶尔部的首领们只要认为有利于他们一个世纪以来对草原统治权的争夺，他们就会去插手西藏政治。虽然他们在与清朝争夺西藏的过程中处于下风，但是，由于后者在西藏的根基还不稳定，这就为准噶尔削弱其在西藏的统治提供了可乘之机。因此，清军曾在1720年、1723年、1727年三次进入西藏东北部和中部，以阻止准噶尔首领巩固其在西藏的政治地位。雍正发现西藏的宗教特权阶层并不可靠（它也急于寻求强大的盟友），他们并不愿意让清朝军队在拉萨永久驻防，因此，雍正任命了一位忠心耿耿的西藏贵族颇罗鼐总理西藏事务，同时又任命了两位满洲驻藏大臣协助颇罗鼐，并密切关注西藏形势。这一安排给西藏带来了二十年的稳定局面，也为促进西藏、青海（位于西藏东北部，又称安多）与清帝国的融合做出了贡献。但是，1727年前往阿尔泰地区远征准噶尔部的另一支清军则遭到惨败，这支军队在1730年遭到一场突然袭击，死伤近半，其余人被迫于次年撤军。1734年，清朝与准噶尔部停战，直至雍正驾崩，双方仍在就此进行谈判（雍正颇有先见之明，让其四子参与了谈判）。

因此，乾隆在登基一周后，利用准噶尔使团到来之机，就边界问题与他们做了进一步的协商。准噶尔使团带来了噶尔丹策零献给乾隆的礼物和一封信，并送还了两名清朝的俘虏，以向清朝示好。准噶尔部渴望和平的诚意令乾隆颇为满意，因此乾隆授权划定准噶尔和清朝之间的边界，命令将大部分军队从这一地区撤走，只在一些关键要塞保留了几千兵力，并强调划界一直是其父亲的初衷。围绕划界、清军驻防地点、获准前往西藏和北京的准噶尔使团人数以及边境贸易的条件等，清朝和准噶尔进行了四年多的谈判，双方最终于1740年初达成了最后的协议。

圆满解决同准噶尔部之间的争端与平定苗疆叛乱，是乾隆统治初期的重要里程碑。对于满洲人而言，1740年与准噶尔签署的条约就如1689年康熙统治时期签署的《尼布楚条约》、1727年雍正统治时期签署的《恰克图条约》一样，在划定清朝的北部边界、保持同相邻的俄国与蒙古的友好关系方面，具有非常重要的作用。它也显示出清朝愿意利用条约、使团和地图这类近代的手段来开展外交关系。然而，事实上，虽然与俄国之间的条约维持了相当长的一段时间（直到19世纪），但与准噶尔的条约并非如此。18世纪50年代中期，噶尔丹策零去世，准噶尔内部爆发了权力之争，导致与清朝的条约失效。乾隆遂决定以武力一劳永逸地解决准噶尔问题。1759年准噶尔问题的最终解决（第六章将对此进行探讨），将成为乾隆最值得颂扬的功绩。

守成者？创新者？

乾隆最初对其父亲的追随表明他更像是个守成者，而不是一个愿意冒险的创新者，这一点与其父亲不同。我们已经看到，乾隆还是非常乐意沿袭雍正在制度构架内所进行的革新，其中最重要的就是自18世纪初期即已开始成为皇帝掌控国家要务所不可或缺的奏折制度和军机处。乾隆之所以取得如此令人瞩目之军事成就，很大程度上要归功于这两项创新。它们还让乾隆在管理国家日常事务中能够尽可能多地倾听到底层的呼声。因此，这些制度在18世纪皇权实施中的重要性值得我们对其加以详细的阐述。

出于对承继自明朝的那些政治制度如君臣之间沟通渠道的不满，满洲皇帝进行了一些改革，其中最重要的一项就是奏折制度。在以前的制度下，包括中央和地方各级官员在内的国家所有官员，只能通过非常间接的渠道向皇帝进行奏报。官员的报告叫作题本，首先要呈交内阁，内阁对题本进行票拟，然后呈交皇帝，听候皇帝的批示，最后将皇帝的批示发给相关官员和部门。所有的题本都必须详细记录在案。内阁制度虽然不错，但也有其缺点。一方面，它无法保证题本的机密性，因为题本在送达皇帝之前要经过很多人之手，另一方面，皇帝处理政务的自主性容易受到内阁大臣的掣肘，这些大臣草拟了皇帝的意见，也影响了他的决策。

康熙帝为了解决上述问题，创设了一种运转简便的新体制，以保证部下官员报告的机密性。这就是在发生紧急或是敏感事件时，官员们可以书写奏折（其格式与仍需呈递内阁的普通题本不同），并将其锁入一个木匣，由专人直接呈交皇帝，只有皇帝才有盒子的另一把钥匙。皇帝在看了这些密折后，会进行朱批，然后将之放入同一个盒子发回上奏者。在此过程中，无须内阁人员参与，无须笔帖式翻译，大臣接触不到奏折，信使也无法得见，这就可以保证奏折的机密性。这一制度适用于向皇帝上奏如军备、军务、检举贪腐渎职等这些最为敏感的信息，以及需要尽快让皇帝了解的天气、粮食收成、自然灾害、粮价之类信息。有了这些，皇帝就能按照自己的意愿和方式直接做出批示。例如，正是通过秘密奏折，乾隆才得到有关他堂兄弘皙的情报，以及鄂尔泰庇护其子鄂容安的消息；同样，也是通过秘密奏折，乾隆才能掌握贵州和准噶尔边界事态的发展。

对于任何一个政权来说，确保情报的机密性及传递速度都是一个挑战，而对于像清朝这样一个地域广阔且没有先进通信技术的帝国而言，这种挑战尤为巨大。由于密折制度有效地弥补了皇帝与地方之间的分隔以及地方官员与皇帝之间的距离，因此，它成为向皇帝传递信息的一种重要渠道。最初，这种密折只限于少数满洲官员使用，到了18世纪20年代，其使用范围日益扩大，使得雍正开始探索如何对其加以规范。雍正下令官员们将所有康熙发还他们的奏折交回朝廷，并规定以后每逢年底，官员们都要将所有奏折交回宫中留存（故有“宫中档”之名）。几年后，雍正又进一步决定将每份发出的奏折都留存副本以备参考，毫无疑问，这会有损于密折制度的机密性，却是行政管理上不可避免的一个步骤。之所以这样做，部分原因是为以后的编史所用，不过最主要的目的是为了方便新近成立的军机处，军机处此时已经成为清朝至关重要的决策机构。

军机处是清朝创设的另一个重要机构，在乾隆时期得以完善。在中国的帝制时代，政府并没有行政、立法和司法部门之分，也没有政、教之分。公共事务部门依据不同准则而划分。北京的中央政府分为六部（礼部、户部、吏部、兵部、刑部、工部），各部分设左右侍郎两名，一满洲，一汉。省级行政机构由总督、巡抚组成，其中多为满洲人，在总督、巡抚之下是地方官员（知府和知县，基本上都是汉人）。官员之行为均受都察院监督，都察院的职责就是发现并奏报官员的贪赃枉法和渎职行为。包括皇室财政、皇家瓷窑和织造处等与皇帝个人有关的事务，由清代特有的一个机构内务府进行管理，内务府（亦由八旗子弟专管）还负责监管其他一些特殊的宫中作坊和部门，如为御膳房提供满洲人所钟爱的牛奶和奶酪的部门。京师之管理属于另一个独立机构九门提督，九门提督还负责统领八旗。理藩院负责管理蒙古、西藏和俄罗斯事务，这是清政府中与外交事务最为接近的一个部门。

当然，这个庞大的官僚机构的主要权力都属于皇帝。但是，对于皇帝来说，无论他的精力多么旺盛，无论他有多么尽责，仅靠他一人也无法监管如此多的事务。明代以前曾经设过宰相，但14世纪后这个重要官职即已不存。之后的一段时间里，由内阁首辅承担宰相的某些职责。但是，由于没有正式的授权，首辅又非皇帝之专宠，故首辅常被其他一些人，尤其是一些负责皇帝起居、有权在宫中自由活动的太监所操纵。清朝在掌握中央权力之后，大幅缩减了太监的规模，并大大降低了太监的重要性。但是，清朝并没有恢复宰相之职，而是如我们所知，皇帝习惯于通过会议方式（如上所述，这是早期满洲政权的一种重要特征）来进行决策，并向周围宠信的人征求意见，在这些宠信者中，有其叔伯、兄弟、子侄以及身经百战的将领，另外也有一些汉人文官。正是受到满洲这一传统的影响，军机处最终得以形成。

起初，军机处主要扮演的是一个战时内阁的角色，皇帝委任几个人负责督察西北地区的战况。军机处原先并非正规的行政部门，所以，在1819年之前，军机处都没有官方的名称，在所有的官方文件中也都没有有关军机处的描述，其成员都属于非正式任命，但是其权力要大于他们在政府中所担任的其他所有官职。而且，军机处的机密性也让它需要有很大的自主权。雍正驾崩时，军机处一度被裁撤，但在1738年1月，乾隆重新恢复军机处，并将大部分原来曾效力于雍正的成员召回。自此以后，军机处的地位可谓无以逾越。虽然军机处的值房（与皇帝的书房养心殿只隔着一条通道）非常简朴，但是军机大臣成了国家最有权力的大臣。他们负责为乾隆规划战役，监管那些重要的调查，策划皇家出版物及巡游，讨论国家的政策，以及为皇帝的各种事务提供建议。如果说奏折是在帝国系统中循环的血液和氧气，那么军机处就是帝国的心和肺。没有军机处，乾隆的权力就不可能如此集中。不过，颇具讽刺意味的是，在某些人看来，军机处也可能导致了乾隆后期皇权的衰落。

实现飞跃

无论是在雄厚的财力、政府的改革方面，还是在制度的革新方面，乾隆都应该非常感念其父之功。因此，他在继位后尽力地向世人展示了他对雍正的这种感激之情，这就使得我们可以了解到，在乾隆统治初期，他的一个重要的统治主旨，就是维持并向人们展现他的孝道。例如，1735 年，乾隆将道士驱逐出宫，并坚称他歧视这些“丑角式”的道士的态度与其父同出一辙，雍正从未认真对待道家的仪式。但是，他在下令逮捕并处决传播吕留良恶意谤议之文的曾静和张熙时，不得不格外慎重，因为雍正当初曾经郑重向此二人做出承诺，“将来子孙，不得追究诛戮”。至于乾隆缘何违背雍正的这一承诺，乾隆是这样解释的，雍正处决吕留良是因为吕留良谤议了雍正之父康熙，故乾隆也要处决这两个曾经谤议攻击其父雍正的人。不过，有趣的是，乾隆并没有对他同时下令收回并销毁雍正《大义觉迷录》的行为做出任何解释。原因之一或许是乾隆担心《大义觉迷录》里那种强烈的辩护性的口吻对清王朝来说弊大于利。

乾隆这一所为揭示出他与父亲雍正之间一点非常重要的区别：乾隆比雍正更为自信，也更有安全感。乾隆的这些品质，在当时有关他的画像中已经得到体现，而且在其治理整个国家中也有所体现。尽管在早期的一些诏书中，他的言语依然带有某些雍正朱批中的那种尖刻口吻，但是，这种口吻在他后期的谕旨中则已然不见，因为那时他已经充分确立了自己的权威。乾隆似乎并不需要像他父亲那样在言语上如此严苛（虽然他本人可能也会非常严酷地对待那些人）。随着时间的推移，乾隆似乎根本都无须与他们交流，因为他不再像父亲那样做长篇的批示和尖刻的评说。而另一方面，乾隆精通满语、汉语、蒙古语，他不时纠正臣下的文字确实表明乾隆仍然保留了儿时读书时的学究气。

在完成雍正时期遗留下来的未竟事业方面，我们不应将乾隆视为一个盲从的模仿者。乾隆在认为父亲做错时，会勇于采取措施纠正这些错误，如 1735 年将张照从贵州召回（作为一位著名的书法家，张照失宠后依然在朝中供职）。乾隆本人也非常清楚，在某些情况下，他的政策与其父的政策是截然相反的。其中最典型的一个例子是，乾隆下令不再通过开垦山区那些未垦土地和边疆土地来增加耕地面积。雍正时期开始的这一政策最初是为了提高农产量，并让无地农民拥有新的生活，这项政策确实取得了成效，雍正对此颇感欣慰。这种曾在 20 世纪 50 年代末的中国重现的开垦模式使各省官员们得以虚报垦荒面积，以博取皇帝之赞赏。由于赋税乃依据耕地面积征收，因此，需要有人为这种谎言付出代价，而这种代价最终由本已不堪负荷的农民所承担。

乾隆登基后不久，就已通过其他渠道得知，四川、广西两省有关耕地面积的奏报有假，而在河南人们甚至要卖女来给那些完全荒芜的土地缴纳税收。在大臣们的强烈建议下，1735 年底，乾隆废除了这一政策。但是，不久之后，年轻的乾隆就遇到了抵制。四川巡抚王士俊乃最早进行虚报的主要责任人之一，他在 1736 年 8 月上奏乾隆，其中这样写道："近日条陈，惟在翻驳前案，甚有对众扬言，只须将世宗时事翻案，即系好条陈之说。溥天之下，甚骇听闻。"

这可是公然的挑战。王士俊因为不敢直言说乾隆废除这一政策是错误的，便采取了"指桑骂槐"这一传统策略来批评其他官员，却又并不指名道姓，也未明说哪件事情招致翻案。不过，其中传递的消息却是明白无误。乾隆在看了王士俊的奏折后，自然非常愤怒，大发雷霆。王士俊胆敢为此上奏，那么一定还有其他人持同样态度，反对乾隆的变革。第二天，乾隆召见军机大臣和其他几名高官，告知他们事态的发展。乾隆怒指王士俊意图煽动叛乱，欺君犯上。乾隆详述了康熙、雍正登基后进行的修正和改变，正如其所言："指群臣翻案，是即谓朕翻案矣。设使此案败露于皇考之时，岂能稍为宽宥乎。"王士俊回到京城后即被关押起来，判处斩监候。

王士俊一案一方面显示出乾隆决意按照自己意愿行事的决心，另一方面也显示出其面临着很大的阻力。乾隆借助对王士俊的判决，可以警告那些对其决断力心存怀疑者。当然，随着时间的推移，人们也逐渐忘掉了从前，逐渐习惯了乾隆的方式、偏好、关注点，以及乾隆的狭隘心胸和弱点。一个新的、完全听命于乾隆的官员队伍就这样出现了。此后，那些在乾隆幼年即与其结识的老臣、那些曾受到其鞠躬致敬的老师们逐渐退出了历史舞台。1749 年张廷玉最终致仕，标志着一个时代的真正终结。

张廷玉（1672～1755）来自安徽一个显赫的家族，其家族曾经涌现出几代著名学者。在其致仕半个世纪以前的1700年，张廷玉得中进士，在雍正朝高升，成为军机处的创建人之一。雍正驾崩前曾答应张廷玉让他死后配享太庙，对于一个既非皇室成员又非满洲人的人来说，可谓前所未有之殊荣。由于这一原因，加之张廷玉曾辅佐过三位皇帝，其显赫盛名显然非其他汉人官员所能媲美，他周围聚集了很多前来寻求指导和支持的后起官员。然而，张廷玉仍不能逃脱责难。

麻烦始于1749年，已经致仕的张廷玉竟祈求乾隆“颁手诏”，保证他死后配享太庙。乾隆虽不高兴，但还是勉强同意了这个非常不当的请求，甚至还写了首诗以安张廷玉之心。然而，次日上午，因七十七岁的张廷玉没有亲自进宫谢恩，而是委派儿子前往，乾隆大怒：“伊近在京邸，即使衰病不堪，亦应匍匐申谢。乃陈情则能奏请面见，而谢恩则竟不亲赴阙廷。”第三天，张廷玉最终亲自进宫谢恩，乾隆更加不悦，意识到有人向张廷玉泄露了消息。乾隆极为严厉地斥责了张廷玉，并称他“如鼎彝古器”。此后，君臣二人之间即生芥蒂，乾隆似乎无法原谅张廷玉对他的不尊重。他甚至削去了张廷玉的爵位，没收了他在京城的府邸和大部分家产。此后不久，张廷玉即去世，享年83岁。只是因为忠于父亲之承诺，乾隆在张廷玉死后，将其灵位配享太庙。直到自己步入老年之时，乾隆才重新感念起张廷玉的好处。

乾隆如此极端地对待自己以前的老师，部分原因或许是他想粉碎“张派”在朝廷中的影响，就像以前除去鄂尔泰一派一样。在这方面，乾隆无疑取得了成功，不过，他却无法阻止日后其他朋党的形成和发展。同时，人们也许会想，乾隆的行为是否源自内心深处某些更为强烈的欲望，即摆脱那些老臣以及父亲统治时期残存的影响。乾隆所面临的诸多挑战，几乎无逾于处理康熙和雍正时代之后遗症以及不辜负人们对其之期望。但是，总有一天，人们对乾隆也会产生如同对康熙和雍正那样的敬畏。

三　家庭、仪式和王朝统治

君主专制王朝通常被视为纯粹的政治制度，王室通过这一机制来维持他们的权力，并将其传给下一代。当短暂的生命逝去之时，人们发出的“皇上驾崩！吾皇万岁”的号啕凝练地宣示了专制皇权的持久性，同时也凸显了前现代时期隐藏于王朝权力承继背后的神秘性。在那个时期，不论好坏，君权都掌握在个人手中。而君权通常浸于一个丰富的意识形态体系之中，这一体系包括如下的理念：贵族血统，道德优越感，统治者及其先祖、亲属与后人的天赋神权。这些信念及其强加于皇帝身上的各种行为，有助于王朝所拥有的权力和财富的合法化，并可以掩饰他们与对王朝权力的运作和维持至关重要的其他财富精英之间的政治谋划和交易。因为这些原因，我们很容易忽略这样一个事实，王朝首先是一个家庭，人际关系在这个家庭中非常重要，只不过皇室的争论可能会对整个国家产生重要影响。因此，国家的命运和这个家庭的命运无论是在形式上还是在实质上都是息息相关的。

在前两章中，我们已详细描述了乾隆及其父亲、祖父以及其他一些男性亲属之间的复杂关系，展现了世界上的权势家族，如哈布斯堡（Habsburgs）、波旁（Bourbons）和沙特皇室代代相承的方式。在探讨乾隆和其母亲、嫔妃及子女等家庭其他成员的关系时，可以看到乾隆严格遵循《大学》中的经典教诲，即成功的政治统治源于良好的家庭统治。他相信在家庭中维持与延续正确的治理方法对清朝的未来非常关键，而他的责任就在于保证清朝统治的薪火能够世代相传。探讨乾隆一生中的人际关系和公共政治如何相互交融，将有助于我们更好地理解这一人物本身，同时也有助于我们更深入理解 18 世纪中国的政治文化。

孝子

前文有关乾隆每天日程安排的讨论已清楚显示出，皇上的责任非常重大。即使如乾隆般自信，依然面临着很多的事情。为了履行其职责，乾隆得到了很多方面的帮助。但是，对作为皇帝的乾隆而言最有用的，同时也是他一切行为的核心的，是至 18 世纪时已经存在了两千年之久的礼。这些礼以及由其产生的信仰所累积起来的权威，如同早期现代欧洲基督教信仰和仪式所拥有的权力一样重要，并且无可置疑。甚至对于满洲人而言（可能尤其是对满洲人而言），成为皇帝就意味着要认同深植于四书五经这些传统经典的古代行为规范。这些传统经典保存并弘扬了君主必须要严格遵行的一些品德。

毫无疑问，这些品德和基督教的品德是不一样的。信仰基督教的国王在统治中敬畏的是上帝（有时候则是罗马教皇），在生活中以耶稣基督为榜样；统治奥斯曼帝国的苏丹是伊斯兰教的捍卫者；而统治中国的皇帝则是依天意行事，（直接或隐喻地）向祖先致敬，而在生活中遵循的则是古代贤哲之例。道德的标准总是至高无上的。就儒家正统思想而言，最重要的特征就是它对孝道的强调。

孝道被认为是皇帝所需展现的最为重要的品德，我们可以将之定义为父母健在时善事父母，父母去世后葬之以礼、祭之以礼。它是整个中国社会等级制度的基础，而在这种等级制度中，几乎所有关系都由一种上、下的等级关系构成，隐含的则是父子这样的关系模式。在康熙时期颁布的道德行为规范“上谕十六条”中，孝道位居榜首，康熙要求地方官于每月朔、望两日对“上谕十六条”进行宣讲。① 由于从小就被灌输这些道理，乾隆对此已经非常熟悉。康熙认为孝是一个好政府的基础，它所反映出的正是《大学》这样的儒家经典的观点，而这些儒家经典被孔子视为大智之源。乾隆八岁时即已能够背诵《大学》：

> 所谓治国必先齐其家者：其家不可教，而能教人者，无之。故君子不出家，而成教于国。孝者，所以事君也。

因此，家庭乃王朝典范之信念就成为中国政治哲学的主

① “上谕十六条”如下：1. 敦孝弟以重人伦；2. 笃宗族以昭雍睦；3. 和乡党以息争讼；4. 重农桑以足衣食；5. 尚节俭以惜财用；6. 隆学校以端士习；7. 黜异端以崇正学；8. 讲法律以儆愚顽；9. 明礼让以厚民俗；10. 务本业以定民志；11. 训子弟以禁非为；12. 息诬告以全善良；13. 诫匿逃以免株连；14. 完钱粮以省催科；15. 联保甲以弭盗贼；16. 解仇忿以重身命。——译者注

要准则，每个人都相信，即使贵为天子，也依然是人子。在第一章中，我们已经了解了孝的形象的重要性，并且也已提到乾隆对其祖父和父亲所应尽的孝的职责。向康熙、雍正以及其他祖先祭祀以食物、酒和焚香等是祭祀的常规组成部分。如果乾隆本人无法参加，他也会委托于合适的替代者。他的许多政治措施都有意识地基于祖先所设定的先例之上。正如我们在第九章要讨论的，乾隆出于严格遵行这些规则之虑，为了不超越祖父康熙创造的历史上在位时间最长的纪录，于统治晚年主动逊位（起码在名义上如此）。

乾隆及其母亲

乾隆的孝当然并不仅是针对其男性亲属。在母亲生前，乾隆也肩负着让她过上幸福生活的职责。他非常认真地履行了这一责任，并以此向其臣民树立了孝行之典范。

我们在前文中已经提及乾隆之母，1722 年夏，这位“有福之人”在承德被引荐给了康熙。钮钴禄氏（我们只知道她的哈拉——满语，即姓氏）当时 29 岁，是雍正九位妻子中的第四位。据说，在 13 岁时，身为皇室秀女的她被派往北京城东北的雍亲王胤禛府邸服侍。在那里，有一次胤禛生病，钮钴禄氏美丽的容貌和辛勤的服侍让她获得了皇子的宠幸，后来她也因此被提升为最低等级的皇室嫔妃。还有一些记载称她直接就被册封为皇室嫔妃。前一个故事并非没有可能（大约有七分之一的皇室嫔妃来自宫廷侍女），但是后一种说法似乎更为可信，因为钮钴禄氏的曾祖父巴图鲁额亦曾是后金时期著名将领，因此，虽然至钮钴禄氏之时，其家世并不非常显赫，但也是最受尊敬的满洲家族之一。她有一个远房姑姑曾经是康熙的嫔妃。（我们必须澄清，乾隆是一个陈姓汉人女子所生之子的传说，这是20世纪初期中国的民族主义者企图将乾隆归为汉人，因而衍生出来的一种纯粹的臆想。）

在这两种说法中，不论是侍女还是嫔妃，其选择方式都是一样的，也就是“选秀女”。选秀这一概念是早期满洲贵族享有的封建权利的遗存，它适用于满洲八旗内13～16岁之间所有的健康女子。每个适龄女子都有一个包含其旗籍、门第和容貌等基本人口统计信息的花名册。官员们基于这些基本信息来决定一个女孩是否适合选入宫中，或是如果这一女孩家世显贵，那么她是否适合与皇室通婚。如果在五年之内未被选中任何一种，她就可以按照家庭意愿与他人通婚（当然仍然需要得到她所在旗的佐领的认可）；如果女孩不参加选秀，就永远无法得到这样的豁免，也就意味着原则上她是不能婚配的。如果传说不假，钮钴禄氏确实只被选为侍女，那么她可能会一直服侍至25岁，然后重获自由，而且可能还会得到一定数量的银子作为补偿。但是，如果她被选为皇子的嫔妃，那么她的一生就只能和皇室绑在一起，其自由也将会受到很大限制；从那以后，她基本上是不可能有机会出宫回家探亲的。

1711年弘历出生后，钮钴禄氏地位得到提升，有三个侍女服侍，同时也享受相应品秩的食物、绸缎和例银。除了弘历以外她再没有别的子嗣；不过，她唯一的这个儿子最终却成为雍正所有儿子中最具天资的一个，并且也是雍正所有满洲嫔妃所生儿子中唯一活到成年的一个。对钮钴禄氏来说，这无疑是幸事一件。在雍正继位成为皇上并选择弘历作为继承人后，她又被册封为皇贵妃，在嫔妃中地位仅次于皇后。在乾隆登基之后，她的地位上升为皇后，同时，作为乾隆的母亲，她被正式尊奉为崇庆皇太后，乾隆自己的皇妃则成为新的皇后。自那以后，钮钴禄氏在皇宫内拥有自己的居所（慈宁宫），并拥有大量的奴仆和丰厚的月例。

在乾隆小的时候，他和母亲之间的接触可能是非常有限的，我们也不知道任何有关她教育乾隆的故事。但是，这似乎并未减弱乾隆对母亲的感情，乾隆尽其可能向母亲表达着他的孝意，并不断赐予母亲荣耀头衔。从乾隆登基一直到钮钴禄氏 1777 年 84 岁高龄去世之间的 42 年中，乾隆一直虔诚地服侍着母亲，几乎每天一早的第一件事情就是向她请安。另外，他也赐给她华丽的礼品，并且竭力迎合她的口味和愿望。乾隆知道母亲笃信佛教，专门为她建造了宝像楼，里面全是宗教绘画和物品，还有一个由 787 尊佛像组成的佛祠。在钮钴禄氏去世后，乾隆用藏传佛教的遗骨匣来盛放她依据佛教修行所经年积累的毛发，后来，这些又被制成了一个完全由金银构建而成的金发塔。① 塔重 107.5 公斤，但是只有 53 厘米高，如今这是皇室藏品中最令人惊叹的杰作之一。

如果说乾隆对其母亲的殷勤侍奉在他有生之年就已极富传奇色彩的话，那么，这部分是来自他为母亲举办的盛大的六十、七十和八十大寿庆典。这些庆典的经费大多由皇帝本

---

① 这种佛塔是源自印度的一种宗教圣物，在方形基座上通常是一个半球形的高肩塔身，塔身之上是一个高高的装饰性的圆柱，圆柱至顶部后收窄。有些小的佛塔甚至可以随身携带，而有些佛塔则如房屋般大。佛塔中可能会有僧人、尼姑或是虔诚的佛教信徒的遗物，这些佛塔通常都属于圣地。建筑佛塔本身就是一种虔诚的体现，所以乾隆命人为其母亲修筑佛塔，既有其宗教意义，也可以展示出他的孝行。

人负担，而满洲贵族和高层文武官员多少也会自愿捐助一些。这些庆典一次比一次更为华丽，成为京城定期举办的轰动事件。在庆祝母亲五十大寿的宴席上，乾隆亲自迎候他的母亲。大宴之后，他暂时离席，当他再次现身时，身着缀满羽毛的彩色服装，带着兄弟、妻舅和子孙，给皇太后表演舞蹈以示其孝。（这类夸张的表演在其他皇室中也是存在的，路易十四就曾在一次专为他创作的宫廷芭蕾舞中饰演过亚历山大大帝。）

在皇太后六十大寿时，除了京城里的庆祝活动外，乾隆还安排她去气候宜人、风景如画的江南观光游览。在1761年皇太后七十高寿之时，乾隆觉得年事已高的皇太后不再适合江南之行，便采取了极为铺张的做法，下令把皇太后南巡中最喜欢的苏州集市在北京进行仿建，可谓将江南搬到了北京。这条仿造的“苏州街”位于紫禁城和京城北部的皇太后的夏宫之间，它就像乾隆时期的迪斯尼乐园，在长街上有各类店铺、餐馆、戏院和茶馆，有些是新建的，有些则由政府出资重新修缮。除此之外，乾隆还命人在皇宫范围内建造了大量苏州风格的茶肆、饭店、店铺、旅舍和戏院，所有人员均由太监化装扮演。同时，从北京到颐和园的运河沿岸都安置了彩色的帐篷和用以戏剧、音乐演出的戏台，并在沿途装饰以花彩、树木和盆花等。乾隆还耗费巨资修建了意在追忆江南的拱廊、亭台、桥梁、戏院、酒肆和微型园林。

也许让人更为吃惊的是，乾隆几乎每次出行都会带着母亲一同前往，一直到她不能自如地行动为止：在北京的时候去圆明园，夏天去承德和木兰，前往盛京的故土，甚至还参加了南巡（详见第五章）。事实上，乾隆在一开始就强调愉悦母亲是他进行这些规模宏大的皇家巡游的主要原因：

> 朕巡幸所至，悉奉圣母皇太后游赏。江南名胜甲天下，诚亲掖安舆，览山川之佳秀，民物之丰美，良足以娱畅慈怀。

乾隆和皇太后的兴致如此之高，即使是攀登泰山（海拔 1524 米）这样的事情也无法使之退却。也许正是因为这些不断的活动，才使得皇太后直到年迈依然保持着旺盛的精力和健康的身体，据记载，直到 66 岁，她才开始长出白头发。

乾隆陪同母亲周游全国，应该并非是出于让母亲分享他所拥有的自由之意。毕竟，满洲妇女比汉人女性享有更大的自由。到过北京的外国人经常能够看到骑马的妇女，而且提及满洲妇女可以在城内自由行动、交际拜访和购物等。17、18 世纪的满洲文人在他们的作品中也描述了一些引人注目的骑马的满洲侍女以及一些满洲权威女性的形象，这也证实了许多汉人所持有的满洲妇女带有男性气质的印象。乾隆家族中的一些妇女甚至参加过木兰围猎。也许在满洲女性与众不同的“自由”身份中，最明显的标志就是她们并不缠足。确实，缠足是满洲妇女从未仿效过的汉人习俗；而且，也正是一位满洲女性（慈禧太后）在 20 世纪初下令在法律上禁止了这一习俗。

乾隆的后妃

乾隆和其母亲可以和睦相处，部分原因在于，乾隆的母亲从未像明代宫中的一些后妃那样介入过宫廷事务。在登基后不久，乾隆就下令不要向其母亲汇报任何国家事务，另外，也没有迹象表明她曾对乾隆施加过政治影响。但是，这并不表明她完全放任乾隆之行为。比如她曾经非常尖锐地斥责乾隆在她身上铺张浪费。在乾隆娶妻的问题上，皇太后也不止一次地表达了她的意见，显然她认为此事事关重大，不能袖手旁观。

确实，在中国和世界上的绝大部分地区，权力和财产都是通过儿子传承的，因此选择妻子就是一件非常严肃的事情。如果没有一位尊贵可敬且多子的妻子，那么这个男人就不会受到人们的尊重。家庭中的很多事情都依赖于妻子，她在家族礼仪中扮演着不可或缺的角色，而且通常是家庭中的实际管理者。另外，她丈夫的财产和姓氏只有通过她的孩子才会传承下去。如果她不幸去世，家庭就会分裂。因此，同时也因为婴儿和幼童的早夭比例非常之高，富人往往拥有几个妻妾来确保他有子可依，尤其是要确保继承人能够存活下来（在清代女儿是不能继承财产和头衔的）。在这种情况下，结发之妻的地位通常最高；妾的地位就要低很多，不享有家族中的礼仪权利。她们的孩子在法律上是属于结发之妻的。那时，中国大约有1/10的男性是一夫多妻的，这些男性多数来自上层社会，他们可能会有一个、两个或者三个妾，皇上的妾自然就更多了。毕竟，有什么能比皇位传承更重要呢？事实上，在18世纪，没有一个皇帝系其父之皇后所生，所以皇上的妾（称为“嫔”或“妃”）就显得相当重要。与普通的妾不同的是，她们和皇后一样都是皇上的合法配偶，而且她们的孩子并不归“太太”所有，而是属于她们自己。

乾隆共有41位嫔妃。他在1727年和第一位妻子成婚，到他1735年登基前，他又纳了七位嫔妃。1777年他纳了最后两位嫔妃。除极个别外，大部分嫔妃都来自前文所说的选秀。她们通常在 13 岁左右进入宫廷，住在守卫森严的后宫中，每个院落都由四米多高的红墙环绕，并由错综复杂的通道与其他庭院隔开。除非皇帝让她陪同出宫（这种情况非常少见），否则，嫔妃与外界基本上是隔绝的。除了庆典和一些特殊场合，她们只能见到二三百名宫女和答应（略少于路易十四宫中的女性），而她们所能见到的男性，唯有宫内那两千名左右的太监。这些受过宫刑之人往往在青少年时期即已入宫，负责守卫后宫的安全，并在大殿与后宫之间传递信息。之所以采取这些谨慎措施，原因非常简单：皇帝及其帝国都必须明确保证他的嫔妃所生之子都是皇帝的亲生儿子。将皇帝的后妃隔离起来是唯一切实可行之法，而且这一方法确实行之有效：除了流言蜚语之外，没有确切的证据表明在清朝皇宫中有非皇上亲生之子出生的情况发生，这和当时欧洲皇室中放荡不羁的情况刚好相反。

皇上嫔妃们的地位并不平等。嫔妃们共分为八个等级，一旦进入后宫，每个人都会被授予不同的等级，等级不同，其例银等标准亦不相同。皇后、皇贵妃、贵妃和妃这四个等级有数量的限制，但是个人的地位与其入宫时间长短并没有关系。也就是说，嫔妃等级的提升并不取决于其入宫时间的长短，而是取决于其当时的处境，比如说是否得到皇上的专宠，或者是否生子且其子能够存活并为父亲宠爱。一些嫔妃能够获得皇上的特殊赏赐（通常是珠宝、皇上的藏品、衣物和锦缎等），但是，这些东西并非嫔妃本人私产，在她们去世以后都要被收回皇室。

在皇上的嫔妃中，并没有严格的民族限制。一般来说，皇上的正室，即唯一拥有皇后称号的应该是满洲人，其他嫔妃则可以是蒙、汉旗人，但是没有汉人（即民人）嫔妃。

乾隆至少还有两位朝鲜族嫔妃，另有一位名为和卓氏的回子嫔妃，她来自回疆的喀什噶尔，出身于显赫的苏非派（关于和卓氏的内容请见第六章）。乾隆的生母和他那位出身宫女的祖母（雍正之母）都是满洲人，但是他的一个曾祖母则来自一个显赫的汉军旗人家庭，还有一位曾曾祖母是蒙古人。这些女性的所有子女都被归为满洲人，而其家族也因抬籍进入满洲八旗，民族身份得以转变。

至于如何挑选皇帝嫔妃，我们知之甚少。我们猜想，乾隆在挑选嫔妃方面多少还是有一些权力的。但在挑选皇后方面，因兹事重大，乾隆就无权做主，很可能父母在其年少时期就已做出决定，挑选了富察氏家族的一位年轻女子为乾隆之正室。富察氏之先祖乃是努尔哈赤手下最为骁勇善战的战将之一，其家族世代精英辈出，大多都是朝廷重臣。富察氏的叔叔马齐曾任内务府总管等重要职位，后来成为乾隆臂膀，在1760年代被任命为军机大臣的傅恒则是她的弟弟。

皇后之死

乾隆和富察氏大婚之时，弘历只有16岁，富察氏只有15岁——看起来似乎还很小，但在当时这正是初婚的平均年龄。他们两人的婚姻生活非常美满，直到23年后富察氏离世。两人有很多的相似之处，看起来简直就是天作之合。无论弘历前往哪里，富察氏都会陪伴左右；弘历生病时，她会尽心服侍直至弘历痊愈。弘历也曾先后秘密地立富察氏所生的两个儿子为储，只不过这两个孩子早早就因病而夭折。她对待婆婆非常尽职尽责，而且也能够维持乾隆后宫的和睦，这些都为其赢得了广泛的赞誉。和乾隆一样，富察氏似乎也特别重视满洲传统中的简朴观念。她不崇尚奢侈的生活，而喜欢以通草绒花为饰，不御珠翠。发生在 1747 年的一个故事生动地描绘了她的节俭。在一次木兰围猎中，皇后亲手为乾隆缝制了一个盛放打火石的荷包，因为乾隆曾告诉她，在祖父生活的时代，男人总是在荷包中盛放用来取火的打火石和铁。乾隆还提到，早期的荷包（满文称为 fadu）非常简单，通常由鹿羔沴绒制成，而不似乾隆时期那些由锦缎制成并饰以金、银、象牙、犀牛角等珍贵材料的荷包般奢华。皇后随后便采用关东传统技艺，“以鹿羔绒制为荷包”，亲手绣上简单的花纹，然后献给乾隆。六个月后，富察氏突然离世，乾隆遂命人制作了一个特殊的盒子专门盛放皇后最后进献的这件礼物。他解释了这件礼物的来龙去脉（所以我们就知晓了这个故事），并以满语赋诗一首，其中有这样的语句：“睹旧物兮心悲恸，忆音容兮泪朦胧。”

对于乾隆的统治而言，第一位皇后富察氏的去世是一个重要转折点，但是富察氏究竟缘何突然离世，则并不完全清楚。她离世时年仅 36 岁。之前，他们的第二个儿子虽然已经做了预防措施，却还是不幸染上天花并在除夕之夜夭折，这可能给皇后造成了巨大的精神打击。[①] 在这一不幸事件发生之后，钦天监官员提醒乾隆，天空出现不祥征兆，预示皇

① 正如世界上很多地区一样，天花在中国也非常流行，其死亡率之高一直为人所担心。为了保证皇家成员的健康，1680 年代，出痘后得以幸存的康熙皇帝命令对皇子实行强制隔离，他们都被刻意种痘防疫。在乾隆统治时期，这一做法扩展到了京城大部分的满洲儿童，使得婴幼儿的死亡率急剧下降。但是，依然有一些儿童甚至包括皇帝之子在内无法幸免。

图 3－1　乾隆皇后富察氏像

郎世宁与宫廷画师绘。1736 年。手卷，绢本，设色画。现藏于克利夫兰艺术博物馆。画中的皇后时年 24 岁，她与皇帝的幸福婚姻在 12 年后因其突然离世而以悲剧告终。她在画中所佩戴的耳饰是典型的满洲样式。

后的身体可能会出现不适（“客星见离宫，占属中宫有眚”），而破解之法是让皇后不要总是待在宫中。因此在 1748 年 2 月，在适量随从的陪伴下，乾隆带着皇后和皇太后前往山东的孔子故里和雄伟的泰山，期望借助此行能够让皇后重新焕发光彩。确实，这种变化似乎真的让皇后的精神有所好转，她甚至可以登山并在山上的娘娘庙祭拜。但是回程中，情形则急转直下。4 月 1 日（农历三月初四），一场突如其来的暴风雪将皇家队伍阻拦在山东省会济南，皇后因此而感染风寒，不得不卧床休息。皇后的病情似乎并无大碍，所以乾隆还是按原计划在济南举行了祭祀仪式。一周后，皇家队伍在德州（德州位于大运河和大路的交会处）改乘船返京，这已经是回京的最后一段行程，然而，皇后的病情突然恶化。聚集在岸边为皇家队伍送行的几百位官员于是下跪祈求上天保佑皇后能够早日康复。但是，当天深夜，皇后还是在皇上身边不幸离世。

皇后的突然离世让乾隆极为悲痛，甚至似乎有点儿失去理智，最终导致了一场严重的政治危机。他的第一道旨意是下令皇后的遗体连同整艘船必须立刻运回京城。将船通过大运河运回北京当然没有问题，问题是如何把船拖出水面并穿越门洞狭窄的城门。乾隆曾想把城门楼拆掉，后来礼部尚书海望想出一个方法，他命人搭起木架从城墙垛口通过，上设木轨，木轨上以鲜菜叶铺垫，使之润滑，经千余名人工推扶拉拽，终于将船运进城内。这艘船一直被运到紫禁城的东门，随后，已经装棺入殓的皇后被安放在了她的寝宫长春宫中，在那里停放了一个多星期。皇后的棺椁用稀有且坚韧的梓木制成，此后，她的棺椁被移置到了宫中一处专门的建筑内停放。1752 年冬，皇后的陵墓建成，其棺椁方得以下葬。

同时，乾隆宣布为皇后举行盛况空前的国恤，此时她已被封为孝贤（忠诚和聪慧之意）皇后。乾隆宣布罢朝 9 日，在京王公百官皆着素服斋戒 27 日。同时，乾隆下令京城一律不得嫁娶，各省虽不禁嫁娶，然而不得作乐。各省文武官员从奉到谕旨之日始，摘除冠上红缨，齐集公所，哭临三日。此外，乾隆还颁布了严格的剃发规定。皇室男性必须截发辫，他们的太太则需要剪头。所有满、汉男性，依据满洲祖制，百日内不得剃头。满洲妇女则不得盘头，要把头发放开或是剪断若干。另外，满洲妇女有一耳带三钳的习俗，此时则要摘去一个耳钳。乾隆不断为此颁布谕旨，只不过其批示并非常见的朱批，而改用表示哀悼的蓝笔。

多数官员对此都予以了适当的回应，并谨遵谕旨行事，其中一些机敏的官员还立即上奏乾隆，表达了他们对皇后去世的悼念和悲痛之情。乾隆当然知道其中一些奏折只是一种形式，而非真情实意，但是，他仍然对那些没有上奏的官员尤其是满洲官员深为不满。他认为，这些满洲官员所受皇恩较汉人官员尤为深重，“义当号痛奔赴”。所以乾隆迅速惩戒了53位没有上奏悼念的忘恩负义之人，每人各降两级。皇后去世一个月后，他进一步公开指责两位皇子哀悼之心不诚，谴责他们身犯不孝之重罪，因而剥夺了他们的皇位继承资格。此后不久，乾隆又发现负责皇后葬礼的官员犯了许多低级失误，比如在皇后册文的满文翻译中出现错误，译者因而被判斩监候。[①]

不过，在乾隆发现大量官员藐视其百日内不得剃头的规定时，上述错误就不值一提了。随后，皇帝的怒气、怨恨和痛楚彻底爆发了出来。这些官员不仅藐视他所深爱的皇后，而且还辱没皇帝，漠视满洲祖制。那些本应对此更为了解的满洲官员再一次成为了乾隆迁怒的对象。汉人官员只要向皇帝承认错误便可得到赦免，八旗官员则无此运气。1748年夏，许多官员因此而被革职、罚俸和褫夺爵位，有人还因此而丢了性命，朝廷气氛变得格外紧张起来。谁应该告发谁？后果又会如何？乾隆表现出了前所未有的冷酷，甚至那些和

① 孝贤皇后的册文中有“皇妣”字样，在满语中被误译为“先太后”。协办大学士、刑部尚书阿克敦亦因此而被革职。——译者注

皇帝颇为亲近的官员也很困惑，不得不格外谨慎行事。这种无可预料的报复行为，虽然并非乾隆的典型特征，但是与他的父亲雍正颇为相似，而这种行为在乾隆此后 40 年的统治中也将反复出现。

乌拉那拉皇后“剪发”事件

唯一不害怕冒犯皇上的人就是他的母亲。富察氏去世后还不满 5 个月，皇太后就建议乾隆册立贵妃乌拉那拉氏为皇后。乌拉那拉氏的家世远没有富察氏家族显赫，其父只是一位佐领。在乾隆登基之前，乌拉那拉氏即已婚配乾隆，后来育有二子一女。但是在 1748 年时，还无法断定她是否受到皇上专宠，一切尚属未知数。我们也不清楚皇太后因何如此大力支持她。当时册封新的皇后并非急务，因为其他高级嫔妃也可以在各种礼仪和祭祀活动中担当皇后之责。依然沉浸在皇后离世之痛中的乾隆倾向于维持原状，但迫于皇太后的压力，最终在悼念富察氏的活动结束后，乾隆册封乌拉那拉氏为新的皇后。

乌拉那拉氏比乾隆小 7 岁。1750 年，32 岁的乌拉那拉氏终于被立为皇后。在此后的 15 年间，两人一直相安无事。他们的两个孩子在两岁前即已夭折，只有一个儿子健健康康地存活了下来。乌拉那拉氏与皇太后相处得很融洽，乾隆也很喜欢她，并带她参加了 1765 年的第四次南巡，这也是乾隆自富察氏去世后的首次南巡。但是就在当年春天，在杭州停留期间，皇上和皇后之间却爆发了激烈的争吵，这可能是由于皇上迷恋上了其他女子（盛行的说法），也可能是缘于皇后对皇太后的不敬（乾隆的说辞）。一天晚上，皇后在她房内剪发以示抗议，正是这种不合礼仪的极端行为使得他们之间的争吵为人所知。这种行为非常不符合当时的礼仪，严重违背了宫廷礼制，乌拉那拉氏当然知道她的这种行为是对乾隆权威的严重挑战。乾隆对乌拉那拉氏的出格行为极为震怒，次日一早获悉此事后，立刻将皇后遣送回京并打入冷宫。一年多以后，1766 年的秋天，乌拉那拉氏病逝，病因不明。

皇上对于第二位皇后去世的态度与第一位截然不同。他没有下令对其举行国恤，也没有以皇后的身份而只是按照皇贵妃之丧仪为其举行了葬礼。更令人震惊的是，乾隆决定将她与富察氏分开安葬，没有依照惯例将她安葬在裕陵之中。乾隆对此自然做出了自己的解释。在乌拉那拉氏去世后几天，乾隆发布诏书，称乌拉那拉氏在巡游途中“性忽改常，于皇太后前不能恪守孝道”，其去世是因病情加剧所致。在这种情况下，乾隆对其已经可谓“格外优容”。乾隆之言并不能令所有人信服。御史李玉鸣为此上书奏请以皇后之礼举丧，竟被发配伊犁。同样的命运也落到刑部右侍郎、宗室成员阿永阿的头上，他因反对乾隆废乌拉那拉氏皇后之名而被流放黑龙江。让乾隆感到惊愕的是，阿永阿之举博得了皇帝身边部分重臣的同情，因为他们同样觉得皇帝此举实属过分，且不合礼法。但是，皇帝的愤怒并未因此平息。他谴责阿永阿之举乃哗众取宠：“阿某宗戚近臣，乃敢蹈汉人恶习，以博一己之名耶！”他不顾群臣之反对，将阿永阿发配到气候恶劣的黑龙江以度余生。

但是有关乾隆继任皇后乌拉那拉氏的事情并未从此终结。在她死后 10 年，曾任都察院书吏的严譄上书朝廷，称乾隆没有以皇后之丧仪悼念乌拉那拉氏实属错误，他有责任为乌拉那拉氏讨还公道。严氏随即被捕并受到审讯：此事是否系其一人所为？从其信件所言看来，他应该从朝廷内部获知了某些信息。究竟是谁让他做出如此愚蠢之举？虽然严譄遭受了酷刑之折磨，却也没有供出其另有同谋之人，但是，这一事件清楚表明，还有其他人相信乌拉那拉氏剪发的真正原因是对乾隆纳妃不满。皇帝虽然对这种说法进行了反驳，认为实属荒谬诽谤之言，但值得注意的是，他对这种说法并没有给予针对性的驳斥。

这还并非此一事件的最终结局。两年以后的 1778 年，一个有点疯狂的生员金从善在乾隆出游时，于御道旁大胆进递呈词，请求乾隆恢复乌拉那拉氏的皇后称号。皇帝被迫最后一次对自己的行为进行辩护，重申乌拉那拉氏严重违反国俗，理应受到如此惩处。[①] 此事虽然后来再也无人提及，但是乾隆也明白这并不能说明人们已经将其淡忘。不论对错，外面流传的言论都是皇帝对不起皇后，皇帝虽然威严，却也无法令人们信服。这些反对者当然并非出于侠义之心。朝中之所以谈论乌拉那拉氏违反礼仪之事，是人们担心皇帝没有给予乌拉那拉氏应有的丧仪，可能会使国家遭到上天的报应。在 250 年前的明代宫廷，围绕祭祀祖先礼仪也发生过类似的争论，导致 17 位官员被鞭笞致死，170 人被革职发配边疆。这显示出，至少在部分人看来，人们更应该忠于王朝的制度而非皇帝本人。乾隆朝中关于孝贤皇后和乌拉那拉氏的争论，表面上与头发相关，实质上却是围绕正确之仪、祖宗之制和天下秩序所展开的。

---

① 金从善后来被拟凌迟处死，乾隆下旨从宽改为斩立决。——译者注

寂寞的鳏夫

在乌拉那拉氏的不幸事件之后，乾隆再也没有立后。[1]如果有人胆敢向乾隆进言另立皇后，乾隆就会将其处死。他似乎对夫妻生活也不再感兴趣，因为在1766年以后他只有一个孩子出生，即生于1775年的十女和孝公主，这也是乾隆的最后一个女儿。相反，随着日渐衰老，乾隆似乎愈发怀念他的结发之妻富察氏。在她去世以后，乾隆一直都在不断为其赋诗，诗中真实流露出了乾隆的悲恸、怀念和孤独之情。以下诗句是1765年他自杭州返京路过山东时所作，正值他将乌拉那拉氏遣送回京之际：

济南四度不入城，恐防一入百悲生。
春三月兮分偏剧，十七年过恨未平。

乾隆十七年，三十年，四十年，五十年，他似乎从未摆脱丧偶之痛。至1799年乾隆去世时，他共写了一百多首哀悼富察氏的诗作。下面这首诗作于1795年乾隆85岁时前往富察氏陵墓祭奠之后：

本欲驱车过，矫情亦未安。
三杯不防酹，四岁又云寒。
松种老鳞长，云开碧宇宽。
齐手帅归室，乔寿有何欢。

---

① 名义上，乾隆曾于1795年册立了第三任皇后，但这只不过是为给予新皇已故生母一个名分。

我所有的孩子

乾隆创作上述诗句之时，已经将皇位传给了十五子永琰（登基后改名颙琰）。选择这个儿子继位并非易事，而是经历了一个漫长曲折的过程。

乾隆共有 27 个孩子，其中 15 个（十子五女）长大成人，有十个孩子不满五岁即已夭折，只有八位活到了 30 岁。但是到乾隆 1799 年去世时，只有四子一女仍然健在。古代的婴儿死亡率自然比现在要高，但是幼儿早夭仍然是件令人极为伤痛的事情（富察氏正是由于次子两岁时的夭折而身心备受打击）。如前所述，乾隆的长子和三子由于悼念皇后之心不诚而受到惩罚，丧失了继承皇位的资格。即使如此，当他们二十多岁病逝时，乾隆仍然非常伤痛。在取消这两个儿子继承权几年后，乾隆前去皇子们读书的地方进行视察；他尚未决定新的继承人选，因此希望了解皇子们的情况。看起来这次视察颇为突然，因为他抓到了几个逃课者。可以想象，当乾隆发现皇子并不像他当年那样热衷学习甚至于旷课时是何等沮丧。

缺少具有天分的儿子让乾隆感到非常烦恼，因为这对其权力而言是一种缺陷，甚或是一种失败。乾隆确实有几个儿子，如皇八子永璇和皇十一子永瑆，继承了乾隆的艺术天分，但是他们对政治都没有什么抱负，只是对京城娱乐场所更感兴趣的纨绔子弟。乾隆认为他们缺乏天子所必需的持重。皇十一子晚年时精神有些反常，后来神志错乱，无法自顾。皇五子永琪一度最为乾隆看好。在乾隆众多的儿子中，永琪第一个被封为王（荣亲王）。但是在封王仅四个月后，他就因病去世。25 岁的永琪去世后，乾隆就只剩下两个有可能继位的皇子：皇十五子和皇十七子。两人皆系嫔妃魏佳氏所生。皇十七子耽于声色，对古代经典毫无兴趣，有时还会在夜晚从皇宫溜出去见其酒肉朋友，显然不是做皇帝的人选。所以最后，乾隆只能在 17 个皇子中选择颙琰为储。但是他并未立即立储，而是到 1773 年 12 月（恰好是波士顿倾茶事件后的第五天），他才宣布已经选择了继承人，那个装有颙琰名字的匣子已经被藏在宫中的某个地方。1796 年，颙琰即位，改年号为嘉庆，在位二十五年，是一位聪明而可靠的君主。

但是事实上，乾隆最喜欢的“儿子”似乎是他最小的女儿和孝公主。和孝公主生于 1775 年，此时乾隆已经 66 岁高龄，并且已经当了祖父。可能因为她是唯一留在宫中的小女孩（她所有的姐姐都已经出嫁），这个小公主就成为皇帝的掌上明珠，与当年康熙对待年幼时的乾隆如出一辙。在她周岁生日之时，皇上送给她珍贵的玩具，其中包括一头玉狮子和一只象牙雕的天鹅。随着和孝公主的成长，人们发现她不仅遗传了父亲的外貌，同时也继承了他的自信和射箭天分。她经常穿着男装和乾隆一起围猎，并且表现不错。“汝者为皇子”，他应该告诉过她，“朕必应汝储也！”成年以后，乾隆将其许配给了在乾隆统治后期独揽大权的和珅之子丰绅殷德（丰绅殷德的名字为乾隆所赐，满语意为“祝他好运”）。那时的和孝已经非常成熟稳重，所以有一次看到丰绅殷德在雪中游戏时，斥责他的行为过于幼稚。

和 14 位成年的兄弟姐妹一样，和孝公主的婚姻也是在她幼年时期便由乾隆决定。很多人都认为皇室婚姻仅仅出于政治考虑，但在清代并非完全如此。与欧洲王朝不同，满洲皇室并不需要依靠与其他政治对手或权贵通婚来建立起家族间的联系，以确保统治稳定或是获得金钱和特权。（在雍正以后，确实已经不存在真正的权贵家族。）不过，清皇室有时也通过公主与其盟友联姻，其中大多是与蒙古联姻。乾隆五个女儿中有两个许配于蒙古王子；其他三个则嫁给了颇有影响的满洲重臣之子。她们，甚至包括那些远嫁蒙古的公主在内，都住在北京。乾隆知道他本人不可能一辈子都能照顾和孝公主，所以要把和孝公主许配给一个可信而有权势的家族，以保证她有一个好的未来。

1790 年，和孝公主大婚，此时公主 15 岁，她的丈夫 14 岁，而乾隆已经 76 岁。这是当时的一起盛大事件，一开始是在宫中大殿设宴，随后公主由这里乘轿抵达丈夫的府邸。由 20 人组成的卫队在前面开路，将看热闹的人群拦到两边。送亲队伍很长，其中包括一个满载皇帝赐给女儿嫁妆的豪华马车队，里面有金银珠宝、毛皮、家具、仆人、衣服、绸缎、首饰盒、梳子、化妆品、钟、茶壶甚至痰盂。在清朝，还没有谁有过如此多的嫁妆。一位见过公主出嫁的朝鲜使者注意到和孝公主收到的礼物是其他公主的十倍之多，它的奢华说明了乾隆对小女儿的特别喜爱。

但是在十年以后的 1799 年，和孝公主的公公和珅因为贪污而被新皇嘉庆处决（见第九章），和孝公主的好运也就此结束。嘉庆革去了她丈夫的多数头衔和官职。情况其实本应更糟，因为他完全有可能会被处死（所以，他确实很“幸运”）。嘉庆皇帝（她的同父兄长）不仅饶了她丈夫的性命，甚至还让他们保留了部分财产用于生活。1823 年，和孝公主去世，盛世的最后记忆也随其香消玉殒。

登基之后，乾隆一直以其祖父和父亲为榜样。但是，看起来他却没有能够将祖父和父亲的理念传给自己的子女。尤其是在1748年富察氏去世后，他就很少过问子女的教育，导致在很多年中，他都陷入缺乏合适继承人的无望之中。因此，我们可以理解他是如何为和孝公主而感到自豪，在他看来，除了性别之外，和孝公主完全符合作为统治中国的帝王的所有要求。虽然其他子女令乾隆非常失望，但是和孝公主的刚强性格还是让乾隆非常自信，他完全有能力培养出合格的继承人。如果富察氏的孩子还活着，情况可能会完全不同。但事与愿违，他很难像他的祖父和父亲那样，找到一个合适的子孙来寄予期望。可以肯定的是，他的子嗣不能胜任帝王之责并不全是乾隆之错。还有部分原因在于，富贵家庭通常会溺爱孩子，或者是因为运气不好。而乾隆对母亲的孝顺以及赐给和孝公主的奢华嫁妆表明奢侈之风正在乾隆时期日益滋长，在一定程度上这也导致了社会风气的不断败坏。虽然乾隆打着孝的幌子，但是，他还是违背了他本人曾对富察氏所说的满洲崇尚节俭的重要品格。乾隆的日益挥霍与其强调要严格遵循古礼之间形成了极为鲜明的对比，而这必然也会让后人感到非常困惑。

四　满洲成功之困境

对于乾隆皇帝的家庭生活乃至其生活中的方方面面而言，有一件事情一直具有非常重要的影响。如果对一个父亲来说，其基本责任是确保家庭的姓氏永存，那么作为皇帝，他的基本任务就是确保家族统治的久远绵长。此外，作为满洲的领袖，乾隆还肩负有另外一个类似的职责，即确保满洲人和满洲传统不会消失。从根本上说，这些职责虽有不同，却是相辅相成的：清帝是满洲统治的代表人物，如果他有子嗣，如果皇帝的家庭保留了满洲的那些特征，满洲的统治才有可能得以延续。在第三章中，我们已经了解到乾隆对寻找合适继承人的问题非常关注。同样，乾隆对保持满洲的特征这一问题也感到非常焦虑，尤其是我们要明白，乾隆眼中的“家庭”是一个包括所有满洲男女老少在内的更大的群体。

成功之双刃剑

至乾隆登基之时，满洲人正日益面临着沦为自己成功的牺牲品的危险。在与汉人生活的一个世纪中，高生活水平、轻率鲁莽、自命不凡及无业的综合影响正严重威胁着满洲人，那些令人敬畏的、高素质的军事精英正在趋于变成一个寄生的、不再辉煌的勇士阶层，而且，他们已经不能用母语进行交流。因此，乾隆时期正是满洲身份认同的重大危机之时，清朝的未来尚悬而未决。乾隆非常关注满洲先祖、女真人建立的金朝（后文将会对其进行简单介绍）的教训，人们普遍认为过度融入汉人的生活方式最终导致了他们的垮台。

一般来说，作为所有重要政权的早期特征，开国精神虽然至关重要，却很难保持，历史上并不乏这样的事例。其模式是成功滋生自满，自满带来毁灭。希腊历史学家色诺芬（Xenophon）曾警告希腊士兵，留在波斯就会沉迷于他们的安逸生活，并进而沦落为野蛮之人。后来，罗马人声称希腊失去了他们的“阳刚之气”（manly virtue），而这种“阳刚之气”在艾尼阿斯（Aeneas）[①] 后裔的心中重获新生；但是，在罗马议员们的发言中，人们则会看到无数有关标准（standard）下降和理想丧失的例子。在其他时期和其他地方，也可以找到类似的说法。例如，设若伟大的阿拉伯历史学家伊本·赫勒敦（Ibn Khaldun，1332－1406）生活在乾隆时期，他肯定会非常理解乾隆所处的困境。他认为，政治权力的秘密在于他所谓的 asabiyya，或是“集体的感觉”，通常是为了追寻共同的目标，凝聚感和归属感将许多个人结合在一起，共同获得超越他人的权力来使自己生活得更好。

---

① 在古代希腊、罗马神话中，艾尼阿斯是特洛伊战争中的英雄。在特洛伊城沦陷后，他携带幼子，背负父亲，逃出被大火吞灭的家园，此后长期流浪在外，最后到达南部的意大利。——译者注

如果伊本·赫勒敦生活在18世纪，他一定会认识到，对于满洲人而言，坚持满洲群体认同的重要性。他也会认为，乾隆取得成功的机会并不大。根据伊本·赫勒敦所说，王权通常会在四代以后走向腐朽：

> 家族荣耀的缔造者知道从事这一事业要付出什么样的代价，他会继续保持那些缔造了他的荣耀并使之延续的品质。在他之后，他的儿子因为与父亲存在有直接的联系，因而学习到了父亲身上的那些品质。第三代一定满足于模仿，尤其是依赖于传统。第四代在各个方面都不如前代，其成员已丧失了维持其辉煌大业的素质。他认为这种大业并非通过勤奋努力所建立。在他看来，从一开始，凭借单纯的血统这一事实，他的人民就属于他。

清朝的缔造者是皇太极及其弟弟多尔衮，他们策划了清朝的征服大业。缔造者的继承人是康熙，因循守旧的第三代则是雍正。所以，第四代就是乾隆，他本该为王朝的毁灭而负责。这种逻辑从一开始就注定了乾隆要展开一场取胜无望的保卫战。

乾隆当然从未看过伊本·赫勒敦的著作。但是，他似乎已经知道“时不我待”。因此，乾隆为维护满洲之道和清朝统治以及人们对他这样一个非汉人的中国统治者的认同，进行了长期的努力，本章将对此展开详述。

以金为鉴

如果历史具有借鉴意义的话（正如我们所见，几乎在每件事情上，乾隆都有史可鉴），那么，在统治中国的同时保持满洲先祖的传统，对于满洲统治者而言将会是一场非常严峻的挑战。乾隆在考虑满洲人的情况时，最重要的比较基准是曾于公元1115～1234年统治中国北部的金朝。金朝与清朝在很多重要的方面都很相似。与清朝一样，金朝也是由北部边疆地区的一个民族女真所建立的，事实上满洲很有可能就是女真人的后裔；同样，金朝也是通过军事征服取得的政权；作为外来者，金朝还像清朝一样也在争论这样一个问题，即他们是否能像汉人统治者那样对中国进行合法的统治，而其答案也是肯定的。但是，金朝与清朝最明显的相似点可能是这样一个基本问题：作为一个人口较少的群体，如何来统治这样一个巨大的中华帝国。

乾隆从金史中得到的教训可以归结为非常简单的一点：一个少数族群体如果想要确保其统治，就需要保持其自身的特殊身份认同。如果随着时间的流逝，听任该群体的独特性逐渐削弱，听任这些征服者逐渐被人口占据多数的汉人之道同化，并任其发展，那么统治精英的活力将不复存在，王朝也注定要崩溃。乾隆注意到，金朝的统治只持续了一百年多一点，并由之联想到编年史（这是他早膳时的读物）中有关金朝被广为同化的记载。

乾隆即位之时，适逢清朝统治中国一百年。一百年前的1636年，清朝第二位大汗皇太极曾经发布一篇上谕，乾隆对其非常重视。皇太极在上谕中提出，如果满洲人听任自己为汉文化之魅力所诱惑，那么本可以作为前车之鉴的金朝的命运就会降临到满洲身上。他警示群臣，数世纪前的金朝帝王因为接受了汉人奢侈、“放荡”的生活方式，从而不可避免地导致了对其母语和传统的忽视。乾隆的曾曾祖父曾

“恐子孙习染汉俗……忘其骑射”，“屡谕毋忘祖宗旧制”。如果真的出现这种情况，他认为王朝将不可避免地陷入衰落。因此，故事的关键点在于，必须不惜一些代价来维护满洲“旧制”。

对于乾隆而言，如果不是18世纪30年代满洲人确实显示出种种同化迹象的话，如此可怕之警示可能只是一个较为抽象的告诫。在那些为清朝夺取政权立下汗马功劳的勇士的子孙后代中，许多人已经沉溺于城市生活的乐趣，他们手里拿的不再是刀枪剑戟，而是骰子和画笔。有些人甚至不会骑马，代步工具是最不符合男人气概的轿子。还有越来越多的满洲士兵因入不敷出，被迫典当了他们的武器和盔甲，用来支付亏欠酒馆、赌场和其他店铺的债务。更为严重的情况是，作为宫廷中的主导语言，满语正在节节败退给汉语，甚至在乾隆本人的侍卫中，说汉语的人也在日益增多，这让乾隆感到非常不安。

但是，乾隆并不打算被动地听任满洲人的消失或是清朝的灭亡。正如他有一次强硬地谈道：

> 朕今日适阅圣祖仁皇帝实录，有天下虽太平，武备断不可废。如满洲身历行间，随围行猎，素习勤苦，故能服劳，若汉人则不能矣。虽由风土不同，亦由平日好自安逸所致之谕。恭读之余，凛然悚惕，岂敢一日忘之。

为提醒那些与此具有利害关系的满洲臣民，乾隆甚至让人将皇太极的警言刻于石碑之上，并在中国各主要八旗驻防城市进行展示，以使当地满洲臣民可以看到这些警言。因为自1644年以后，大多数满洲人事实上都生活在城市中，这可是一个让乾隆非常关注的问题。

“满洲人”之创立

清军入关前，作为组成清军的核心群体，满洲人世世代代散居在中国东北边境地区的村落之中。那时，这个地区还没有一个特定的称谓（至1800年时，它才被称为“满洲”），满洲人自己也没有一个统一的名称。“满洲”这一名字当时还不存在，人们借用后金时期的“女真”来称呼自己。当时有三个不同的女真群体：建州女真、海西女真和野人女真，各自占据着不同的地理区域，分属于不同的部族或世系分支。这些群体并没有正式的政治组织，其重大事务决策权属于世袭头人。多数头人拥有明朝中央政府授予的头衔与特权，这是对他们作为地方领导人角色的认可。作为交换，这些头人需要宣誓效忠于明朝皇帝，并同意向朝廷进奉当地的特产（主要是皮毛和人参，此外还有马匹）来替代税收。这种松散的朝贡约定一方面使得明朝政府宣称拥有对女真的管辖权，另一方面也保持了它们彼此之间相对的和平局面。

明朝政府由于担心女真人有可能会制造麻烦，因而蓄意分裂女真人为不同的群体，意在防范这些宗族或部落之间结成联盟。因为一旦出现这种联盟，可能会危及明朝对其之控制。所以，明朝有时会煞费心机地在该地区刻意培植不稳定的因素，然后再以一个维和者的面目出现在当地。但是，16世纪末，在一个名叫努尔哈赤（乾隆的高曾祖父）的建州系下层成员的领导下，长期以来让明朝担心的那种联盟终于开始形成。起初努尔哈赤与其他头人并无二致，但是，后来他证明了自己乃是女真部族五百年来最具才干的政治和军事领袖。到 16 世纪 90 年代，他已经直接或是间接地将大部分建州女真置于自己的统治之下，并且着手向其他的女真部族进行扩张。他从村民们组成的用以一同打猎的临时武装团体中得到启示，将自己统辖的户民组织起来编成小的单元，满语中称为“牛录”（箭），几个“牛录”又组成一个大的单位，满语中称为“固山”，也就是“旗”。这些旗以不同颜色区分，它们共同构成了最为典型的满洲社会结构。这种社会结构不仅在组织兵丁作战方面非常有效，而且，它也提供了一个高效、灵活的架构，将不同背景下的民众融入了一个永久、统一和军事化的“旗人”社会秩序之中。

由于努尔哈赤部落日益强大，越来越多的女真人与边界地区的蒙古人、朝鲜人和汉人都归顺了努尔哈赤。他们都要求在新生政权里能有一席之地，而旗作为一个制度化了的机构，确实也赋予了他们新的地位，明确认同他们成为努尔哈赤的追随者。在努尔哈赤之子皇太极于 1626 年继位时，已经平息了海西女真的最后反抗，两个野人女真部落也已被并入部落联盟之中，这种联盟与四个世纪前成吉思汗建立起的那种联盟大致相同。在 17 世纪 20 年代初，努尔哈赤吞并了明朝东北边疆的南部地区后，其联盟已经开始要承担更大的职责，譬如征税以及管理当地的汉人平民。在皇太极的领导下，这个联盟开始更像是一个国家。它不仅拥有强大的军事力量，还拥有基本的行政机构，由文官制定和颁布法令，翻译文件，并保留书面记载。1636 年，皇太极宣布今后将使用“满洲”这一新的名称，这可谓向最终将全部女真统一在皇太极统治之下迈出了重要的一步。

迄今为止，我们仍然不清楚这一名称的由来和含义。或许它曾经是女真一个部族的名字，或者最初可能只是一条河流的名称。不过，无论“满洲”之名源出何处，其意何指，皇太极强调每个人都要使用这一名称，并为此警告众人，如果有人仍用旧名“女真”，必将受到严惩。之所以如此，部分原因可能在于，皇太极当时正欲挑战明朝的霸权地位，因此不想使用曾臣服于明朝的女真的名称。不过，或许也有可能是皇太极想要为所有女真部族提供一个统一的标识，以便让女真人不再纠结于旧有的敌对势力中。毋庸置疑，仅仅确定一个新的名字并不能立即成就统一，在当时的某些满洲世系中依然存有分歧。尽管如此，必须指出的是，“满洲”的创建非常成功，即使后来满洲人失去了他们原有的很多文化特征，但是直到今天，在中国仍有千万人认同自己是满洲的后裔满族人。

占领内地，避免汉化

新生的满洲族群能够成功，部分原因在于它将不同背景下的女真人有效地整合进了八旗制度之下，弱化了早期部落之间的差异和冲突。至于原本这些差异和冲突的程度如何，尚难以知晓。前征服时期的书面记载（乾隆本人对这些记载非常感兴趣）表明，在 17 世纪初，女真人的确拥有一些共同的认同和文化，而且，他们非常清楚这些东西是他们不同于其他人（汉人、朝鲜人和蒙古人）的特征。实际上，“满洲”一词可能表达的是人们一种共有的情绪，即各女真部族如今已经成为一个新的族群。如果是这样，那么这种情绪在 1636 年时，肯定因为新的国名“大清”的出现而得到了加强。皇太极选择“清”这个名称，替代了父亲在1616年有意仿效以前的金朝而选择的“金”。我们同样也不清楚“大清”的含义，只知道它在汉语中是“清澈”“洁净”之意。不过，应当指出的是，这一国名在满语中是Daicing，它在满语和蒙古语中均为“战士”之意。那么，对于那些能够理解这一含义的人而言，皇太极正在就其未来的意图向人们发出清晰的信号。

果然，八年后，清兵在山海关蜂拥越过长城。在他们当中，几乎没有人返回东北，而是与家人一起永久定居中原，安家于北京、南京、杭州和西安这样的城市，清朝在这些地方建起了八旗驻防以保护这个新生的政权。征服之后，旗人成为一个特殊的阶层，与民人分而治之。他们的毕生都要献给朝廷，作为回报，依靠中国的庞大财富，清廷也给予他们及其家人终生都享有的福利。在法律上，他们被划为世袭职业军人阶层（我们要明白，他们生来就属于这一体制），除了参军或者为官，他们不能从事其他任何职业（农业除外，但是不会有人对农业感兴趣）。在我们看来那些纯属私人选择的事情（如婚姻），通常需经八旗官员正式批准。国家打仗时，八旗男人则要荷戈从征，而这需要进行艰苦的行军并会经历长期的物资短缺，当然，死伤总是难以避免的。

几十年来，尽管存在这样的限制和要求，但旗人的生活还是具有相当的吸引力。一方面，这意味着他们拥有国家提供的稳定收入，国家每年给他们发放四次粮饷。[①] 另一方面，他们还享有许多特权，如伤残抚恤金、经常性的补助、

① 除兵饷外，还有粮米。直接将米发放给兵丁，称“本色”；把米折价发白银，称“折色”。——译者注

无偿分配的住房及无息借贷等。旗人也不纳税，还不受汉人地方官的判决。即使被逮捕，他们也被关押在不同的监狱，如果罪名成立，对其之惩罚也要减等。而且，他们的晋升之路比汉人也要容易得多，尤其对那些北京的旗人来说更是如此（约有一半旗人居住在北京），因为他们中的大多数人都无须通过科举入仕。受到这些特权的吸引，自然有越来越多的八旗之外的汉人想尽办法也要进入这一体制，他们甚至还会把自己的姓名也改成满洲人的名字，装作是满洲人。八旗体制原本只能勉强应付人口自然增长所带来的压力，因此，额外增多的这些人口给八旗的管理带来了难以承受的负担。

因此，无论是实际情况还是在心理层面上，八旗制度都面临着瓦解的命运，这是乾隆即位后最初几十年所面临的最严重的问题之一。乾隆登基后不久即怒气冲冲地说：

> 八旗为国家根本。从前敦崇俭朴，习尚淳庞，风俗最为近古。迨承平日久，渐即侈靡，且生齿日繁，不务本计。但知坐耗财求，罔思节俭。如服官外省，奉差收税，即不守本分，恣意花消，亏竭国帑。及至干犯法纪，身罹罪戾，又复贻累亲戚，波及朋侪，牵连困顿。而兵丁闲散人等，惟知鲜衣美食，荡费资财，相习成风，全不知悔。旗人之贫乏，率由于此。

这段话阐明了乾隆对这一问题的看法：浪费与过于安逸的生活已经危及满人的生计。这种趋势有可能破坏王朝之“根本”。

同样引起乾隆警惕的是满洲同化（acculturation）步伐的加快，而这正是占领中国的另一后果。在市肆、饭馆、剧院和官场与汉人世界的日常接触，使得形成于边疆地区的满洲文化暴露在一个更为悠久、浩瀚和丰富的文化面前。随着时间的推移，边疆世界的严酷已经成为一种记忆，而中原的生活则几乎成了全体满洲人的真实世界。人们很快就感受到了皇太极担心满洲“子孙仍效汉俗”的恐惧。乾隆显然无法阻止人们对城市生活的喜爱，同样也无法让他们恢复一百年前的生活方式。为了让旗人免受各种诱惑之影响而选择关闭城门或是把满洲人送回东北显然并非良策，因为这就意味着完全放弃对中原的控制，而其初衷也就完全破灭。

由于担心满洲原有的习俗不断被腐蚀，同时担心征服者和被征服者之间的区别逐渐消失，乾隆被迫采取了一些行动来维护清朝权力之根基。面对双重危机，他采取了两项策略。一个是强化八旗体制，我们将在后面对此加以论述。另一个是促进满洲民族意识的复兴。乾隆以父亲为榜样，不知疲倦地去维持和加强诸如勇猛、节俭以及骑射技巧等满洲的传统和美德。他尽其所能去保护满洲特有的认同，包括推进满语的使用、整理并编辑历史资料、书写赞美满洲故土的诗歌、整编宗教礼仪及庆祝满洲的尚武文化等。考察这些行为，有助于我们更好地理解乾隆对其统治、自己在历史上的地位以及他作为皇帝的作用的认识。

语言的力量

在乾隆看来，语言是影响满洲认同的最关键因素。全世界都在广泛研究语言对于民族认同的向心性，满洲人同样如此。乾隆即位的一个多世纪以前，努尔哈赤在写给蒙古部落首领的信中，经常向其追随者提到“女真语之国”，意味着他的所有部属都讲女真语，同样重要的是，由于他们都讲女真语，所以他们都是女真人。皇太极也曾发出警告，满洲人的母语一旦衰落，将会导致严重的后果，这是满洲精英早已认识到语言重要性的另一个迹象。1644 年以后的清朝历代皇帝都对这一问题表示出了关注，但程度均不及乾隆。他在许多谕旨中都劝诫满洲人要努力学习母语，指出"清语为国家根本"。他把满人"习汉书、入汉俗"与"渐忘我满洲旧制"相提并论。满洲官员在受到正式接见时，如果无法以满语与乾隆交流，或是他们取了汉人风格的名字，乾隆就会责骂他们"忘根"，任由自己为汉俗所蚀。有一次他曾怒斥一个来自盛京的小官员："盛京系发祥之地……身为旗员，岂可不能清语乎?!"

为了激发起满洲人对满语的更大兴趣，乾隆可谓竭尽所能，如举办官学，并为娴熟的通事提供诱人的发展机会。尽管他的这些努力取得的效果有限，但乾隆并未因此气馁。他为文人学习和使用满语提供了更多更好的帮助，其中包括重新将中国古代的主要经典译为满语。1771 年，他命人对刊行于 1708 年康熙时期的《御制清文鉴》进行了修订和增补，名为《御制增订清文鉴》，乾隆在序言中阐明了他的期望："庶几嘉与我子孙臣民，可以同文，可以传世而行远。"后来他又进一步扩编了这一辞典，先后收入了蒙古语、藏语和察合台语，以这些语言来翻译满语的词汇和短语，而作为"国语"的满语总是被视为最佳。

在汉、满专有名称的发音和标准写法的语词索引方面，以及 18 世纪 40 年代由乾隆直接下令编撰并由朝廷出版的有关早期满语的专门著作中，也可以看到乾隆对语言和文献的迷恋。在资助这些作品的刊行时，乾隆可能吸收了当时中国知识分子中考证学的趋势（第七章将对此进行讨论）。但是，他的行动首先是出于一种历史——尤其是满洲历史——的责任感。登基后没几年，乾隆就让人重新修订了早期清朝帝王的实录，以他所倡导的新的标准化体系来书写地名。在此过程中，人们发现清朝的满文老档中有一部分已经破烂不堪，而且，基本上也没有人能够译解这些档案所用的老满文。乾隆担心清朝的早期历史会因此而不为人所知，所以下旨立即编辑一本新旧满语对照词典。18 世纪 70 年代，他又要求使用新满文字母重新誊写这些档案。同时，他命令学者对早期的实录加以编辑和修订，并趁机对这部有关清朝早期历史的著述进行了一定的删减。

乾隆下旨将佛教主要经典译为满语，也可反映出他对语言的重视。这些卷帙浩繁的印度宗教经文最初以梵文写就，后被译为很多语言，却一直没有满语文本。对乾隆来说，这意味着他一直致力于让满语与其他古老语言拥有同等地位的目标还远未实现。正如他在序言中所写：

> 盖梵经一译而为番，再译而为汉，三译而为蒙古。我皇清主中国百余年，彼三方久属臣仆，而独缺国语之大藏可乎？以汉译国语，俾中外胥习国语，即不解佛之第一义谛，而皆知尊君亲上，去恶从善，不亦可乎！是则朕以国语译大藏之本意在此不在彼也。

从以上这段文字可以看出，乾隆让人把佛教的重要文献译为满语，主要目的在于鼓励人们学习满语，提升满语的地位并丰富其词汇量。至于人们是否从事佛教活动，乾隆对此似乎并不太在意。

作为佛教密宗的虔诚信徒，乾隆命人翻译这些佛教经典的另一个目标无疑是想借此获得因缘果报中的善果，因为这不仅是对满语的颂扬，而且也是对佛陀教诲的颂扬。因此，乾隆在 1771 年组织了 100 多人把整部《甘珠尔》都翻译成了满文。这是乾隆时期规模最大的翻译行动。翻译过程中，特别注重对宗教术语的转写，以使其能够尽量忠实于最初的梵文而非其汉语译本。同时，翻译中所使用的满文字母是在乾隆授意下创建的新满文字母，使用这些字母可以更为准确地翻译出神秘的佛教咒语陀罗尼（*dharani*），因为这种咒语是通过声音而非其含义来体现它的效果的。只要是与这个（或所有）语言项目相关的事情，事无巨细，乾隆都会加以关注：他本人亲自审查了许多佛经的译文，指出了其中存在的错误，并进行了修正。后来，他甚至还会进行复查，以了解自己的校订是否得到执行，如果没有，他就会做出进一步的修正。这一项目的规模非常巨大，而且人们的态度也极其认真，因此颇具价值。19 年后，在乾隆八十岁寿诞之后，这一项目终于完成。这一译本最终只印制了 3 套，每套 108 大卷，以红色油墨印制，非常精美。有一套保留至今，分别被北京和台北的博物馆收藏；另外，还有一套最完整的保存在布达拉宫。

创造历史

乾隆对于重书过去、纪念满洲的语言和历史充满了热情。因此，他创作了《盛京赋》，并资助了《满洲源流考》的印制。这是两部风格迥异的原创作品。前者是乾隆于 1743 年巡视东北的祖先陵墓后所做的一首纪念诗作，本书

第五章对此有所论述。盛京是满洲神秘的发源地，尘封着满洲人的古老记忆，其南缘为柳树环绕，东面则是白雪皑皑的长白山，清朝一直禁止汉人定居于此。乾隆在诗中采用了中国传统的文体“赋”的形式，这种形式在传统上赋予了诗歌以绚丽的描述和抒情的创意。在诗中，乾隆以大段的文字描写了满洲故地的奇迹，即“天佑之国，大汗兴焉”。在其笔下，盛京的天与地、丰富的野生动植物、茂密的森林及肥沃的农田共同创造了一个祥和的氛围：

> 于铄盛京，维沈之阳。大山广川，作观万方。虎踞龙蟠，紫县浩穰……神基崇俊，帝系绵昌……俯临区夏，襟控中外。

在乾隆看来，像清朝这样一个尊贵的王朝就应该兴起于这样一种环境下。初版五年后，皇帝下旨以一种特殊的版本重印《盛京赋》，要求全部文本用六十四体篆字雕刻：三十二体汉文篆字以及相对应的三十二体满文篆字。这样，《盛京赋》又具有了一种政治意义，乾隆在新版序言中表示他渴望改进老满文的书写形式，认为在声音与形式的结合方面，新满文的书写形式要优于汉语。这种说法是很牵强的，因为满洲在1600年左右才有了自己的文字。可以看出，对乾隆来说，对满洲人的语言和过去进行褒扬，比历史事实更重要 。

在刊行于1783年的《满洲源流考》中也可发现非常类似的情况，这本书甚至还重印了《盛京赋》之序言。编纂《满洲源流考》旨在建构满洲历史的宏大叙事，将满洲清王朝的创立者与数世纪前女真金的创立者联系起来，说明这二者不仅有共同的祖先，而且也有共同的发祥地——长白山。编写和刊行这部有关满洲历史的著作，乾隆的意图有很多。首先，通过证明满洲作为一个民族的古老历史，乾隆希望展现满洲本身的帝国传统，从而强调清朝统治的合法性。其次，通过论述满洲事实上从未臣属于明朝，乾隆想说明是明朝皇帝背叛了满洲首领，而非满洲首领不忠于明朝，这种论述也有助于强化满洲受自天命的正当性。最后，通过书面文献来对满洲国家的兴起进行全面的论述，乾隆期望消除人们对满洲自身的政治和文化生命力所抱有的怀疑，并赋予其民众一个更为"真实的"满洲历史，而非第一章中提到的早期满洲人的传说。

有趣的是，乾隆并没有想去隐瞒满洲人的"野蛮"源流，早期的汉人著述中将女真人描绘为粗野残暴之人，乾隆甚至引用了汉人的这些叙述。不过，他反对引用明朝那些同样贬损的描述，或许因为这些描述过于接近事实的真相。事实上，那时的大多数此类著作都被乾隆禁止传播，因为他想证明满洲代表的是数个世纪以来发展的最高峰，不仅在金代取得了初期成就，而且在乾隆的统治下已经全面繁荣；如果让人使用那些有辱 6 世纪时满洲人先祖的词汇继续称谓 16 世纪时的满洲祖先，就会违背乾隆所希望传达的从古至今历史过程在不断平稳前进的观点。

此类叙事具有非常大的影响力，虽然没有任何的考古证据来支持其中的主要论断（如其先祖源自这一地区的史前民族），但 20 世纪很多有关满族的近代论述仍然借鉴了乾隆首先提出的这种标志性的观点。通过将满洲人牢牢地置于中国古代文明之中，并且指出满洲人在崛起后夺取了帝国的权力是历史进程中不可阻挡的结果，乾隆第一次成功地为所有满洲人提供了他们的清晰连贯的“民族”历史。但这一著述并不止于此。因为它还包括很多部分，如地理、族谱和习俗，如同早期对《盛京赋》的编纂一样，乾隆期望《满洲源流考》的编纂也能丰富其他的满洲传统，有助于构建起更稳定的认同感，而这种认同感将可以超越乾隆时期，确保清朝的统治代代相传。

规范萨满之仪

出于对子孙后代的考虑，对尽可能扩大皇权的期望以及几乎无可抑制的对规范的渴求，使得乾隆一直想让自己进入满洲的语言、历史和宗教等生活的方方面面。对于大多数满洲人而言，“宗教”指的是萨满教，而非 17 世纪初才进入满洲人精神世界的佛教。萨满信仰及其宗教活动是满洲本土文化中最古老的元素，也是满洲人区别于清代社会中其他非满洲人的地方。

事实上，萨满教起源于满洲人的故土东北亚地区。我们可以笼统地认为这种信仰孕育于自然界的神灵世界之中，那些被称为萨满的巫师可以与神灵世界进行交流。萨满通常是女性。她可以通过祭祀、舞蹈、音乐和咒语等各种形式实现与神灵世界的交流，而这种交流还可以达到如治病、祈福和驱魔等不同的目的。清代满洲人中举行的最为常见的萨满教仪式，目的只是为了救赎灵魂。定期举行的这种仪式有时被称为“明礼”，主要是祭祀各种神灵以及上天和祖先。另外一种变形的萨满教，也叫作“暗礼”，一般较为少见，其宗教仪式更为神秘，也更不可预测，而其目的多为治病，有时候也用以驱赶附身之邪魔。这两种仪式的祭仪传统都有两个，一个是皇家的祭仪，另一个则是普通民众的祭仪。两种祭仪在诸如圣歌和祈求之神灵等具体的礼仪方面也各有不同。

在对满洲萨满教的整理过程中，乾隆也许一直希望能够让更为规范的皇家祭仪取代普通民众的萨满教祭仪（意指除爱新觉罗宗室的皇家祭仪外的所有家系的萨满教祭仪），以使皇家祭仪能为所有满洲人接受。为了实现这一目标，乾隆在 1747 年颁行了《钦定满洲祭神祭天典礼》，公布了爱新觉罗家族“明礼”的标准。在此书序言中，乾隆明确指出，他想对各个宗族中的不同祭仪加以整合，以此来达到维护满洲本土习俗的目的。因此，在《钦定满洲祭神祭天典礼》中，爱新觉罗家族这种父权制的萨满祭仪的地位得到了提升，成为所有满洲家族所共同遵循的模式。乾隆尤其关注汉语在其中的影响，因为很多萨满已经无法理解她们所吟诵的满语圣歌的含义。有些萨满还可以用满语吟诵，但发音存在很大问题，而且对圣歌的含义也有误解；其他人则转用汉语吟诵。通过规范祭祀礼仪，乾隆希望能够统一萨满教的传统，同时也将其纳入皇家的统治之下，从而能够影响到他的满洲臣民的神灵世界。

《钦定满洲祭神祭天典礼》，并没有将“暗礼”的萨满教祭仪纳入，这是非常值得关注的。确实，此书之书名已经表明要将变形的萨满教仪式拒之于外，也许是因为乾隆觉得萨满教的这种传统体现出的是“未开化”的满洲历史的残留，因此，乾隆希望能将之遮掩起来。很难说他的这种企图是否成功。因为书中记载的规范后的礼仪并非清代以来唯一得以幸存的萨满教经文，乾隆期望取代的那些普通民众中的礼仪还是存续了下来。我们注意到，在这方面，乾隆最终确实给其他满洲人提供了一个模式，只不过这一模式并非是他最初所期望的；也就是说，他想让人们遵循并使用《钦定满洲祭神祭天典礼》中的仪式，但人们比乾隆更胜一筹，他们效仿了乾隆的宏大战略，为其子孙后代保留下了自己的仪式，编写了自己家族的萨满习俗。

勇士之道

尽管满洲原有的文化认同的衰落对清王朝的延续形成了长期的威胁，但是，更为直接和切实的问题则是勇士之道的丧失。八旗兵丁既要保护皇帝的安全，还要肩负保卫国家的重任，他们驻防在内地各城，也要在不断扩展的清朝边疆作战。这就需要他们绝对的可靠、勇敢和坚毅，这些为乾隆所赞赏的具有满洲特征的品质，同时也是他认为汉人所缺乏的。他认为，正是由于这些品质，满洲人才在 1644 年时占据了优势，即使到了乾隆时期，它们对于清朝的权力依然具有非常重要的影响。在某种程度上，所有的政权都依赖于高压统治，而对于清朝这样一个少数民族政权而言，这一问题就更为紧要。在乾隆看来，至少应该让八旗之外占据全国人口 98% 的汉人对满洲的军事力量有所敬畏，这是非常重要的。

清朝初年时，一般汉人对满洲军队是非常敬畏的。虽然清朝对中原的征服已经过去了很长时间，但是，人们还是常常谴责满洲士兵滥用其征服者的优越地位欺骗汉商、奴役农民和强奸妇女。人们如果在大街上碰到满洲官兵，就会对他们充满了恐惧，也可以委婉一点儿将其称为敬畏。那时，皇帝的重臣会晤时常常只用满语讨论，不懂满语的汉臣则无法参加；无论皇帝亲近的那些八旗权臣做出什么样的决定，汉臣只能接受。皇帝认为这样的敬畏不但必要而且有益。它给予了满洲精英一种他们本不该享有的政治优势，因为在统治中，这些满洲精英基本上达不到其汉人同僚那样的老练程度，而且，他们还怀疑这些汉臣暗地里很轻视他们的满洲最高统治者。既然无法如汉人那般博学，那么，保持满洲人所擅长的作战能力就是明智之举。

在相当一段时间内，这种想法还是行之有效的。但是，可以预料的是，开国者的坚韧和奉献精神，到了子孙那里，必将逐渐被更柔弱和自私的想法所取代。很快，在北京、南京和杭州这样繁华的中心城市生活的满洲人中间就弥漫着对汉人文化的向往。旗人们参加文学团体，他们在那里可以练习绘画和诗歌创作，有的旗人则成为了收藏家、剧作家，甚至是小说家（中国最著名的小说《红楼梦》的作者就是八旗中的汉人包衣）。乾隆本人就非常喜欢文学，他认为只要这些旗人不忽略满洲人应该掌握的技能，喜欢文学也没有什么问题。但是，有许多迹象表明，满人的军事水准事实上日趋下滑。乾隆对此深感忧虑，不断颁发谕令告诫旗人要尊重并坚持满洲人的习俗。他说，骑射实乃“家法”，是全体满洲人必须具备的技能；如果任其荒废，就是对祖宗之背叛：“我国自开基以来，首重骑射，理宜恪遵旧典，服习勤劳。即如朕每岁行围，犹能于马上驰射，此乃众所共见者。着通谕阿哥、诸王，各宜凛遵祖训，黾勉奉行，亿万斯年，传之子孙毋替。”

乾隆尤其希望满洲的官员们能够像 17 世纪时的满洲英雄们那样行事。如果他们不这样做，就有可能被处死。乾隆初期的著名军官讷亲就遭遇了这样的命运。讷亲出身满洲权贵家族，其祖父遏必隆曾是康熙的得力助手，曾祖父额亦都亦是清朝入关前的著名开国功臣。1746 年，乾隆授讷亲为内阁大学士之首时，讷亲的仕途已经非常突出，可谓鄂尔泰的合格继承者。乾隆对讷亲的任命表明他完全信任后者的能力。两年后的 1748 年 6 月，由于金川的藏人公然叛乱，乾隆命讷亲率军前往那里平叛，以恢复中央对金川的控制。金川地处偏远山区，非常难以管理。村落位于高处，有坚固的碉楼防护，四周围以栅栏和壕沟。乾隆说："惟大学士讷亲前往经略，相机调度，控制全师，其威略足以慑服张广泗，而军中将士亦必振刷归向，上下一心。"作为乾隆亲自委任的人，讷亲的表现将会对乾隆的统治产生直接影响。

因此，当几个月后乾隆发现讷亲不仅不是满洲的光辉榜样，反而给满洲带来了耻辱之时，不难想象他有多么愤怒。讷亲原计划正面进攻叛乱分子的山头据点，但惨遭失败，陷入绝境。讷亲无力制订新的战略计划，待在帐中谁也不见。在他的奏折中，并没有针对眼前的现实问题提出解决之策，而是在策划未来的战役，但是他所提出的每个计划都不尽相同。尽管乾隆在看了这些奏折后越发沮丧，但他仍对讷亲抱有希望，期望他至少能够取得哪怕是一次小的胜利，以挽回一点儿颜面。但是，直到夏末，前线依然没有传来获胜的消息，更令乾隆愤怒的是，讷亲甚至未能抓获军中的一个内奸。乾隆终于忍无可忍，他将其昔日宠臣召回京城，对其加以痛斥："即不能一以当十，亦何至以三千之众，不能敌贼番数十人，而至闻声远遁，自相蹂躏。此事实出情理之外。"乾隆派其内弟傅恒接替讷亲之位，傅恒很快就使金川的平叛事宜步入正轨。9 个月后，傅恒率领大军凯旋，这是乾隆统治时期取得的首次重大军事胜利。

讷亲和傅恒回京后的命运当然截然不同。讷亲于深秋返回北京，被软禁了两个月，他并不清楚自己的命运将会如何。经过再三审讯，乾隆因其玩忽职守而判其死刑，并命令将讷亲押往金川军前处死。1749 年 1 月，一度是同辈人希望的讷亲，如今被不光彩地带到了营门前，在集结的军队面前被斩首。乾隆指定刽子手使用讷亲声名显赫的祖父当年曾经使用的那把刀来行刑，这一戏剧性的姿态旨在强调，讷亲的失败不仅愧对乾隆，也愧对他的祖先。与此相反，当两个月后傅恒返京时，乾隆下令所有达官贵人前去郊外迎接。十天后，皇帝大摆庆功宴，款待了傅恒及其属下，并慷慨赏赐了全体人员。乾隆还授予傅恒“忠勇公”之称号，以显示对他的宠幸。

乾隆对讷亲和傅恒的不同处理，目的不仅是为了赢得短期的战争，而且也是为了一个长期的目标，即重新激起满洲人的战斗精神。不过，他的这一长期目标一直都未能实现。由于地方官员总是报喜不报忧，因此，乾隆如果想要了解其有关维护满洲军事传统的指令是否得到执行，唯一的方法就是亲自去视察满洲兵丁的军事技能。而在亲自视察的过程中，乾隆时而会感到高兴，时而又会感到震惊。1752 年，乾隆前去暗访官兵的射箭训练，看到许多高级军官射箭完全偏离目标，射到了地上。他对这些人进行了严厉的惩罚，罚俸一年，一些人还被革职。

寻找真正的男人

上述抽查虽有效果，却远远不能满足乾隆的要求。1741 年，乾隆下旨每年都要进行围猎，他认为这是一种更为系统的磨砺军事技能的方法。每年夏末在木兰围场举行的皇家围猎是对王朝惯例的认同和尊重，也许还满足了乾隆重温孩童时陪在康熙身边所经历的那些“美好往昔”的愿望。但是朝臣对此提出批评，称千年之前的帝王曾因担心铺张浪费而拒绝围猎，乾隆为了证明自己行为的正当，指出：“行围肄武，原为满洲旧习。皇祖在位六十余年中，每岁必出口行围，实为教养满洲至意。”虽然这并不尽正确（康熙首次围猎始于1681年，那时他已登基二十年），但是，木兰围猎是乾隆出于孝道不愿意放松的制度：“朕每年秋幸木兰，亦仰体皇考效法皇祖之心，为教养满洲之道也。”

乾隆统治时期，共进行了50余次围猎，最后一次发生在1795年，当时他已经84岁。这些围猎在个人和集体的层面上都证明了满洲之美德，并展示了王朝之活力。按照规定，汉人是不能参加围猎的。每年，来自京城和其他主要卫戍区的满、蒙旗人都要参加军事技能的选拔，选拔出的人员要陪同皇家巡游队伍由北京北上边疆地区。扎营木兰后，整个9月份他们都会待在那里，进行一系列的围猎、箭术比赛和竞技活动，有时候他们在这里待的时间会更长。来自北部和西部的不隶属于八旗的蒙古人以及满洲统治下的其他游牧臣民如哈萨克人等，也会加入其中。对于这些人而言，这是重建与皇上个人联系的良机，而且，在这里也没有感染天花的风险。

最精彩的部分自然是盛大的围猎。3000名士兵被分成小队，黎明时分呈扇形包围了一块数平方英里的围猎区。在发出信号后，他们开始收紧包围圈，拍打着灌木丛（也就是法语中的赶兽），将猎物赶到他们的前方。几个小时后，各种各样的动物，如野兔、獾、鹿、野猪、熊，有时甚至还有老虎，就被赶进了一个直径约两公里半的空地内，四周则已经布满了全副武装的助猎者以及箭在弦上的神射手。乾隆手持弓箭，进入围猎场，神枪手护卫左右以防不测（老虎首先要由“虎枪营”解决），但并没有通常的大队人马陪同。乾隆在马上瞄准并射死了专门为他挑选的大鹿，博得了臣属的满堂喝彩。此时，环伺四周的神射手们开始自由追击自己的猎物（见图4－1）。狩猎接近尾声时，猎获之肉会在烹饪后分发给在场的所有人；一些精选的部分，如肥大的鹿尾，可能会由信使加急送给全国各地的皇家宠臣。所有宾客都会被邀请参加盛大的宴会，宴会中有诸如摔跤、杂技、马术表演以及弹奏琵琶、拉蒙古马琴和击打鼓乐这样的娱乐活动。宴会上还会论功行赏，重申满洲帝国的活力。

图4－1　乾隆木兰围猎图

宫廷画师绘。约1750年。手卷，绢本，设色画。现藏于巴黎吉美博物馆。木兰的盛大围猎是乾隆每年的固定安排，给他及清廷提供了一个非正式的练习骑射的机会。

除了这种精心布置的赶兽围猎场景外，还有很多规模较小的非正式的围猎活动，参加者包括皇帝以及其他一些被选中的人。借助这些活动，乾隆就有机会展示他所坚持认为的满洲民族特性中不可或缺的美德——坚韧、力量、勇敢、强健以及勇士的机敏能干。乾隆有时喜欢将这些品质称为“男性美德”（即满文 hahai erdemu），无论恰当与否，这些品质都与文学作品中所描绘的汉人男性的柔弱形象形成了鲜明对比。乾隆在诗歌尤其是艺术作品中对这些品质多有颂扬。在他统治时期，命人绘制了许多有关木兰围猎（以及相关主题，如珍稀猎犬和中亚来的良种马匹）的绘画作品。乾隆一再让其宫廷画家绘制围猎的场景，有些绘于长长的卷轴上，展开后所展现出的是北方荒原的壮丽景象；有些绘于绢上，精美地展现了几乎是真人大小的跃马奔腾的骑手（有时甚至是女骑手）；有些绘于宫廷内墙之上用以装饰；还有一些是按照西方技巧用油彩绘于屏风之上。在 18 世纪 60 年代和 70 年代描绘平定准噶尔之功臣的画作中，也体现出了同样的军事理念（见第六章），乾隆旨在借此纪念那些满洲、蒙古士兵的英勇事迹。

保护根基

虽然乾隆对日趋消失的“满洲之道”的竭力维护给今天的我们留下了深刻的印象，但是，我们还不太了解这一行动在当时取得了什么样的成效。例如，乾隆非常希望能够通过视觉的影像来强化满洲“家法训练”的重要性，但是，这种视觉影像的传播范围又有多大？即使是在京师，这些作品的传播范围也很有限。因此，虽然它们可能会对那些曾经目睹这些作品的人产生如同对今天的我们同样深远的影响，但是，其影响者毕竟有限，且大多系精英阶层。如果皇帝真的想要阻止满洲的传统习俗消失，那么这种影响就应该波及普通旗人大众。同样，虽然很多人目睹了木兰秋狝的宏大场面，但这也是一个相当小的群体。如果谈到乾隆的出版活动，字典由于具有实际应用价值，一般来说传播较为广泛，但是，诸如《钦定满洲祭神祭天典礼》、《满文大藏经》、《满洲源流考》和《盛京赋》这样的书籍，其阅者亦很有限。

所以，我们最终可以得出结论，乾隆希望通过发扬和保护祖先之道以维持满洲认同并确保清朝前途的艰苦卓绝的行动，基本上以失败而告终。尽管旗人中时常也会涌现出很多勇士，但是，满洲的军事技能已经不可能全面恢复。乾隆曾经投入了大量的时间和精力用以围猎，但在乾隆驾崩后，唯有嘉庆皇帝进行过木兰围猎，自道光皇帝登基后，清朝就再也没有皇帝进行过围猎。至此，八旗只空余一个外壳。虽然萨满教的活动得以保留（事实上，直到20世纪初，北京的满洲人依然在举行萨满教的仪式），但是，作为族群认同中最重要标志的语言，满语却在继续衰落，因为在日常交流中，汉语已经取代了满语的地位。虽然最晚到20世纪20年代，在官方交流中还有人继续使用满语，但那时，除了些许满语词汇外，大部分满人基本上都已经不会说满洲话了。清朝末代皇帝溥仪说他只会用满语说“ili”（意为“起来!”），这句话是说给跪在他面前的那些官员听的。

鉴于乾隆对满洲文化的保护并不成功以及满语的消失，人们可能会认为满洲的认同本身一定也随之衰落甚至消失了。然而，事情并非如此。说来奇怪，尽管出现了许许多多的同化迹象（有人称为“汉化”迹象），但是，满洲作为一个族群一直都没有消失。

在很大程度上，这应该归功于乾隆皇帝，他对制度方面的投入丝毫不亚于在文化方面的热情。他对八旗制度的改革以及对满洲的经济、政治和法律特权的保护，有助于保持满洲人的特殊生活方式。前文曾经提到满洲认同的“双重危机”，一个是文化危机，一个是经济危机。到乾隆统治时期，许多旗人不仅忘记了如何骑射，而且，他们的生活也日趋贫穷。普通满洲旗人的生活水准不断恶化，让乾隆感到非常震惊。而“满洲性”的文化表现和述行表现（performative manifestation）的弱化一样带给乾隆很大的震惊。不仅是因为征服者不应当生活于贫困之中，而且，如果无法解决旗人生活的日益窘迫，可能导致这些人放弃其旗人身份，那么八旗就有可能解体，满洲政权唯一残存的制度就将随之瓦解，而皇室自身的前途也将岌岌可危。

雍正时期，开始对八旗制度进行改革，恢复了财政的稳定，并提高了旗人正趋下降的生活水准。乾隆通过继续推行父亲的这种改革，掌握了一定的主动权。他找到了增加旗人家庭收入的方法：短期而言，是给旗人发放钱银（用今天的话说就是“紧急财政救助”），并免除他们的债务；长期而言，是给他们划拨土地，并用国库银两投资建房及典当业，然后将投资所获收益拨付八旗。乾隆之所以能够在这方面取得成功，原因之一是，相对文化领域而言，国家在经济和行政领域更容易取得成效。

乾隆掌握主动权的另一项重要措施是编制八旗牛录的成员清册，以便确定谁应真正享有八旗特权，谁的满洲身份系不正当获取。这就要求每个家庭都要制作家谱，并简单说明他们及其所属牛录的隶属关系的历史。这些材料经过了收集、核对和调查，在此过程中，有些旗人的身份得到证实，有些则被否定。有些人因为公然冒名顶替而遭到抓捕，被立即驱逐出旗；有些在特殊情况下加入旗籍的人虽然暂时保留了旗籍，却被列入二等家庭，以后他们还是会被要求（或是强迫）出旗为民，不得不自谋出路。这些措施有助于减少八旗必须供养的旗人数量，并为“真正的”满洲人提供更多的职位。

18 世纪 40 ~ 70 年代，乾隆缓慢但稳定地推动了这一对旗人队伍的清洗。同时，他还下旨让数以万计的各省驻军中的汉军旗人出旗为民（他认为这些人最初即是民人），然后将他们的空缺给予了需要的满洲人。那些通过审核的旗人的材料后来被收集起来，作为家族历史而被刊行，题为《八旗满洲氏族通谱》。此书是又一部应乾隆要求而编纂的书籍，书中记录了尽可能多的满洲人的信息。

在维护满洲传统方面，乾隆的政策只能说取得了部分成功。国家通过减少八旗内的人口数量，减轻了在扶持八旗方面的财政负担，这就使得八旗有可能继续维持下去，并且依然是满洲人和清代社会中其他群体之间的根本区别。在维持满洲作为一个征服民族的完整性和确保清朝的持久统治方面，乾隆做出了巨大的贡献。但是，他却无法阻止旗人家庭经济地位的下滑。到了 19 世纪中叶，贫穷和闲散，而非特权和权力，成了“满洲性”的典型特征。因此，人们可以说，尽管乾隆努力想挽救满洲之道，但他目睹了传统的满洲之道在他手中不可逆转地消失了。不过，与此同时，满洲人又迎来了一种新的、独特的生活方式。他们已经习惯了这种萎靡不振，更城市化，也更怀旧，直到清末以及清代以后，它与往昔的记忆依然并存于人们心中。

五　巡游之治

通过第四章中对围猎的讨论，我们已经了解到乾隆是一位精力充沛的统治者，非常喜欢四处巡游。只要有可能，他就会离开紫禁城，要么是去北京西北郊更为休闲的圆明园（就是在这里，他首次见到了祖父康熙皇帝），要么是去更远的、颇具田园风光的承德避暑山庄或是木兰围场。确实，巡游成了乾隆的统治风格。在位期间，他亲身游历了许多地方，去过北方，也去过东部，尤其是去了南方（不过不是极南之地）。在多数年份，他至少会离开北京 3 个月，在某些年份离开京城的时间甚至长达 6 个月。如果取最小的数字做平均数，再乘以 60，我们发现这位不太喜欢安逸的皇帝花在旅途中的时间足有 15 年之久，这可是他整个统治时期的 1/4。在前现代历史里鲜有统治者拥有与之匹敌的旅行癖。显然，如果我们想要了解乾隆帝，就必须掌握这些巡游对他所具有的重要性，以及这些巡游对他的世界所产生的影响。而且，伴随着他的巡游，我们还可以略微了解一下乾隆统治之下的中国。

巡游政治

在中国，通过巡游来视察国家是一种由来已久的统治策略。有关国王的巡游，可以追溯到秦国统一之前，那时这些巡游似乎多少已经发展为军事行动和狩猎远征的一个部分。在战国时期（公元前403～前221年），孟子认为这种行为是一种理想化的仁政之基石，他相信远古圣王曾依赖巡游来有效规范贵族，亦让民众感到幸福。秦始皇（公元前221年～前207年在位）在统一全国两年后就利用这种制度，进行了为期两年的巡游。此后，很多后来的统治者步其后尘，通过巡游来加强其权力，并对那些地方士大夫进行视察。但是，随着时间的推移，对巡游的看法逐渐改变，官僚们逐渐视皇帝的巡游为纯粹的享乐，认为这会削弱皇帝的影响力。那些想要离开皇宫去巡游的统治者被指浪费财力，人们认为这些财力最好是储备起来，以作未雨绸缪之用。而且，自7世纪以后，由于帝王渐弱而臣僚日强，帝王巡游之名声更趋狼藉（至少一些权臣如此认为）。

然而，自10世纪后，契丹、女真和蒙古这些北方民族控制了中国的部分地区（蒙古则控制了中国全部），在他们的统治下，与以前的帝王巡游非常类似的活动得以复兴。对于这些异族统治者来说，巡游并非是因为受到孟子的影响，而是他们的游牧传统本身如此。他们拥有数个都城，有些位于他们在内陆亚洲的故土，有些则在中原地区。他们随季节变换定期在各都城间迁徙，居住于帐篷之中，即使在建立永久性居住地后也是如此。在迁徙中，他们将大量时间用于狩猎。这些非汉人帝王就像中国前帝国时代的封建帝王一样，视马背上的统治者为活力和力量的象征，蔑视那些只知永远守在宫中的汉人皇帝柔弱的、“女人般的”习性。

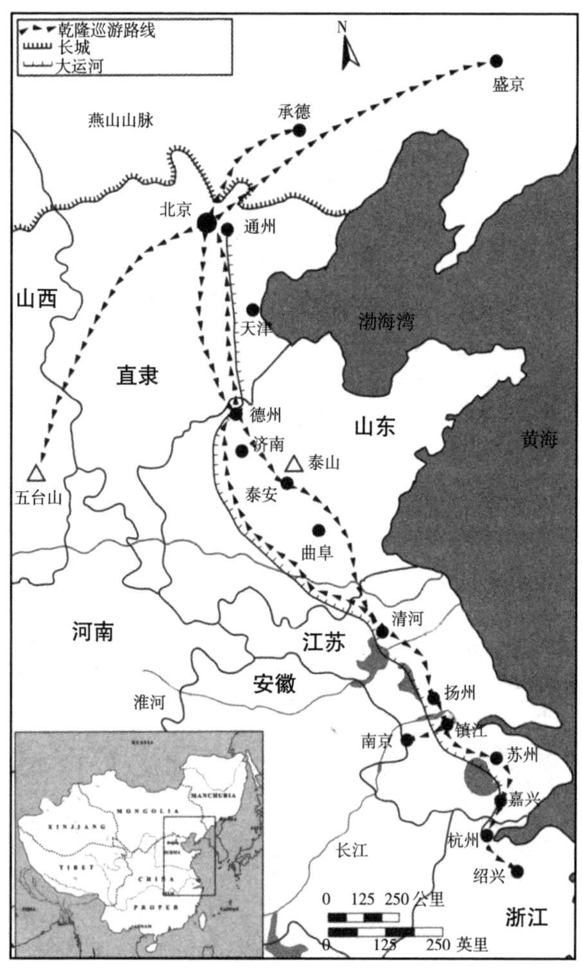

图 5-1　乾隆巡游路线图

随着这些非主流统治模式的再次出现，人们围绕帝王巡游合法性的问题重新展开了争论。这些争论反映了诸如官僚政治和帝王权力、文武价值、南北文化风格以及“华夷”之间等中国政治发展中存在着的各种冲突。1368 年，蒙古人建立的元朝崩溃，汉人建立的明王朝取而代之，这些冲突因素又一次兴起。明初期的统治者喜欢较为积极主动的帝王统治模式，一些人甚至敢于率军亲征。在 15 世纪中期著名的土木堡之变中，蒙古人掳走了明正统帝，以其为人质长达两年，这导致了严重的政治危机。此后，钟摆的方向发生改变，明后期的皇帝几乎从不离开紫禁城。这使得皇帝的地位遭到削弱，导致阁臣与太监之间发生了恶性的、削弱权力的争斗，当时以及后世的史学家都视其为明王朝衰败的主要原因。

当满洲统治者消灭明朝后，钟摆再次摆回到另一方向。尤其是康熙帝决心将权力集中于皇帝之手，这给朝廷的行动注入了很大的灵活性。他的一些巡游，如去山东省的孔子故里，就遵守了汉人的固有习俗。其他巡游，如去山西省的五台山，显示出与内陆亚洲传统的密切联系。这是另外一种统治方式，满洲统治者借此将中国古代的传统与内陆亚洲的方式结合了起来。

皇帝巡游在乾隆朝达到顶点。乾隆将巡游的观念发挥到了极致，他不仅强调巡游对于民事管理的重要性，而且也发掘了它在军事和战略上的重要性。乾隆的巡游次数很多，总计 72 次，可谓空前。这还不包括季节性的前往北京南苑的短期旅行，以及对位于北京东、西两面的父亲和祖父之陵的祭拜之旅。巡游期间举行的很多仪式都具有深远的历史反响，这给乾隆帝提供了完善其帝王形象的大好机会。实际上，巡游也使皇帝得以亲自了解各省情况，并让他能够以一种比在宫中更为直接和随意的方式来行使自己的权威。当然，他也没有完全将宫廷抛之脑后，因为在其巡视各地时，总有一些大臣、侍卫、笔帖式及其他人员随侍左右。不过，巡游中不可避免出现的一些不可预期的机缘，往往使得皇帝在巡游中可以摆脱官僚政治所施加给他的束缚。在专制无常的皇帝和正常刻板的官僚之间永不休止的争斗中，皇帝通常应该可以占据上风。也许这就是乾隆为何如此享受巡游的原因之一。

重回故土

我们注意到乾隆皇帝于 1741 年恢复了在木兰围场的围猎活动，将夏季的避暑胜地变成了一个尚武精神的试验场，希望以此来加强满洲人的族群认同。1743 年秋天，受这种期望之驱使，乾隆再次前往木兰。他此次的行程更远，又从木兰继续去往京师东北部 600 公里开外的盛京（现在的沈阳。盛京既指努尔哈赤的旧都，通常也指整个地区）去祭拜其先祖之陵。对于其首次延伸的旅行而言，盛京之行显然是最好的选择。这就意味着乾隆可以亲自向努尔哈赤和皇太极的陵墓祭祀（一般他只在一年中的某个时间委派他人前去献祭）。乾隆非常强调这一点，指出他去盛京的想法是在读了康熙朝实录后才产生的：

> 昔皇祖六十一年之间三谒丹陵，用展孝敬。皇考在位，百度维新，日不暇给。适西鄙有事，征役已劳，又藩邸时曾奉皇祖命，往谒祖陵。是以十有三年中，未举

> 是典。予小子缵承丕基，惧德弗嗣，深惟祖宗缔构之勤，日有孜孜，敬奉神器。言念盛京为天作之基，永陵、福陵、昭陵，巍然在望。不躬亲祀事，其奚以摅悫忱而示来许。爰以乾隆癸亥秋，恭奉皇太后发轫京师。届我陪都，孝思以申，祖武是仰。

因此，巡游盛京是乾隆效仿康熙皇帝之例，并以此弥补雍正在这方面长期的尽管是情有可原的过失。作为儿子，这是不可推卸的孝道。

巡游队伍从承德穿越木兰，然后进入蒙古草原南端。乾隆的扈从经过精心挑选，由忠诚的蒙古王公和贵族组成。乾隆皇帝可以用这些蒙古王公贵族的母语与他们交谈，这自然会让后者感到高兴。沿途，他们与皇帝进行了几次非正式的狩猎活动。随后抵达盛京的朝鲜使者也让乾隆有机会取得额外的外交成果。到达盛京郊外后，乾隆的主要任务就是在每座陵墓前的祭坛上给每个祖先献祭以相应的食物和酒，然后是跪拜、上香并献以祭文。某些仪式由皇帝独自进行，其他一些仪式则由他的母亲、妃子、其他皇室成员以及高级官员等陪同进行；其中有一些仪式非常烦琐，前后共需三天时间。整个仪式结束后，皇帝便举行盛大的典礼，准备进入盛京城，前往努尔哈赤兴建的旧宫殿。他将在那里举行盛宴，在宴会上，他向集聚于此的1000余名满洲官员发放银两、缎疋、马鞍和箭囊等作为礼物。在盛京停驻期间，他下令地方官员俱加一级，兵士则赏赐钱粮；下旨“除十恶死罪不赦外，凡已结正未结正死罪俱着减等，其军流徙杖等罪俱着宽释”，民众所有积欠俱着宽免；他还特别赏赐参加盛典的30余位老妇以绢、银两以及棉布、大米和绸缎等礼物，以示皇帝之关心。整个庆典沉浸在一片狂欢之中。庆典持续数日，直至皇帝离开盛京，返回已离开三个多月的北京，北京也在欢迎他的归来。

1754 年、1778 年和 1783 年，按照几乎相同的程序，乾隆又对盛京进行了三次巡游。由于这几次巡游的另一个公开目的是欣赏那里的美景和居民的“淳朴习俗”（据说 1743 年的那次巡游激发乾隆创作了《盛京赋》），因此，每次巡游的路线和日程安排都会有所不同。但是乾隆的扈从在路线的选择方面并没有太多的自由，因为他们需要在巡游队伍抵达前安排好宿营之地，而要安排好可供 3000 人用的帐篷需要花费相当长的时间来筹备（仅仅是运送巡游途中所需的各种物品就需要800 辆车）。协调组织这一切就使得皇帝的巡游在某些方面类似于一场战备。不管这些巡游是穿越人烟稀少的边疆地区如东北（政府禁止汉人定居这里，除大型定居点之外，城镇的主要建筑仍是木结构的），还是经过人烟较为稠密的山东、山西和南方一些省份，情况都是如此。

佛教朝觐

在首次造访盛京三年后，乾隆帝开始了另一次重要之旅。此次是去北京西南约 160 公里外的山西省五台山，此次他仍然是追寻康熙的足迹。五台山具有重要的宗教地位，至迟在公元 7 世纪时就被指定为文殊菩萨在中国的道场。文殊菩萨（也就是转轮王）是佛教中的一位重要人物，也是正义和慈悲之王的精神化身。唐代统治者视五台山峰顶为圣地，13 世纪时文殊菩萨与元朝皇帝忽必烈汗之间的关系又给五台山注入了新的政治意义，这种政治意义甚至在蒙古人被驱逐出中国之后依然保留了下来。到 17 世纪中期，五世达赖喇嘛明确将新的满洲统治者与转轮王的传统联系在一起，同样提高了这些满洲统治者在蒙古和西藏信徒之中的威望。这自然使得清帝国明确选择五台山为其施舍之对象。

起初，清朝统治者仅仅只是向五台山施舍钱物，但在康熙巡游盛京一年后的 1683 年，他第一次造访了五台山，此后，又三次巡游此地。康熙声称巡游五台山的目的在于为同为蒙古皇室后裔的母亲和祖母祈求健康，但是毫无疑问，他也想加强对“众生之救世主”的文殊菩萨的认同，并向潜在的蒙古同盟者（和敌人）展示他对藏传佛教主要道场的虔敬。当然，其中亦不乏宗教之目的，如在后来的几次造访中，他与自己的喇嘛导师一起朝拜了五台山的许多庙宇，根据传说，其中一处藏有文殊菩萨的头发。

乾隆曾先后六次造访五台山（分别在 1746 年、1750 年、1761 年、1781 年、1786 年以及 1792 年），每次持续一个多月。其造访同样具有个人、政治以及宗教的目的。与其他巡游一样，巡游之始，先要对皇帝巡游沿途省、县给予税收减免，并拨专款用于道路维修。此举是为了减少沿途百姓的负担，确保皇帝在巡游途中受到他们的热烈欢迎。在 1746 年、1750 年和 1761 年，和去盛京时一样，乾隆有母亲陪伴。旅途中，乾隆首先会在父亲陵墓所在的清西陵停留。乾隆还会像往常巡游那样，在去五台山的一周行程中找时间进行一两次狩猎，并观察沿途所经村镇的情况，欣赏那里的简朴和宁静。途中虽然忙碌，乾隆却还带着一位太医随行，因为他在山西的东道主、山西巡抚有恙在身。途中，乾隆也不会忽略对日常国家事务的关注，譬如处理东北偷盗人参案、安徽省的灾后救济、四川一起失败的反叛、科举制度的全面改革，以及对云南一支邪教教派进行镇压等。

但是，到了五台山之后，乾隆一改其做法，有几天时间并不处理日常事务，而是周游于五台山几处寺庙之间。其中一些寺庙最初并不受藏传佛教影响，但他和他的祖父改变了它们，以喇嘛取代了汉人的和尚，而这些喇嘛大多数是藏人。他慷慨地捐赠了大量金钱用于这些寺庙的修缮，并赐予它们出自京城皇家作坊的印刷精美的经文和镀金的雕塑。在清朝的大规模赞助下，五台山至今都是藏传佛教的一个主要中心。另外，乾隆还赏赐了珍珠、黑貂皮、绸缎和丝质的白色哈达等礼品，后者是藏传佛教教徒用于初次见面和道别时的传统礼物。除了皇帝的这些施舍，当地商人们也布施了大量的金钱。

乾隆还花了一些时间用于冥思，而这似乎并未引起人们的关注。尽管长期以来多数历史学家都认为乾隆对文殊菩萨的认同只是诱使藏人和蒙古人皈依清帝国的手段，但是，今天我们确实知道乾隆对藏传佛教的兴趣并不只是表面上的。1761 年，他少年时代的朋友和精神导师章嘉呼图克图（若必多吉，1717～1786）陪同乾隆前往五台山朝圣。章嘉大师比乾隆年幼六岁，与达赖喇嘛同属格鲁派。和达赖喇嘛一样，章嘉大师也是一位转世活佛，拥有出众的宗教素养。以前的一位与他同一教派的转世活佛曾是康熙的古鲁。1745 年，章嘉大师被任命为乾隆的私人导师，引导乾隆初试密宗，还教了他一些藏语（正是章嘉大师最初指导了将藏传佛教的《甘珠尔》译为满语）。1761 年，乾隆下令复制五台山一座庙宇中所藏的文殊菩萨骑在狮子上的著名雕像，这明确可以证明乾隆对藏传佛教的虔诚。这尊复制品被安置于京西香山上新建的宝相寺之中。这座寺庙是乾隆献给母亲的寿礼，与另外一座 1751 年敕建、同样以五台山一座庙宇为模型的宗教建筑毗连。两座寺庙中的僧人全都是满洲喇嘛。

在 1762 年向宝相寺题献时，乾隆表达了他的期望，即让文殊菩萨更为靠近京城。乾隆下令在圆明园夏宫里修复另外一座寺庙、12 年后在承德修建第三座寺庙以及命人复制同一雕像的另一尊复制品，都是出于相同的动机。确实，文殊菩萨具有非常强大的魅力，是佛教四大菩萨之一，其名意为“妙吉祥之主”。不过乾隆好像更喜欢另外一种有趣的解释，“曼殊（即满洲）之主”。因此，在一些场合中，乾隆会把自己描绘为一位准转世活佛。他的这些画像采取了“唐卡”这种西藏风格的宗教绘画形式，色彩鲜艳且富有象征意味。乾隆将这些画像赐予北京、承德以及拉萨的众多寺庙，在那里得到了极大的认同。在现存的所有这些画作中，皇帝均着喇嘛袍。他的右手做出常见的三摩地手势，暗示一种启迪，左手则握转轮，象征着他的“转轮王”的身份。他的周围环绕着很多人物，其中有位于他正上方的章嘉大师，还有黄教的创立者宗喀巴，以及由众神组成的万神殿，这表明了乾隆本人的精神承继。画面的背景是对五台山的程式化描绘（见图 5 - 2）。

图 5-2　文殊菩萨化身的乾隆帝

佚名绘。唐卡，绢本，设色画。现存北京故宫博物院。该画集中体现出的藏传佛教徒形象，与其他类似宗教绘画作品一样，都加强了乾隆所宣称的他是作为正义的“转轮王”（或称文殊菩萨）来进行统治的身份。

对于乾隆的众多汉臣而言，这些画像不仅让他们难以理解，而且也让他们感到不快，因为对于他们来说，藏传佛教教义是对正宗的佛教教义的曲解，甚至是粗野的。乾隆的诗歌中所展现出的五台山风光显然更符合他们的品味。

舍级亲登灵鹫峰，
和南月相仰真容。
云标楼阁丹青焕，
雪霁林峦雾霭浓。
七日现身传古迹，
五年来礼续前踪。
传言回跸行营追，
风度泠泠隔峰钟。

不管怎样，五台山的风景和神韵显然能让乾隆得到惬意的休憩，并让他得以暂时摆脱日常政务的压力。

热心的儒家

乾隆曾经先后八次前往山东，无疑创造了另一项纪录。山东既非满洲人的故土，亦与文殊菩萨无关，乃因孔子和泰山而享有盛名。对这些地方的巡游可以有力地给予皇帝政治上的合法性，所以山东就成为乾隆巡游安排中经常光顾的地方。

如第一章中所述，乾隆接受的是儒家传统教育，浸染于与孔子相关的各种经典中，而孔子在中国精英阶层中的基础性地位可谓亚里士多德的学识权威与摩西的道德权威之结合所致。自公元 1 世纪汉武帝宣称他更偏爱孔子的仁道教义以来，儒学一直是政治话语和实际统治的基石。儒家思想的中心是强调君主对上天和民众的职责，还强调礼仪在指导人们完善道德中的重要性。这种思想在 11 世纪得到强化，此后在 14 世纪时被再次强化。至清朝建立时，儒家思想已在帝王和统治精英中享有了 17 个世纪无与伦比的突出地位。

儒家思想并非一成不变。随着时间的推移，道教和佛教的教义以及不可避免的社会与政治变迁，充分改变了儒教的部分内容，那些曾经存在的同一性早已消逝。确实，人们可以说影响儒家思想的各种争端和意识形态的分裂，与影响欧洲基督教教义的那些东西是相同的。在深度和数量方面，那些对四书五经进行的注释和说明毫无疑问可以与西方对圣经的阐释和哲学论辩相媲美。因此，儒家学说并非铁板一块，而是有许多互相竞争的学派，它们对儒学的阐述贯穿于所有更高层次的思想中。进入 18 世纪后，错综复杂的所谓儒教已经充分渗入人们的日常生活之中；作为中国的统治者，乾隆皇帝不得不与其大部分臣民一起学着接受这些思想。这意味着他也要加入包括其祖先在内的敬奉孔子这个伟大圣人的先代帝王之列，他的祖先甚至在入关前就已在盛京建了孔庙。因为如果不这样做，就有可能面临失去文人和富裕阶层支持的危险，而朝廷对国家的统治是离不开这些人的支持的。

乾隆对待儒学非常热心，竭力鼓励其中所隐含的那些原则，其中最著名的就是前章提到过的孝道。他反复阅读儒家经典，并定期聆听博学之士讲授那些经典的深层含义。他非常强调语言的精确表达，所以，后来他对 17 世纪 30 年代和 40 年代仓促成书的儒家经典的满文译本非常不满，因此下令彻底重译那些儒家经典，并由武英殿刊行。他命人印行了自己最青睐的原始汉文本及其注疏。在北京宏大的孔庙进行祭祀是标准礼制的一部分。乾隆经常亲自去主持祭祀仪式，以证明他所宣称的“国家崇儒重道，尊礼先师”。他还批准在承德兴建了新的孔庙，并在去承德时造访了该庙。乾隆还赐予那些一直（至今仍在）负责看管孔氏家庙和陵墓的孔子直系子孙、孔氏家族最主要的成员以荣誉头衔。不过，多次亲自造访曲阜，才真正体现了乾隆对孔圣人的崇敬。其中三次造访是在巡视江南的漫长旅途中短暂绕道之行。另外五次（有时被称为“东巡”）则是特意前去拜谒这位中国最伟大的哲人。

1748 年 3 月，乾隆首次来到曲阜。乾隆表达了他对此次出行的渴望之情，提到他总是被教导要以前辈为榜样。他的祖父曾亲自拜访曲阜，他的父亲则负责重修焚于 1729 年的孔庙，而迄今为止，他本人却还什么都没有做。出于羞愧之意，同时也为满足其母亲早就想去曲阜附近的泰山祈福的心愿，他从京城动身前去曲阜，两周多后即抵达目的地。抵达当天，他悠闲地游历了文庙，并赠予孔家数块御书木匾。他还将他所写的纪念巡游山东的一首诗赐给了他们。次日，乾隆对孔庙进行了更为正式的拜谒。为了表示谦逊，皇帝在大成门前“降舆”，步行进入大门，然后进入大殿，跪伏于孔子画像前行三跪九拜之礼。乾隆还在另一个殿堂（诗礼堂）听孔家的两位著名学者讲授经典。随后，他又驾谒孔林，再次行跪拜之礼，并献上祭品。当日的高潮是一场规模宏大的宴会。乾隆在宴会上颁布一道谕旨，用热情洋溢的词句表彰了孔子及其子孙：“先师修道立教，天下万世之人。”在离开曲阜前，他下令在大成门外立石碑一座以纪念此次拜谒，碑文中提及之人不仅有他自己的祖先，还有前代一些帝王。

此后，乾隆又去过曲阜七次，分别在1756年、1757年、1762年、1771年、1776年、1784年和1790年。乾隆如此频繁地造访曲阜，竟导致流言四起，认为乾隆秘密地娶了孔家一位女子，他之所以频繁造访曲阜，事实上是为了私下去看他的女儿。这些流言蜚语当然不实，乾隆确实对孔家，事实上还有整个山东的民众都很慷慨，他的每次出巡都会蠲免当地的税收，还会额外增加学额。而上述这些引人注目的行为为乾隆赢得的荣誉和尊敬，让他颇为欣慰。

当他于1748年3月末离开曲阜时，乾隆并未直接返回北京，而是去了山东的另一个圣地泰山。泰山距孔子诞生之地仅有两天的路程，这是一个甚至比曲阜还有意义的地方。泰山高耸于山东平原，包括孔子在内，所有到过这里的人都对它心生敬畏之情。孔子曾尊奉泰山为君权之源泉和象征，天地相汇之地。因此，造访泰山，包括登上峰顶并向山神献祭，被视为对统治者作为天子应有地位的确认。第一位皇帝秦始皇于公元前3世纪首次拜谒泰山，自那以后，历代帝王纷纷步其后尘。对于乾隆而言，放弃这样的出行机会完全不符合他的天性，尽管如史料所显示的，此时他还全神贯注于川西的局势发展（运气不佳的讷亲刚被派去指挥大金川战役）。

因此，在离开曲阜后，皇家的队伍直接去往泰山。在泰山，地方官员加入队伍之中，所有人员先要在山脚下的一座庙中致祭。登山途中，皇家成员在有的地方步行，有的地方则要坐轿，沿着陡峭蜿蜒的山路上了顶峰。登顶之后，乾隆与皇太后挨个参观了那些庙宇，庙宇中的人员多为道士和道姑。在此次及随后几次泰山之行（1771 年、1776 年和 1790 年）中，乾隆都在山路沿途的巨石上题了字（有几米高），借此将自己与泰山极为紧密地联系在了一起，并向天、地和历史宣称：“乾隆到此。”今天，游客们依然可以看到乾隆的这些题词。

南巡

在乾隆的巡游中，耗时最长、耗资最多且最为人熟知的，无疑是对江南地区的巡游。这样的巡游共有六次，分别发生在 1751 年、1757 年、1762 年、1765 年、1780 年和 1784 年。乾隆将这些所谓的南巡视为与征服新疆并列的两大功绩之一：“吾临御五十年，凡举二大事。一曰西师，一曰南巡。”历史学家们对这些巡游通常持批评态度，认为南巡耗资巨大，导致了国家财政的崩溃。这种评价不无道理，不过，可能还是夸大了南巡的经济影响。无论如何，在 18 世纪世界上的任何地方，乾隆南巡都可以跻身于最为壮观的政治场景之中，这是没有什么争议的。

江南是今天的浙江、江苏两省所在的长江三角洲地区的简写，有清一代直至今天，在经济和文化两个领域都是全国最富裕的地方。打个类似的比方，江南地区之于中国的经济发展，好比英格兰和荷兰之于欧洲的经济发展，在 18 世纪，其城市生活水准可能与英格兰和荷兰等国城市并无差别，甚至还要略高。在乾隆时期，江南的耕地面积只占全国耕地面积的 16%，却提供了 29% 的以现金支付的政府土地税收（以银两支付），38% 的其他税收收入（以粮食支付），以及供养京师的 64% 的漕粮。此外，国家从江南盐商征收的钱财，占全国此类财政收入的2/3。中国繁荣的丝织业主要集中在江南，它不仅为国内市场，还为欧洲和亚洲市场提供产品。江南各城也是茶、瓷器、木材、棉花和其他各类商品运往全国各地的主要转运中心。

江南的文化优势则更为突出。下面的描述足以说明情况：1645～1795年，京师共举行了61次科举殿试，其中51次状元来自江南。鉴于这种竞争的残酷性，在所有参加最低级别科考的应试者中，最终只有百分之一的人有希望进入最高一级的考试，那么，江南学者的成功率之高令人非常吃惊。由于科举的成功可以直接授予官职，因此通往权力的道路上就充斥着来自江南的人。另一种景象也可以说明江南在国家文化领域中的繁荣，江南的名胜在全国占据绝对多数，包括庙宇、园林、湖泊、酒肆和藏书阁。难怪八百余年来，这些名胜古迹成为许多中国名家笔下的诗歌、散文之吟唱对象。如果有人没有见识过江南各城如杭州、苏州、扬州和南京及其周边的魅力，他就不能算是个真正的文人，仅仅依靠那些对此有很多介绍的旅游指南是不行的。

乾隆对此当然非常了解。鉴于他在很多作品中都曾说过汉人的城市生活对淳朴尊贵的满洲特性具有有害影响，人们可能会认为他会不屑于这种放荡不羁的传统。但是，正如我们所知，乾隆是一个深受多种文化影响的人。他既享受承德和木兰围场之行，同样也非常喜欢汉人的诗歌、绘画、瓷器和戏剧给他带来的各种雅趣。对于一个像他这样有文化抱负的人来说，造访江南名胜是一种难以抗拒的诱惑。因此，在他认为南巡符合政治需要时，便筹划了首次南巡，而最终这样的巡游共有六次。

乾隆自然知道先例的重要性，他也意识到一些官员可能会不满于他的这一计划（一些官员已经对其恢复围猎提出了批评），因此，在 1750 年时，针对一些江南绅耆士庶“合词奏请南巡”，乾隆以一种无可批驳的口吻予以了积极的回应，其有关民事与孝道的用词虽然不同却存有联系：

> 江左地广人稠，素所廑念。其官方戎政、河务、海防，与凡闾阎疾苦，无非事者。第程途稍远，十余年来，未遑举行。屡尝敬读圣祖实录，备载前后南巡，恭侍皇太后銮舆。群黎扶老携幼，夹道欢迎，交颂天家孝德，心甚慕焉。

乾隆在此提出了三个正当的南巡理由。首先，巡视防洪石堤大坝等工程并了解当地民情，还会去视察桥梁、皇家作坊，并召见各省官员。其次，让江南百姓熟悉自己。一个多世纪以前，这里曾经对清军的进攻进行过激烈的抵抗。乾隆不仅要关注当地农民和工匠的生活，还授予他们在路边和市肆直接一睹天颜（通常，皇帝经过时民众须低头）的权利。最后，希望让他的母亲欣赏江南的美景。乾隆坚称其南巡是因孝道而绝非仅因自己的旅行癖，这样就可以减少人们对其巡游之批评。有谁能说他取悦母亲是错误的呢？其祖父曾进行过六次这样的巡游，那么又有谁能说乾隆此举系草率之为呢？乾隆同样谨慎地指出其南巡支出有限，而其个人亦会承担部分花费。于是，准备工作开始了。1751 年春天，正值皇太后六十大寿，乾隆的首次南巡开始启动。金川战役的英雄傅恒负责南巡事务。

乾隆首次南巡的准备工作，遵循了先前巡游其他地方时已经确立的先例。行程多少遵循了康熙南巡的路线，道路状况相应得到改善。大队人马乘船前行的地方，需要疏通运河，加强堤防，征用并装备好船只。在不适于扎营之地，还要搭起临时建筑以供宿营。乾隆命令这些准备工作不得扰民，尽可能不要滋扰民间田园。此外，马匹供应也是个问题。皇帝自己的座驾可以渡运过黄河和长江，但其他随员的马匹则需地方供给。找到并喂养所需的6700头牲口绝非易事。后来，地方官员奏称，数量如此多的牲畜行进在相对狭窄的道路上，可能会对乡村造成损毁，乾隆因此减少了百分之十的牲畜数量。

乾隆减轻了巡游所经各省的税收，而那些本应运往京城的税收则可用以弥补与巡游相关的地方支出。而皇帝巡游途经地方之税收亦得以减免，进一步减轻了农民的经济负担。作为皇恩的一部分，江南各地官员可望得到小小的升迁。而那些参加科举的生员则有望参加专门的考试，他们就有可能得到垂涎的进士功名，这可是通往事业成功和更高社会地位的门票。富裕商人，特别是那些经营国家盐业之人，也在皇帝的南巡中得到了好处，作为回报，他们则要“志愿”为地方的准备工作大量捐献。

尽管乾隆皇帝努力将其南巡造成的混乱减至最小，但是，就在1758年他的第二次南巡后不久，一个愚勇的官员还是上奏批评南巡的开销，认为巡游是花费过于昂贵的享乐，还给皇帝及其陪同人员带来很多磨难。他要求乾隆不要再进行这样的巡游，停止因巡游而强加于地方士绅的“敲诈勒索”。乾隆对此当然生气。一方面，他认为巡游并不是为了他个人的消遣，不是什么娱乐之旅，而是巡查各省情形。另一方面，让那些已经习惯了京城安逸生活的旗人去经历一点磨难，是整个巡游活动的另一个重要目的。换句话说，在乾隆看来，江南之游，尽管有诸多美景和消遣活动，但主要还是工作，是作为天子、大清之子和母亲之子的皇帝必须要履行的庄严职责。如果此举要花费一些钱财，那也是应该的。

乾隆的南巡与其对盛京、五台山和山东的巡游很相像，不过也存在一点非常不同的地方，那就是巡游的规模。其他的巡游，旅程不过几百英里，而南巡全程往返达 3200 公里左右。因此，南巡为期最长：西游五台山平均需 36 天，东游山东平均需 60 天，造访盛京平均要 88 天，相比之下，南巡则平均需 150 天。南巡的扈从人员为 3250 人，这也比其他巡游的随从人员规模大得多。南巡途中所需的马、驴、骆驼、羊和牛这些牲畜总数接近一万。此外，在此背后还需要有非常多的人力资源。例如，1751 年，征召了 5 万当地劳动力去维修道路，而且，鉴于巡游路途有 45% 是在大运河上，在大运河沿线拖拉船舶的人又需要大约 30 万人。这种活动的规模确实只有在清朝这样的帝国才能进行。难怪负责南巡组织工作的官员也就是那些负责军事的后勤官员。

南巡耗资巨大，这是不足为奇的。对乾隆南巡的费用只能进行粗略的估计，但是保守地说，每次南巡的花费都不会少于 300 万两银子，也许比这还要多。可以肯定这是相当大的一笔数目，古今之论者因此一直批评乾隆的奢侈和自大：为何不将这些钱储备起来或是用于对社会有益的各项工程呢？人们很容易就会为这些钱想到其他有益的用途，但清朝的政体几乎和所有早期现代国家一样，是一个具有强烈世袭传统的君主专制国家，而非“民有、民治、民享”的政府。乾隆是一个皇帝，亦须如皇帝般行事。也许，在与这些巡游活动相关的惊人费用中，最引人注目的一个方面是，南巡其实并没有导致国库的空虚。即使在最后一次南巡后，国库之盈余状况依然不错。换句话说，考虑到国家经济规模巨大，即便是多达 300 万两银子，也只相当于 18 世纪中期政府年均税收盈余的 5% ~10%，还处于可以承受之范围。在这方面，乾隆巡游江南极为有力地证明了清朝的富裕和乾隆操控国家的力量。

因为皇帝实际开始巡游之前的有关减税、赐封、奖赏等诸多告示都是巡游的重要内容，所以，我们对乾隆的南巡实际上已经进行了部分描述。而在到达目的地后，乾隆的部分时间用来陪同皇太后，部分时间用来接见地方官员和江南的社会精英、赏赐礼物、举办盛宴、观摩军事训练、游览名山名寺、巡视堤坝、调查盐务和皇家织造、访问学堂和书院、视察当地的农民，并给前代帝王陵墓献祭。这些事情以及国家的常规事务当然都要由乾隆承担。

应当说，乾隆南巡的多数行程都已进行了精心的安排，只是偶尔会有临时的出行计划。皇帝所表现出的对民众福祉的关注与其对文化成就和军事壮举的关注可谓旗鼓相当：1751 年 3 月 14 日，他游览了南京附近一座岛上的一处名寺；同一天，他还下谕，给予江南驻军中年过七旬的退伍八旗兵丁特别的赏赐。他对苏州和杭州同样也很关注。3 月 18 日，乾隆来到苏州，随后几天忙于赏赐供奉当地著名诗人、政客的祠庙（同样，这些赏赐中的大部分都是乾隆手迹的纪念性样本，将会悬挂于门楣上的显著之处）。3 月 24 日，他游览了附近的一处著名景点，而 25 日一整天他都在检阅军队的训练。在杭州，乾隆上午陪同母亲游玩了这座城市，他们非常喜欢西湖的风景，随后又检阅了部队，会见了八旗官员，并炫耀了他熟练的射箭技能。

通过这种方式，文武价值之间、享乐和责任之间的冲突始终贯穿于乾隆的整个巡游过程。以 1751 年乾隆的首次南巡为例，横渡长江引发了皇帝两种不同的反应：一方面，他首次看到许多船只行进于长江之上，因而写下了具有宋代婉约风格的诗句来抒发其情感；另一方面，他又写下了《伴太后下江南》这样一篇文章，里面有这样的语句："朕惟省方观民先王所重，时巡之典虞夏以来尚已有之制也。"第一种反应显示出乾隆是一位敏感的、富有文化修养的人，他无法抵御江南美景之诱惑。第二种反应则将他刻画为一个具有历史思维、讲求实际的统治者，他意识到所有人都在注视着他，挑剔地看着他的母亲是否真的是巡游队伍中的唯一一位游客。

乾隆也非常注重对巡游的记录并将其载入史册。总是伴于皇帝身边的起居注官员仔细记录下皇帝所做的每件事情，乾隆本人则另外通过诗歌的形式记录下自己的想法，或者是他想要人们了解的他的想法。我们已经列举了这样一些例子。有些诗句由那些令人难忘的美景或是著名的历史文化遗址所激发，另外一些反映的则是巡游中的其他方面：

舣棹河滨早，
抨弦弓手调。
旅登皆有度。
连中岂须骄。（是日发十矢中九。）
问俗来南国，
诰戒重本朝。
从行诸将士，
慎尔励勤翘。

这首诗和乾隆其他数百首诗作可以在刊行于 1771 年的十卷本巨著《南巡盛典》中找到，这部纪念乾隆南巡的著作被分发给了那些高级官员。此外，乾隆还命人制作了另一种由 12 幅画作组成的纪念品，每幅画作长 10 米，描绘了乾隆首次南巡的景象。这些画卷以 1714 年纪念康熙六十大寿庆典以及更早的庆祝康熙南巡的系列作品为范本，让我们感受到了那些围绕乾隆所发生的盛大而隆重的活动。除了展现街道上熙熙攘攘的人群、织锦装饰且摆满向皇帝表示敬意的供香的桌子外，画卷还展现了很多庭院、商铺、道路、河流和运河之景象，所有这些都说明清朝统治下的臣民享有繁荣和富裕的生活。这些画卷还细致地描绘了皇帝对他的帝国的视察，如图 5－3 所示，他正乘坐一艘船航行于苏、杭之间的嘉兴的大运河上。

图 5－3　乾隆南巡图

徐扬（主要创作时期为 1750～1775 年）及宫廷画师绘。1770 年。手卷，绢本，设色画。现藏于波士顿，私人藏品。这一场景描绘的是皇帝在一艘彩绘大船上，出自为纪念乾隆 1765 年四下江南所绘制的 12 幅画卷中的第 7 幅。

或许值得一提的是，几乎在所有场景中，乾隆总是和他的侍卫们一样，骑在马上。皇帝巡游的部分目的是观光，但是，乾隆本人其实就像江南的所有风景一样，也是一道景观。而且，骑在马上的他更容易被人看到。在乾隆周围是许多身着鲜艳制服的骑兵，旗帜飞扬，箭在弦上，这种形象在不同城市之间传播，给人留下了深刻的印象。这样，他的臣民就会知道他曾去过哪里，这绝对是令他们终生难忘的事情。乾隆南巡结束后很久，人们依然在谈论此事，围绕南巡的流言蜚语和好奇甚至一直持续到了今天（有关乾隆南巡的历史小说和电视剧对于今天很多观众而言，依然具有吸引力），这充分说明乾隆达到了目的。

乾隆频繁地活动于盛京、五台山、曲阜、泰山和江南地区，我们发现，如同在其家庭生活中一样，政治和个人不可避免地缠绕在了一起。巡游让他能够增进王朝的利益，巩固他的个人权威，并在风景名胜区留下他不可磨灭的痕迹。同时，巡游也有意无意地展示了帝国的强大、慷慨和宽容。虽然不可否认皇帝的这些巡游耗资巨大，但相对清朝的财政而言并不过分。而且，他能从几个方面让人们相信进行这些巡游是正当的。巡游可以让他展现孝道，既有取悦母亲之虑，也有追求祖父所遗典范之意。巡游可以让他游览那些孩提时代即已听闻却未能一游的传奇之地；可以让他慷慨地赏赐与施恩，并建立起有益的个人关系；巡游还可以让他亲自视察地方情况，亲眼目睹什么是防洪堤坝，作物长势如何，并在地方官员本人的地盘而非在紫禁城的大殿里接见他们，从而更好地了解他们行事如何。或许最重要的是，围猎让他可以接触他的满洲和蒙古拥护者，巡游则给予他古人的声音，使他立刻与过去的皇帝、圣人、诗人和画家在身心两方面产生认同。在那个声音的背后，人们能够清楚地倾听到征服的回声，听到通过武力战胜一个王国的回声，听到一百多年前江南各城投降的回声，听到当时在西域仍在进行的战争的回声。

尽管对于今天的我们来说，乾隆皇帝有时似乎颇为遥远，但是，对于那些亲眼目睹了乾隆巡游的人而言，巡游则使乾隆本人、他的朝廷和他的权力成为非常清晰而真实的存在。在巡游中，乾隆的漫游风格与欧洲皇室的出行传统具有某些相似之处，不过，乾隆的巡游路程要远远超过同时代任何一位欧洲君主的巡游。法国国王的巡游是为了宣示主权，英国国王则是为了督察贵族（同时也是为了省钱，因为贵族要承担费用）。他们和其他统治者也会说一些有关民生疾苦的话，以表明他们确实离开了王宫，在体察民情。但是或许没有哪个地方的君主的巡游如中国那般深刻和复杂。人们甚至仍能在 20 世纪找到它的残余：毛泽东、周恩来、刘少奇、彭德怀都曾经巡视乡村；邓小平 1992 年视察珠江三角洲和深圳经济特区则最明显，当时大众媒体将邓小平此行称为“南巡”，还有比这更为恰当的称呼吗？

六　帝国的扩大

在中国近代史上，统一一直是一个不断周期性重复的主题。二战以来，北京与台北之间一直持续的这种张力使得这一问题更为清晰。但是，这并不是说这种统一的观念在近代民族主义产生之后方才浮现出来。事实上，“普天之下”这种先入之见（其最小是指传统的中原腹地——小帝国，最大则包括汉唐两朝所宣称的所有极远之地——大帝国）在公元前 3 世纪以来的历代王朝即已出现。在各统一王朝之间的那段时期，帝国常分裂为很多充满纷争的王朝，但这也激起了人们对统一的期待，认为国家最终应该而且也会重新统一。迟至 14 世纪，帝王的影响力在很大程度上依赖于他是否有能力恢复或是保持领土的统一。

对于 21 世纪的中国领导人而言，情况依然如此，毫无疑问，对于 18 世纪的乾隆皇帝来说，同样也是这样。确实，实现并保持这个大帝国的完整性，代表了他的终极政治目标，因为这表明满洲人对权力的要求是“正统”的一部分，而清朝在天命下的历史转换中的地位也是合法的。乾隆有时标榜自己为“天下大君一视同仁”，他将康熙、雍正的成就发扬光大：强化了满洲对蒙古和西藏的主权，将西部并入大清帝国之中，并解决了南部边界的问题。事实上，在乾隆统治之下，大清疆域令人吃惊地扩大了1/3，奠定了今天中国疆域的基本形状，这为其赢得了当代很多历史学家的赞誉。为了理解乾隆统治下的这一重要方面，本章将对乾隆作为一个帝国建设者所取得的令人瞩目的成就予以介绍：首先聚焦于大清国扩张中的军事和后勤，然后是18世纪后期乾隆皇帝发展全国文化和塑造历史记忆的行事方式，这与乾隆本人对其成就的认知也是相一致的（见图6－1a，6－1b）。

尚武之王

乾隆在边疆的军事成就非常突出，18世纪40年代到90年代的50年中，清军的行动遍及西北的草原、沙漠，险峻的喜马拉雅山脉，以及西南的烟瘴之地。远征的纪念碑、供给线以及驼队密布于全国各地，这片疆域仅次于13世纪成吉思汗所建立的蒙古帝国。如果按照大陆的规模加以比照，清军力量足以与拿破仑入侵俄国相媲美。1812年，拿破仑在波兰东北聚集了50万（一说75万）远征大军，其中只有10万人到了莫斯科；在自莫斯科的传奇式撤退中，萎缩的供给、困乏的后勤和恶劣的天气使得最终只有一两万人幸存。这一灾难性的战役持续了九个月。相比较而言，发生在拿破仑入侵俄国50多年前的乾隆在西域的三次战役，投入的兵力要少很多（约4万人），但覆盖区域更大：从巴黎到莫斯科的远征距离大约2400公里，而自北京至天山脚下的距离是3000公里，到塔里木盆地的距离是3700公里。应当指出的是，乾隆派往塔里木盆地作战的兵力更少，只有约15000人，这和18世纪

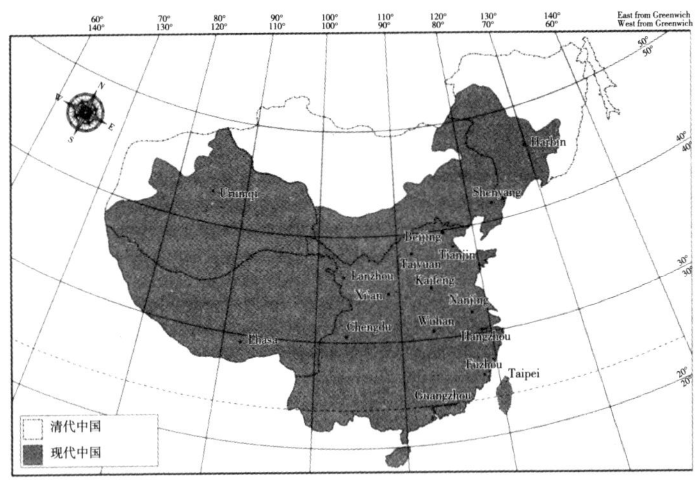

图 6－1a　清代疆域与现代中国疆域比较

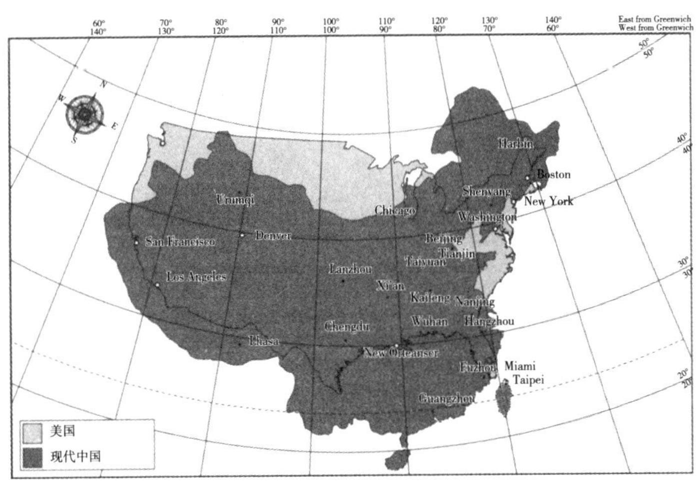

图 6－1b　现代中国疆域与美国疆域比较

80 年代乔治·华盛顿领导的大陆军的规模差不多。平均下来，清朝这几次战役的持续时间比法国军队更长。第一次准噶尔战役（1755 年）超过四个月，第二次准噶尔战争（1756～1757 年）持续了十五个月，接下来对忠于白山和卓势力的战争（1758～1759 年）花了一年半的时间。在这种比较中，最重要的区别或许是，乾隆皇帝能够巩固他所取得的成功，因为他知道适可而止，而拿破仑则要逊色很多（见图 6－2）。

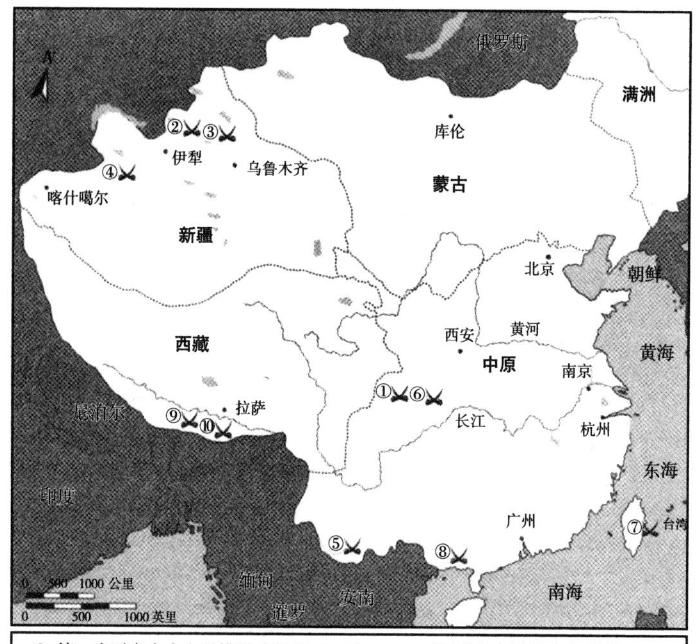

① 第一次平定大小金川战役（1747~1749）
② 第一次平准战役（1755）
③ 第二次平准战役（1756~1757）
④ 平定回部战役（1757~1759）
⑤ 平定缅甸之役（1767~1771）
⑥ 第二次平定大小金川战役（1771~1776）
⑦ 平定台湾林爽文叛乱（1787~1788）
⑧ 安南之役（1786~1789）
⑨ 第一次廓尔喀战役（1790）
⑩ 第二次廓尔喀战役（1792）

图 6－2　乾隆十全武功分布图

对于他的这些军事成就，乾隆颇为自豪。在他统治后期，乾隆将自己命名为“十全老人”，以此纪念他当皇帝时清军进行的十次战争。值得提出的是，在所有的他指出是受自天命的军事战役中，乾隆只选了发生在边疆地区的这十次战役。与那些诸如针对中原各省大山深处的白莲教和其他教派的镇压和平定，或是无数次打击小规模叛乱的战役不同的是，“十全武功”是保护和扩张清帝国领土的重大战略的一部分。也就是说，在乾隆看来，“镇压暴民”并无可炫耀之处，任何统治者都能够处理这样寻常的骚乱，不值一提。但是，对边疆地区的征服却不一样，因为它给皇帝增添了荣耀，证明了他的统治不但正当，而且人道。因此，乾隆本人于 1792 年将之记录于“御制十全记”中：

> 十功者，平准噶尔为二，定回部为一，扫金川为二，靖台湾为一，降缅甸、安南各一。即今二次受廓尔喀降，合为十。其内地之三叛弗屑数也。

这就非常明确地说明，乾隆聚焦边疆地区，并将边疆地区视为大清帝国的主要军事活动区，不仅使得边疆成为了帝国的实验室，而且也奠定了乾隆本人的历史威望和声誉。其实，这种情况在有清一代一向如此：边疆虽然地处边缘，但国家在边疆的所作所为对于整个国家而言非常关键。

乾隆在边疆地区取得的胜利（应当说，在有些地区取得的胜利要比其他地区更为明显）不仅构成了他自身形象的重要组成部分，而且，它们也是清帝国扩张中的重要里程碑，因此值得我们给予更密切的关注。在下文中，我们将详细论述“十全武功”中发生在18世纪50年代的三次西征。然后我们会对乾隆纪念这些胜利的诸多方式加以探讨，并对他在暮年之时如何回顾这些成功进行分析。

对西域的征服：第一次平准战役

乾隆第一次大的军事远征，以征服西域（今天的新疆）而至顶峰，在很多方面，征服西域都是乾隆在边疆地区取得的给人印象最为深刻的成就。它不仅消除了自康熙时期即已存在的准噶尔蒙古对满洲统治的威胁，而且，还导致了一个新的、重要的苏非派穆斯林群体被并入大清国之中。这就使得中国和伊斯兰世界之间的关系比14世纪以来的任何时期都更为紧密。

没有证据表明乾隆曾渴求或是甚至有征服准部和回部的计划。[①] 一方面，这个地域非常广大，从北到南跨越20多个纬度，从东到西跨越的经度也有20多度，面积达160多万平方公里，大致相当于从落基山脉到太平洋沿岸的美国西部地区的面积。它在历史上曾是横跨欧亚的贸易路线的十字路口，在18世纪中期，这一包括沙漠、平原、绿洲和山地等各种地形在内的地区，被形形色色的郡王、汗和部落酋长所统治，这种割据局面对那些野心勃勃的帝王、苏丹和沙皇

---

① 在历史上，现在的新疆地区分为两个大的地区，准部（准噶里亚）和回部（喀什噶里亚）。准部大致包括天山以北地区、阿尔泰山脉以及伊犁河流域。回部则包括天山以南的塔里木盆地以及帕米尔和兴都库什，回部有时也被称为“阿尔提沙尔”（意指“六城”），因为在环塔克拉玛干沙漠周围有六个大的绿洲。

来说无异于一种邀请。但是，如果有人想在乾隆的著述中找到类似于“天命论”（Manifest destiny）[①] 或是他早就决定要扩张清朝版图这样的话语，那肯定是徒劳的。相反，乾隆之所以派兵征服西域地区，似乎只是想要寻求彻底稳定西北统治、在战略上消除俄国潜在的灾难性干涉，以及惩罚那些背叛者所带来的间接后果。清朝的许多官员都反对乾隆的好战政策，他们认为朝廷不应该长期卷入那些地区的事务中，因为那些并非朝廷之正业。相比乾隆雄心勃勃之下的帝国范畴，那些人眼中的帝国范围非常有限。直到道光时期，汉人精英才觉得对西域的征服在政治和历史方面都是很有意义的（见图6－3）。

正如第二章中所述，乾隆在1739年时就同意与准噶尔部首领噶尔丹策零签署条约，以换取西北的和平。但是，这种平静局面仅仅维持了六年。1745年，噶尔丹策零之死破坏了由绰罗斯、杜尔伯特、辉特和和硕特蒙古共同组成的准噶尔联盟[②]的政治形势。这一联盟的领导地位先是传给了噶

① 天命论（Manifest destiny），又译昭昭天命、天命观、天命昭彰、昭彰天命、天定命运论、美国天命论、天赋使命观、上帝所命、神授天命、命定扩张论、昭示的命运、天赋命运，为惯用措辞，表达美国凭借天命对外扩张、散播民主自由的信念。其拥护者们认为美国在领土和影响力上的扩张不仅明显（Manifest），且本诸不可违逆之天数（Destiny）。最初为19世纪时的政治警句，后来成为标准的历史名词，意义通常等于美国横贯北美洲、直达太平洋的领土扩张。最初由1840年代杰克逊式民主的信徒所使用，用以宣传兼并今日的美西地区。该词于1890年代复由共和党支持者用以在理论上作为美国介入北美洲以外事务的理由。天命论直到20世纪仍在持续影响美国政治观。——译者注

② 这些民族有时也被称为“卫拉特”。严格来说，准噶尔（意为“左翼”）只是卫拉特联盟中的一支，但是自17世纪初他们取得了支配性的地位，故其名字也常用以指代整个联盟。

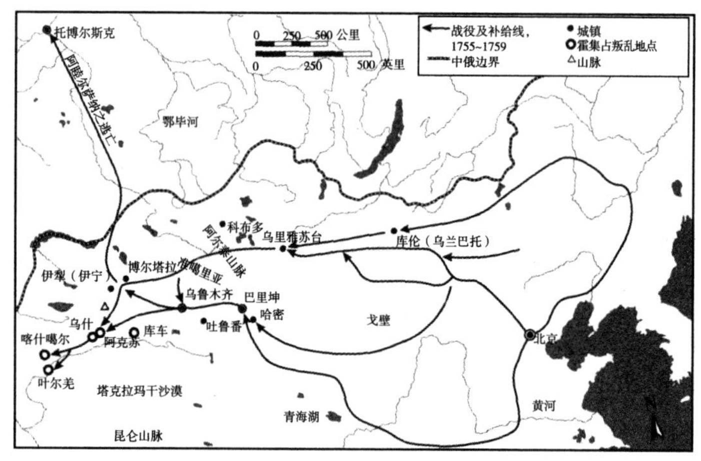

图 6-3　征服西域（1755~1759 年）

说明：本地图基于濮德培《中国西进》第 273 页之图制作。作者使用此图，得到了濮德培的许可。

尔丹策零 20 岁的儿子，① 但是，由于荒淫无道，五年后他被政变推翻，他的兄长喇嘛达尔扎（许多蒙古人都起藏族式的名字）接替了他的地位。喇嘛达尔扎比其前任更为无道，因此，1750 年，一位著名将领之子达瓦齐和辉特部首领阿睦尔萨纳结成了反对喇嘛达尔扎的同盟。在推翻喇嘛达尔扎的企图暴露后，他们被迫逃亡。不久后，二人聚集一支由 1500 多名支持者组成的小队伍，对喇嘛达尔扎在伊犁的都城成功发动袭击，夺取了权力。

从 1752 年到 1755 年的三年中，达瓦齐是准噶尔联盟名义上的领导者。他享有广泛的支持，而且还得到了俄国沙皇的扶持。但是，曾在 1752 年政变中做出巨大贡献的同盟者

① 即策妄多尔济那木札勒。——译者注

阿睦尔萨纳对他一直怀有异心。达瓦齐早先曾向阿睦尔萨纳承诺共享权力，后来却食言，两人遂公然敌对起来。1754年初，双方爆发冲突，并迅速蔓延至蒙古中部和东部，因为来自西蒙古的难民涌入了喀尔喀蒙古的领地。而喀尔喀蒙古是清朝的忠实臣民。

事情的发展令乾隆感到担忧，于是，他派出代表前去处理这一危机。受到达瓦齐四万大军追击的阿睦尔萨纳也向乾隆求援。他可能觉得乾隆并不喜欢达瓦齐，因此希望获得皇帝的同情。果真如此的话，那么此时对他而言正是大好时机。达瓦齐从合法继承者手中篡夺了权位，而且更糟糕的是，他后来并没有向乾隆表示要发展与清朝的友好关系以及请求乾隆的庇佑，因此，乾隆对此确实极为不快。当年晚些时候，当达瓦齐最终派人到北京寻求乾隆的理解和合作，以继续双方的良好关系时，乾隆对此断然加以拒绝。我们几乎可以听到乾隆在咆哮："大清横扫内外，此篡位者焉敢视其与吾等平等!"尽管乾隆的多数大臣都为达瓦齐的谦逊措辞打动，但是乾隆坚持己见，认为此时正是清朝势力进入政治纷争的准部的大好时机。在1754年末发布的一份谕旨中，乾隆严斥了达瓦齐的暴行，将他称为"夷"，这个字通常用来指代那些不忠诚的非汉人臣民。

战备随即开始。乾隆在几个月前已经召集了三万精兵，其中多数是满蒙士兵，汉人兵丁有一万多名。乾隆命令地方官员在他及其谋臣制定的两条主要路线的沿途备好粮草。后勤人员也被动员起来，其规模与实际作战的军队人数不相上下，他们的职责是做饭、运货、安营和照管牲畜。清朝还准备了15万匹马和10万头骆驼用来驮载货物，另有10万头牛、羊用以屠宰食用。这里还没包括175万公斤的面和饼，这是自巴里坤（Barköl）向伊犁行进的清军的口粮的一半，以及供给军队和其他随役人员的大量粮食。

军队的粮食供给对后勤提出了特殊的挑战。其中绝大多数粮食由内地的产粮区运往边疆地区。在一场漫长的战争中，根本不可能指望士兵能够携带足够的食物。（对清军有利的一个方面是，他们的马匹可以在内陆亚洲的草场放牧，而无须像欧洲那样运输草料。）第一、第二次伊犁远征的有关数据显示，每一次兵部都准备了10万石粮食（主要是粟米，还有部分大米），足以满足最初6个月所需。值得一提的是，如此多的粮食只是清朝粮食年产量的一小部分，并不会对经济造成过重的负担。所以政府并不缺乏农产品来支持大范围的军事行动。真正的消耗是将粮食运往前线。一旦购买了粮食，军需官需要组织大量驮夫、驴车和骆驼等将粮食运送到1700公里之外。运输费相当于最初粮食购买费用的十倍。乾隆关注的是打败准噶尔，对此根本就不在乎。

在外交前沿，乾隆忙于设宴款待忠诚的蒙古头人，并向他们阐明他对西部形势的理解和军事干涉的必要性。最令人瞩目的时刻是1755年1月23日，乾隆在承德的避暑山庄接见了阿睦尔萨纳，并举行了盛大的宴会，乾隆手下所有的重要官员都出席了此次宴会。在邀请阿睦尔萨纳与其比试了箭术后，乾隆让阿睦尔萨纳坐下，用蒙古语向其询问西部边疆之事。乾隆知道，作为地方的贵族，阿睦尔萨纳对他具有重要的政治价值。但是，他对阿睦尔萨纳也抱有部分戒心，并不完全相信他，担心阿睦尔萨纳可能也会和他玩同样的把戏。乾隆决定让阿睦尔萨纳率其辉特部为北路先锋，由可靠且经验老到的清军将领班第统领。

当这支军队离京前往边疆时，乾隆一直将他们送到了京师的城门之外。

这场战争始于 1755 年 3 月末，很快就告终结。达瓦齐军主力显然没有料到清军正在向他们挺进，至当年 6 月，清军彻底击溃达瓦齐军队。达瓦齐本人先是向南逃窜，去寻求穆斯林盟友的庇护，却遭到出卖，在一场宴饮时被捕，随后被献给了乾隆的忠臣班第，后者将其押送北京。不过，乾隆并未处决他的对手，相反，他宽容地接受了达瓦齐的归顺，并赐予其头衔，将他及其家人编入八旗，在北京赐予其府邸——也可以理解为将其软禁了起来。直至去世，达瓦齐和他的 40 名家丁一直生活在那里。凯旋的清军受到了皇帝的嘉奖，皇帝赐予包括阿睦尔萨纳在内的立功官员以头衔和荣誉。如往常一样，乾隆创作了一首诗来表达他的得意之情：

> 敉宁西极用偏军，天马人归敬受欣。
> 每至夜分遥檄问，所希日继喜相闻。
> 有征已是无交战，率附常称不变芸。

乾隆只在准噶尔部都城伊犁留下 500 兵丁由班第统率，其余军队班师回朝。一切似乎都在掌控之中，但是，事实上，真正的麻烦才刚刚开始；一年以后，清军再次向西进军。

第二次平准战役

清军在 1755 年的速胜让乾隆打算对阿尔泰地区的政治形势进行重要的改变。他任命了准噶尔各部的新首领，批准阿睦尔萨纳为辉特部蒙古首领，并按照喀尔喀蒙古的政治模式将他们组织起来。这既尊重了他们保留现有社会和法律制度的要求，同时也便于朝廷监管地方事务。显然，乾隆将各部首领置于其掌管之下，是为了避免1730年代和1740年代噶尔丹策零统治下的准噶尔联盟的再次出现。但是，准噶尔各部具有反抗中央政府的传统，各部首领都不希望自己的利益轻易受到损害。尽管阿睦尔萨纳上一年作为宾客在乾隆的大帐中向乾隆表示了他的谦逊，但是，他并不接受乾隆赐予他的头衔。他认为他应该成为新的准噶尔汗，领导一个重新统一和独立的西蒙古联盟。

在做出战争的决定后，阿睦尔萨纳无视乾隆要求其觐见的命令，并拒绝接受乾隆赐予的印信，显然，阿睦尔萨纳是有意要违抗乾隆的旨意。1755年秋，其他准噶尔部头领联合起来，声明支持阿睦尔萨纳，乾隆遂令班第伺机抓捕这个想要成为准噶尔汗的人。但是，乾隆很快就沮丧地明白，对于这样一场行动来说，他留下的500人是远远不够的。阿睦尔萨纳及其盟友宣布叛乱后，很快就在伊犁聚集军队，决心与驻扎在那里的满洲军队展开决战。班第虽然知道清军必败，还是带领六十人的小分队进行突围，但以失败而告终。1755年11月3日，敌人包围了他的临时营地，班第自刎身亡，其他人全部被杀。

这一令人震惊的事件让乾隆认识到必须派遣大军捉拿阿睦尔萨纳，以一劳永逸地巩固清朝对准部的统治。乾隆几乎是当机立断，于1756年初派遣另一支清军远征，此次的目的在于搜寻阿睦尔萨纳，扫清与清朝对抗的准部残余势力。如往常一样，这支军队被分为西、北两路。不过，阿睦尔萨纳显然比达瓦齐更难对付。在穿越艰苦蛮荒之地、历经一年多反反复复的战斗后，1757 年，清军再次出发，前去捉拿目标。这次他们运气不错，准噶尔部因内讧而削弱，天花的暴发则造成恐慌，许多人弃岗而逃。而且，以前曾接纳和庇护过阿睦尔萨纳的哈萨克头人如今也想把他交给清朝当局。在年轻的满洲将军兆惠的不断追击下，加之遭到其支持者抛弃，且供给缺乏，阿睦尔萨纳在 1757 年春逃往俄国。尽管最终结果如何尚属未知，乾隆还是在太庙举行了庆典来庆祝此次胜利。当俄国当局拒绝遵守遣返逃人的协议时，乾隆给俄国沙皇写了一封措辞严厉的抗议书，但并没有得到重视。

次年，事件得以解决。阿睦尔萨纳死于天花。此次俄国人预先通知了清朝官员这件事，并安排他们前往恰克图边境哨所查看尸体。乾隆对此似乎颇为满意，遂不再计较此事。他说："俄罗斯将阿睦尔萨纳之尸解送与否，均可不必深论。"

阿睦尔萨纳之死和准噶尔联盟的消失是对西蒙古野心的最后一击。准噶尔部遭到了灾难性的损失：有 60 万准噶尔人或是死于战争和疾病，或是逃离这一地区，或是被俘，这一数量接近其人口总数的 90%。甚至就连准噶尔这一名称也消失了：1759 年后，乾隆禁止继续使用这个名称，指出应该分别使用那些残余各部落的名字。这一转变反映了他自己内心深处的想法：随着这一始于其祖父康熙时期的事件的终结，一段重要的历史过程已然逝去。正如他在 1755 年 8 月准噶尔首次投顺后所写：

> 从前我皇祖、皇考屡申挞伐，而彼部落藩篱完固，未得机会。是以暂议撤兵。迩来喇嘛达尔扎达瓦齐等互相争杀，内乱频仍……朕为天下共主，兼覆并帱，自当

> 为之经理游牧，以计长久……一举可成之功，犹多苟安懦怯，徘徊观望。倘更有艰巨过于此者，尚安冀其勇往从事乎。满洲旧俗，一闻用兵，无不人人踊跃，以不与为耻。不意承平日久，渐成畏葸之习，至于如此。是以朕于此大功克就，远夷归化之时，不为之喜而为之寒心。

这一谕旨对于我们理解乾隆在实现不同军事目标时的设想提供了一个很好的窗口。通过这一谕旨，我们还看到，乾隆对于帝国的抱负与保持尚武传统之间具有多么紧密的联系，如前所述，后者被乾隆认为正是满洲的独特性所在。

征服塔里木

到 1760 年，战争使得天山周边地区的居民几乎丧失殆尽。然而，这里有大面积适合发展耕作和放牧的肥沃土地，尤其是在天山北麓。听任这些地区荒废可能导致出现进一步的骚乱，如果那样，必然会有一些地方部落宣称这是他们自己的地盘。乾隆权衡之后，于 1762 年决定在这里实行大规模的移民政策，鼓励动机不同的军、民定居遥远的西部边疆。在此刺激下，数千户贫困的汉民移居于此。同时，国家投入巨资在这里新建驻防城市，以容纳数千八旗和蒙古兵丁，他们将携眷在此永久定居，保卫边疆。

不过，在实行这一移民计划前，乾隆必须先着手处理准噶尔部在天山北部的统治垮台所产生的余波。彻底地消灭帝国这一边缘地区穆斯林精英阶层的势力并不现实；但是，双方于 1759 年达成协定，在清朝的保护下对这一区域实行常规管理。在某种程度上，乾隆发现自己与穆斯林达成的这种妥协与20年前和准噶尔达成的妥协是一样的。但是，与准噶尔问题不同，无论是乾隆还是他的子孙都不曾永久解决清朝统治下的回疆对中央统治形成的挑战。

要理解这些新的趋势，我们必须从不同于大清处理蒙古问题的另外一个角度来进行分析。与准噶尔的历史一样，回疆的历史也可以溯源到13世纪的蒙古帝国，那时成吉思汗的儿子察哈台统治着突厥斯坦中部和东部的大部分地区。他对伊斯兰教的皈依促进了伊斯兰教在这一地区尤其是在环塔里木盆地和令人生畏的塔克拉玛干沙漠边缘的各绿洲城市的繁荣发展，塔里木盆地和塔克拉玛干沙漠位于连接中亚和中国的古老贸易通道丝绸之路的沿线。到17世纪中期，宗教领袖和卓（来自波斯语的“主”）掌管着伊斯兰教义在那里的传播。和卓属于名为纳克什班迪（Naqshbandi）的苏非神秘派的一支，由波斯东迁至塔里木绿洲，宣称对这些地方拥有政治权力。后来纳克什班迪分裂为两派，分别称为黑山派［或是伊斯哈克派（Ishaqiyya），以其建立者伊斯哈克（Ishaq）命名］和白山派［也称作阿帕克派（Afaqiyya），以其建立者、伊斯哈克的侄子阿帕克（Afaq）命名］。这些充满纷争的阵营通常会寻求外界的军事和外交支持，来确保他们的宗教和世俗权威。

这种争斗持续了一个世纪。到17世纪70年代，传统上控制着叶尔羌城的白山派向准噶尔领袖噶尔丹求援，以抗拒其对手。噶尔丹正在找寻机会扩张其领土，因此欣然同意进行干涉，帮助白山派将黑山派和卓逐出其都城——叶尔羌以西160公里的喀什噶尔。由于与白山派的结盟，准噶尔在接下来的80年中对南部的塔里木盆地进行了间接的统治。

为保证这些受其庇护的穆斯林的忠顺，准噶尔不仅要求白山和卓进贡，还要求他们把儿子送到远在北方的准噶尔都城伊犁充当人质。

1757 年，准噶尔部彻底败于清朝让所谓回部（指的是各绿洲讲突厥语的人，并非内地回人）陷入混乱。清朝最初希望能够得到白山和卓的效忠，当时白山派以波罗尼都和霍集占兄弟为代表，他们一直作为人质在伊犁生活长大。乾隆让他们回到故土叶尔羌，担任当地的伯克。不过，乾隆起初更想要他们自己正式降顺清廷。但是，他们没有及时向乾隆奏报，使得乾隆对其之忧虑不断增长。1757 年 6 月，这种忧虑得到证实，因为和卓兄弟采取行动，杀害了负责前往库车等地招抚的清朝军官阿敏道。一个月内，各地纷纷公然反叛。

事件的这一转折似乎出乎乾隆之意料，因为这次他用了一年的时间去进行军事准备。军事行动推迟的部分原因是乾隆决定轮换新的人员前去。他召回了颇受信赖的将军兆惠，以其远房亲戚雅尔哈善代为出征。雅尔哈善不像兆惠那样具有统帅之才，他只带了一万多人前去围困波罗尼都和霍集占藏匿的库车城。尽管清军试图将和卓兄弟困于城内，但是他们还是设法逃往了阿克苏，并在那里获得了强大的支持。三个月后，雅尔哈善依然一筹莫展，乾隆于是解除了他的统帅职务，令他在那里等待兆惠的到来，然后返回京城受审（与之前的讷亲一样，雅尔哈善后来因玩忽职守被处死）。尚未回到北京的兆惠接到皇帝的命令，遂又折返，带着为数不多的随从向叶尔羌行进，白山派的首领自逃亡后就一直待在那里。

不过，由于缺少援军，兆惠的一世英名几乎毁于一旦。兆惠首次驱逐波罗尼都和霍集占的努力就遭遇到了激烈的抵抗，清军损失惨重。兆惠退回黑水河边扎营，但很快被敌人围困。兆惠心里清楚，也许不久他就会遭到与班第同样的命运。他设法让人溜出去紧急求援，自己则被迫率军留在原地。然而，峰回路转的是，清军发现了穆斯林非正规军藏匿于地下的粮食。和卓军队企图用大水冲垮他们的营地，却让清军幸运地补充了水的供应。此外，兆惠命令部下在营地四周的树木和灌木丛中搜寻那些已经用过但还可以重复使用的子弹，这样，他们稀缺的弹药也得到了补充。通过这种方式，清军坚守了三个月。最终，援军于 1759 年初自北方而来，与自东边而来的适时对白山和卓军队发动攻击的布鲁特（即柯尔克孜）骑兵一道解了黑水之围，白山派的攻击被瓦解了。

自那以后，清军对回部其余地方的征服进展非常顺利。仲夏时节，白山派头人向西逃窜，穿越帕米尔高原到达今天阿富汗东北的巴达克山。霍集占被杀，波罗尼都部下大多被清军俘虏，他本人则请求当地首领素勒坦沙的宽恕。尽管素勒坦沙对于背弃这个同教者，将其送交清军心存犹豫，但他同时也担心清朝可能会对他发起的进攻。乾隆曾致信素勒坦沙，语气隐然带有威胁：

> 至我大国兵力，尔等当亦闻知。即平定准噶尔由于传说，若收服叶尔羌、喀什噶尔逆贼数万众，望风奔窜，乃尔等目睹者。尔素勒坦沙宜中有定见，勿惑人言，将霍集占之尸与波罗尼都送至军前，朕必厚加恩赏。

最终，素勒坦沙还是杀了波罗尼都，并将一具无头尸体献给了清军，声称其头被人盗走。同时，素勒坦沙还将乾隆索要的霍集占之头颅献给了清军。兆惠带着这些可怖的战利品班师回朝，在京城举行的有群臣参加的盛大胜利庆典上，他将这些战利品献给了乾隆。虽然霍集占和波罗尼都的后人还会重新与清朝展开争斗，但是至少目前回部终于平静了。

帝国的局限

征服了被后人称为南疆的伊斯兰据点之后，乾隆在西部的远征画上了一个圆满的句号。乾隆起初只是想通过一场范围有限的战争来控制那些野心勃勃却并不重要的准噶尔头人，但是，这场战争历经五年方告终结，牺牲了数千生命并消耗了大量国库帑银。那么，乾隆从这场战争中又得到了什么呢？

乾隆的这次征服其实是世界历史的一个分水岭。正如之前所述，它不仅极大地扩张了清朝的领土，而且也使满洲和俄国多年来对中亚的土地和居民的控制权的争夺进入了最后阶段。在此必须强调两点。第一，以前中、俄两国间的接触主要限于蒙古东部和满洲地区的北部边疆，乾隆向西推进则给沙皇传递了一个清晰的信号，当需要展现其力量并玩弄外交游戏时，清朝是不能被低估的。直到一百多年后，俄国人才认为自身已经强大到可以对乾隆在中亚确定的帝国边疆发起挑战。第二，准噶尔这个存在了450多年的政治实体的垮台，标志着曾经主导欧亚东部和中部两千多年的最后一个大的游牧联盟的消亡。清帝国和罗曼诺夫帝国的扩张意味着欧亚大草原的关闭，以及他们对长期存在的游牧敌人的最终胜利。

乾隆本人并没有忽略清朝征服整个天山南北地区的重要意义。在当时的著述中，他将清以前最后一个对中国实行了稳定统治并对西陲的帕米尔拥有主权的唐朝与清朝进行了对比。以下内容选自乾隆给军机大臣傅恒的谕旨。作为乾隆最亲近的谋臣，傅恒在对西域作战中，地位仅次于乾隆。

> 况堂堂大清，兵力全盛，而回部之赋税、屯田之收获，以及沿途贸易、城仓积贮、储胥充裕，不独内地毫无飞挽馈运之劳，而陕甘两省蠲赈之恩，有加无已，闾阎初不知有军兴征发，岂汉唐宋明诸代疲中国之财力，而不能得地尺寸者可比。今统计用兵不越五年，而西陲万余里，城无不下，众无不降。

乾隆并不想独自居功，无视上天之意，他说："此实仰荷上苍福佑，得以奏兹伟绩，而人事之因时顺应，尤不可不善承之也。"

在这些评论中，或许最有意思的一个方面是，皇帝并不把讨伐准部、回部（这些地方很快就被统称为"新疆"）视为平民百姓之事，他反而认为应该尽可能减少对平民百姓的烦扰。在乾隆看来，扩大国家领土、平定天下边疆，是统治者及其满、蒙、汉官员以及其他和大清帝国大业相关者应该背负的历史责任。因此，从乾隆的角度出发，打败阿睦尔萨纳和白山和卓并不是"中国"战胜了它的敌人，而是他自己的伟大功绩。同样他也觉得没有必要寻求民众对西域战事的支持，因为帝国的扩张并非是以"国家"的名义进行的。这种扩张是要宣扬乾隆本人以及大清国的声誉，并向人们证明这不仅是清朝皇室及其臣仆之责，而且也和上天的旨意相关。同时，也是为了让年青一代的满洲兵丁经受战争的磨炼，以巩固王朝的统治。我们在前面的章节已经了解到，乾隆担心"满洲淳朴勇往"之风会由于"八旗子弟承平日久多耽安逸，偶遇军旅之事，转致不能娴习”，所以，“朕于此事，正欲训诲督率之”，因此，派这些人去打仗，正好可以“俾励勤劳而谙韬略”。

清朝和伊斯兰教

清朝征服回部的另一个值得注意的成果是，在经历了4个世纪相对有限的交流后，中国与亚洲大陆另一个主要文明——伊斯兰文明——进入了一个新的、直接的长期交流时期。这点反映在乾隆的个人生活中，就是他将一名和卓家族的女性带入了宫中，她就是容妃，后来的历史传奇故事的作者皆称其为“香妃”。这个年轻女子（我们不知道她的名字）来自一支显赫的和卓世系，其头人曾与布鲁特骑兵一起解了兆惠的黑水之围。为了表彰他们的忠诚，乾隆赐官于这一家族中的男性，并邀请他们来到北京，还将他们27岁的女儿纳为妃子。容妃成为乾隆最为宠幸的妃子之一。他出外巡游时经常让她随行，并赏赐她大量自喀什噶尔进贡的礼物，如葡萄干、葡萄和哈密瓜。更值得指出的是，乾隆也很尊重容妃的精神生活，给她配备了专门的厨师，按照穆斯林的宗教规定服侍其饮食，而乾隆本人逐渐也喜欢上了这种饮食。容妃还获准穿着本民族式样的衣服。为了赢得她的欢心，乾隆还不时举行突厥风格的宴会。1764年，他甚至令人在容妃寝宫外宫墙的另一侧修建了一座清真寺，这样她在寝宫中就能听到穆安津（宣礼员）召唤信徒礼拜的声音。容妃于1778年去世，被葬于一樽装饰有阿拉伯文书写的古兰经文的棺椁中。

乾隆对容妃和容妃家族的敬重态度加强了他与其突厥臣

民之间的联系。但是，乾隆并未能构建起一个坚实稳定的框架来处理他和伊斯兰世界的关系。除了新添的对伊斯兰式刀具的嗜好以外，他对伊斯兰文化其实并没有太大的兴趣，而且，他似乎也不太想了解它的那些古老传统哲学、科学和医药。确实，他命人修订了官修辞书《钦定清文鉴》，将察哈台语编入其中。[①]但是，就我们所知，他本人从未学过这门语言。与乾隆对佛教和儒教的强烈个人兴趣及对欧洲绘画的入迷形成鲜明对比的是，他对伊斯兰文明相对来说缺乏好奇心。这是因为西部距离京师太远，所知甚少，以至于无法引起乾隆持续的关注吗？考虑到乾隆非常强调回部的经济价值（尤其是玉石），似乎并非如此。也许，乾隆是觉得伊斯兰教的一神教教义缺乏统治理念所需的灵活性，因为如果任何统治者试图以伊斯兰教庇护者的身份获取政治利益，他都需要改变宗教信仰、皈依伊斯兰教，乾隆显然不可能做到这一点。

不管出于何种原因，乾隆更倾向于对塔里木盆地实行间接的统治，主要是通过伯克（相当于西南的土司）来实现，清朝只在那里驻扎少量的军队。这种部署与清朝在天山北部驻扎重兵并广泛开展移民屯垦截然不同，表明清朝对这里实行的是一种低姿态的统治。这就导致新疆没有与乾隆统治下的其他地区很好地整合起来。而这种政策的局限性将在19世纪的大规模叛乱中显现出来。

铭刻胜利

对新疆的征服让乾隆的自信极度膨胀，他随即在国内和

---

① 即古代维吾尔书面语言，用阿拉伯字母书写，其中有很多波斯语的词汇，自从13世纪以来一直为中亚文人所使用。

国外（正如我们在其写给巴达克山素勒坦沙的信中所见）大肆宣扬。乾隆尽其所能对外传播着这一信息：清朝是世界上最强大的国家，而他本人则享有上天无与伦比的宠爱。在皇帝的命令下，游行阅兵、庆功盛宴得以举行，记录征服过程的史书正在撰写，纪念与颂扬它们的石碑、地图、雕刻、绘画乃至诗词歌赋等等得以创制。在“十全武功”中其余七次军事行动后，也有类似的庆典，但是规模要小得多。不夸张地说，乾隆统治的后半期就是一场场胜利的狂欢。

在这些锣鼓喧天的庆祝活动中，有些采用的是赋诗的形式。据统计，乾隆共创作了1500多首与其“十全武功”相关的战争诗篇，这些诗一般都是乾隆在听闻一条消息后即兴所作。因此，它们可以视为乾隆所经历战争的编年文学作品。其中一些作品得以印制成集并流传，乾隆告诫官员和其他皇室成员要阅读并从这些作品中学习其启迪意义。乾隆还沿袭了始于康熙时期的传统，编撰有关这些其指导下的战争的史书。征服西域的官方史籍是《平定准噶尔方略》，1770年由武英殿刊刻印行。全书共172卷，包含上千页重新誊写的奏折、上谕和其他各类文献，精心选自与这一世界史上最大的军事行动相关的素材。

不过，编纂正式的史书通常需要很长时间，而且，即便那样，也只有学者才会去看这些书。所以，这就需要通过其他方式来宣扬清朝的实力，在这方面，没有比铭文、石碑的雕刻和展示更好的表现方式了。这是中国一种古老的传统，与古罗马帝国的装饰柱并无区别。在清朝，就像在中国历史上所有时期一样，用大型石板或是石柱来雕刻铭文是很普遍的。石碑高达5~7米，被置于石龟背上，石龟则代表着传说中背负着世界的神兽赑屃。站在这样一座巨大的石碑之前，人们可以看到皇上永恒的话语，一面用汉语书写，另一面是满语，有的时候还包括另外两种语言：蒙古语和藏语。即使看不懂铭文具体说的是什么，仅仅是仰视这些难解的文字本身就象征着对大清的服从。如同文艺复兴时期的英雄骑士像一样，这是纪念个人英雄、铭刻政治力量并激起参观者敬畏的一种做法。

自 1755 年开始，乾隆决定在全国各地安置这种石碑以纪念在西域的军事胜利。其中一些置于京师或是京师附近，其余的则被置于所征服的新疆各城。乾隆本人经常会不辞劳苦地来选择所用的石头，当然，刻在这些笨重石板上面的文字主要由乾隆本人负责。由于这些石碑得到了很好的保护，其中很多石碑至今仍矗立于原地。大体来说，石碑上的铭文包含有对其所纪念的特定战役的简述，可以让官兵们回忆起他们的亲朋好友过去的荣耀和皇帝的英明正确，同时也提醒地方势力不要和中央政府对抗。1758 年击败阿睦尔萨纳后竖立起的石柱有四米高，上面所书铭文首先用比喻的方式来说明清朝出兵的原因以及上天之意：“天之所培者，人虽倾之，不可殄也。天之所覆者，人虽栽之，不可殖也。”随后又突出强调了准噶尔人的不忠（“嗟汝准噶尔，何狃诈相延”）和清朝出兵平定准噶尔的正义性。

图化胜利

对这片新增加的帝国领土进行地图绘制是乾隆纪念在新疆所取得的胜利的另一种方式。当然，地图绘制与军事行动是同步进行的，因为这是文武群臣讨论战略决策所不可或缺的资料。不过，大多数受过教育的人通常对边疆地理缺乏必要的认识，因为在清代，多数地图中并没有有关天山地区的信息，图中的这一区域几乎是一片空白。清朝对新疆的征服意味着乾隆可以去填补这些空白。1756 年，他命令组成一支探测队，包括一名汉人钦天官、两名满洲官员、两名耶稣会士以及两名西藏喇嘛，[①]派他们前去测量准部和回部的经纬度。他们的测绘工作取得了成功，其中一些成果被绘入 1760 年的《内府舆图》，又称《乾隆十三排图》。1759 年又进行了一次测绘，最终绘制了更为详细的地图。[②] 此次测绘采用了当时最新的测绘技术，绘出了各种新的地图，有些地图的尺寸巨大，其中有一幅长达 6 米的地图，需要一整间房间才能够展开。由于耶稣会士全程参与了地图的绘制工作，所以，他们所搜集到的有关这些清朝的新的领土的信息很快就传到了欧洲各国都城，有时候是由传教士秘密传播，有时候则是由皇帝本人向外国使团展示这些地图而使其得以公开传播。

与地图绘制一道，清朝还进行了方志的编撰，众所周知，这是一种传统的中国地方史，其内容包括地图、图画、疆域、山川、物产以及地方人物传记。新疆第一部这样的方志《西域同文志》刊行于 1763 年。这主要是一部以满、汉、蒙古、藏、维吾尔和托忒蒙古文等六种不同文字写就的地名辞书，用以规范编撰《钦定平定准噶尔方略》时的术语，它也有助于地方的行政管理。在《西域同文志》刊行 19 年后，内容更为全面的《西域图志》刊行。在《西域图志》中，除了地图外，还有对新疆这一地区及新疆各城和居民的长篇介绍。《西域同文志》

---

① 汉人钦天官为何国宗，时任工部左侍郎；两名满洲官员分别为五官正明安图和副都统富德；两名耶稣会士是高慎思（Felix Da Rocha）和傅作霖（Joseph d'Espinha）；两名西藏喇嘛姓名不详。——译者注

② 乾隆二十四年，派明安图、高慎思、傅作霖、乌林泰和德保等人组成测绘队，对南疆进行了测量。此次测量区域覆盖了从南疆的库车、阿克苏、喀什噶尔、叶尔羌和和阗等到葱岭以西之瓦罕、巴达克山、塔什干、安集延等地之间的地区。——译者注

和《西域图志》均由皇帝出资赞助刊行，这两部书都有助于证明国家的统一。正如乾隆在《西域同文志》序言中所说：

> 今以汉语指天，则曰天，以国语指天，则曰阿卜喀，以蒙古语、准语指天，则曰腾格里，以西番语指天，则曰那木喀，以回语指天，则曰阿思满。令回人指天以告汉人，曰此阿思满，汉人必以为非，汉人指天以告回人，曰此天，则回人亦必以为非。此亦一非也，彼亦一非也，庸讵知孰之为是乎？然仰首以望，昭昭之在上者，汉人以为天而敬之，回人以为阿思满而敬之，是即其大同也。实既同名，亦无不同焉。

在这里，乾隆向读者们展示了他作为天下共主的公正客观。他借助语言来对这些相似性加以强调，给人们留下了深刻印象，例如，尽管其臣民的文化和地域不同，但对天子的敬畏却是相似的。这些在官场中传播相当广泛的文献的刊行及其对大清帝国多元化的促进，在观念上加速了新疆与清帝国其余地方的整合。此外，乾隆有意将一千多年前的汉代已经出现的名称用于他现在所控制的某些中亚地方和城市，可以说是借助汉人知识阶层容易接受的方式强调了他所取得的大一统成就。

审视胜利

在传播清帝国领土扩张的消息方面，图像也是乾隆可以利用的一种宣传渠道。与制图一样，乾隆也依靠宫中耶稣会士的绘画技艺对这一引人瞩目的成就加以记载。其中一个突出的例子是一组著名的系列版画，由 16 块刻有准部和回部战役的雕版画组成。这些雕版乃基于当时随军前往前线的画师的作品制成；雕版的模子完成于 1765 年，随后被送往法国巴黎制作雕版。1775 年，这些雕版完成后与印版一道被呈送给乾隆，这样就可以制作更多的复制品。

每幅雕版刻画描绘了 1755 ~ 1759 年战争的某一场景，或是充满激情的战役，或是敌军向清军投降，兆惠黑水被围就是其中的一幅。每幅雕版的尺寸大致相同，风格也完全一致，都基于西方的透视技巧。对于稍显复杂的事件，则以绿色植物和山脉将图像分为两三个单独的部分来描述，每一部分都有不同的分场景；在某种程度上，它们就像是因为空间有限而被压缩的画卷。从对尸体的安置，到展现精疲力竭的人和战马的方式可以看出，这些雕版都明显受到了欧洲人描绘战争的传统的影响。通常，画面的中心聚焦于清朝军队坚决前行抗敌、拉弓、备战这样的场景。除战争情节外，这些雕版还留存了大量的细节，如形势的悄然变化：人从马上坠落，士兵们箭在弦上（见图 6 – 4）。

清朝用这些印版制作了许多复制品。完整的雕版保存于乾隆的各个宫殿和寝宫中，乾隆还将多套复制品作为礼物赐予了他曾经留驻的某些寺庙。不同寻常的是，我们从一些记载中还获悉，有些个人曾收到过这样的礼物，他们多为皇室成员、各省大吏、曾参与西部战役的军政要员和显赫的满洲权贵，还有江南的四位私人收藏者，以感谢他们向当时正在进行的《四库全书》编纂工程捐赠书籍。此外，朝鲜也得到了一套，另外有一些在欧洲以及后来在美国广为流传，它们和纪念乾隆在金川等地取得胜利的雕版一道为当地收藏者所有。这些雕版以及乾隆为其所写的说明文字，成为我们今天了解乾隆竭力将这些边远角落地区纳入大清帝国统治秩序的生动文献。

图 6－4　解救黑水之围

佚名绘。1775 年。铜版画。现藏于巴黎吉美博物馆。此为庆祝清政府对新疆地区的征服战争的 16 幅铜版画之一，这些具体而生动的印刷品在中国和欧洲流传都非常广泛。

同样给人印象深刻的还有许多描绘那些英勇参战的官兵的画作。与雕版一样，这些画像也使用了一些西方技巧，这也许是因为有耶稣会士画师参与了绘制（画作没有署名）。这些画像上还有用汉、满两种语言写就的简短说明文字，描述了画作中的人物因其勇敢行为而受到了特殊嘉奖。在第一次准噶尔战争后，乾隆命人绘制了 100 幅这样的画像，称为“功臣”系列，被置于通常用来接待外国使臣的紫光阁中。随着时间的推移，在国家取得更多其他的军事胜利之后，“功臣”系列日益增多，最终紫光阁中共挂有两百六十幅画像，可谓清朝英雄们的贤人祠。今天，这些作品中的大多数已经遗失，显然是在 1900 年外国军队占领北京期间被作为战利品掠夺，但是幸存下来的那些画像无可辩驳地说明，它们是为了纪念勇士精神以及那些为乾隆和大清之荣耀做出牺牲之人而作。

就情节和作品价值而言，与这些画作有联系密切的是，许多画像画的是乾隆本人。乾隆还是个孩童之时，就已听说过很多有关康熙皇帝丰功伟绩的故事，康熙本人亲自率领了对准噶尔首领噶尔丹的远征，为了追赶他的对手，冒险深入到蒙古草原深处，毫无疑问，这对乾隆产生了重要影响。他虽然没有刻意模仿其祖父康熙，率领军队远征西域，但是他确实给人以这样的印象：只要他想，他就会这么去做。正如第四章中所述，他在画像中经常被描绘为自狩猎中返回，骑在马背上，心境放松甚至随意，看上去非常舒心。在其他画像中，有的刻画了乾隆射杀虎、熊和鹿的场景，显示出他的临危不惧。其中，最著名的一幅戎装像是郎世宁画的乾隆骑马图，乾隆之风格酷似诸如西班牙菲利普二世这样的欧洲君主，画师对他一定非常熟悉。在这幅画像中，我们看到乾隆骑在一匹优雅的花斑马上，这种马与普通的清朝兵丁所熟知的蒙古野马极为不同。乾隆蓄着八字须的面容显得雍容典雅。他和马的目光都朝向右方，似乎是要决定该朝哪个方向行进。乾隆全副战争装备，箭在右，弓在左。他的右拇指上戴的是弓箭手的玉扳指；左手紧握缰绳，右手则握着一条马鞭。在布满刺绣的盔甲和宽大的护肩上到处都绣有龙；头戴银盔，饰以金色浮雕的陀罗尼，顶部是庄严的马尾流苏。这是一套庆典装备，皇帝只有在为军队送行或是欢迎军队凯旋时才会这样穿着。事实上，我们并不知道他何时穿过这身铠甲，我们也不知道这幅画挂在宫中何处。但是我们很容易就能想象出，这幅接近于真人大小的作品会给予观者一种什么样的印象。它的壮丽与辉煌映射出了一个完全掌控帝国权力和天下的英武君王的形象（见图6－5）。

图 6 - 5　乾隆戎装骑马图

郎世宁绘。1758 年。绢本，设色画。现藏于北京故宫博物院。这是留存后世的乾隆画像中最著名的一幅。这幅华美的画作反映出 18 世纪流行于清廷的中西艺术风格的融合。

上面已经提及，暮年之时的乾隆曾回顾了他的军事经历，给自己起了“十全老人”的雅号。导致乾隆做出这种回顾的直接原因是，清军成功击退了廓尔喀（尼泊尔）军队对清朝藏南领土的第二次进攻。有意思的是，这段简短文字中所体现出的心绪，与其有关战争的其他著述中体现出的得意扬扬并不尽相同。相反，似乎更多地体现出了一个老人的冷静思索，他厌恶了战争，甚至厌恶了征服。他在文中这样写道：

> 我武既扬，必期扫穴犁庭，不遗一介，亦非体上天好生之德。即使尽得其地，而西藏边外，又数千里之遥，所谓不可耕而守者，亦将付之他人。乃降旨允降班师，以蒇斯事。①

乾隆话语中体现出的这种放弃的口吻，显然与35年前的自信和夸口形成了鲜明的对比，这似乎表明，他已认识到他的权力事实上是受限制的。不过，前后一致的是，乾隆一直依赖并且相信上天的指引与福佑。他在1795年一篇有关其退位的文章中是这样结尾的，其中反映出他的世界观发生

---

① 此段引自《十全记》。满文本：ede emgeri cooha horon be algimbuha be dahame. urunakū hūlhai yeru be geterembume efulefi emke seme funceburakū gisabuki seci. inu dergi abkai banjibure de amuran gūnin de acabume yaburengge waka. uthai tere ba be wacihiyame baha seme. wargi dzang ni jecen ci tulesi geli uttu minggan ba maktabuhabi ere uthai tarici ojorakū tuwakiyaci ojorakū sehengge kai. jiduji inu bai gūwa niyalma de bahabure dabala. tuttu hese wasimbufi. baime dahara be alime gaifi cooha be gocifi baita wacihiyabuha. 中文译为：我军业已展示出压倒性的力量。因此，若谓必须逐个清除、捣毁叛军巢穴，将其一个不留地彻底粉碎，那么这一行动计划将不会符合上天好生之德。因此，即使尽得此地，自西藏之外其他千里（帝国内）不可耕、守之地亦将放弃，终究只能为人所取。故降旨晓谕（叛军）投降，体恤将士，终结这场战役。

了转变：

知进知退，易有明言。予实服膺弗敢忘。而每于用武之际，更切深思，定于志以合乎道。幸而五十七年之间，十全武功，岂非天贶。然天贶逾深，予惧益切，不敢言感。惟恐难承，兢兢惶惶，以俟天眷，为归政全人，夫复何言。①

① 满文本：šumilame gūnimbi jabšan de susai nadan aniyai sidende. coohai gungge be juwan mudan yongkiyahangge aika abkai kesi de waka semeo. tuttu seme abkai kesi de ele šumin ofi. mini olhorongge ele hing sembi. gelhun akū hukšembi sarkū bime. damu alime muterakū ayoo seme ginggulеme ginggulеme olhoxome olhoxome abkai gosire be baime. dasan be targalafi yongkiyaha niyalma ojoro erin be kiceme erere dabala. geli ai gisurere babi sehe. 中文译为：在我（登基）57 年间，幸有好运相伴，成就十全武功。能说这不是上天赐恩吗？天赐愈多，我对上天之敬愈诚。我不敢冒昧地去获知如何表达我的谢意，惟愿以我的赤诚与惶恐之心去祈求上天之福佑。若弃帝位，唯盼成为一介全人。此外还有什么可以说的呢？

七　文化巨人

乾隆不仅在军事方面取得了非常杰出的成就，进行了大规模的巡游，同时还要处理大量的常规事务，而且，在其日常生活中，乾隆竟然还将大量精力花费在了诸如吟诗赏画之类的活动上。这或许让我们感到有点惊异，但事实确实如此，因此，在许多历史学家看来，乾隆示之于人的形象更像是一个文人而非武将。之所以如此，部分原因在于乾隆的自我形象塑造，那些将乾隆描绘成手持毛笔醉心学习的大量绘画即为明证（图 7－1）。乾隆对高雅文化的眷顾和对世界各地珍品的收藏热情也成就了故宫博物院的藏品，这可是中国古代最伟大的文化遗产之一。今天，在惊叹于这些藏品的同时，人们仍然可以利用 200 多年前乾隆令人编写的详细而准确的藏品目录。此外，乾隆还希望能够收藏从公元前 1 世纪的早期诗作到他统治时期的中国所有的文学、哲学和史学经典，并对其进行点评，因此命人整理刊行了拥有 10000 多条目的《四库全书》，这可能是人类历史上最宏大的手写本丛书。

前几章已经阐述了乾隆非常追求事情的条理化、理性化和规范化；这种追求自然也会从政治机构和语言扩展到艺术

图 7-1　乾隆写字像

郎世宁与金廷标（？～1767）绘。早于 1766 年。水墨绢画。现藏于北京故宫博物院。画中的乾隆是一个高度理想化的中国文人形象，一手拈须，一手执笔，似在沉思中寻求灵感，其面前是中间文人必备之“文房四宝”：笔墨纸砚。

和文学领域。乾隆自认为他的这种做法有益于艺术的传承发展，希望能够借此成为不朽的收藏家和艺术资助者。而且，通过将自己训练为一个艺术鉴赏家和实践者，乾隆想要展现给众人的是一个理想的君子形象，就其言谈和行为而言，乾隆企图在文章与武德之间取得完美的平衡：精通射术并不足以让他赢得文官的尊敬，其中一些文官为世家大族，他们拥有的藏书比皇家的还多。为了巩固皇权和他个人的权威，乾隆必须为自己建构一个睿智君主的形象，以显示他和他所统治下的臣民一样精通诗歌、艺术、历史和哲学。这当然并非易事。在某种程度上，乾隆是成功的；但从另一方面来看，他的努力因自负、褊狭和过激而打了折扣。不过，无论别人如何看待他的文化品味和天分，乾隆对于那一时代的文化领域所产生的影响，并不亚于其在政治领域的影响，二者都是不容忽视的。

艺术家的形象

乾隆和各种创造性艺术之间最为直接的联系就是那些由他署名的作品。他本人从事过各种艺术创作，最突出的是绘画、书法以及我们已经谈过的诗歌。这些都是令人心情愉悦的消遣行为，既能让人放松又能修养身心。乾隆一生都在从事这样的艺术创作，并且留下了数量可观的作品。他的这些行为让我们能够从其他的角度对其个性（当然，只能是他所希望展示于人的性格）以及他对艺术的理解深度进行观察。身为一名艺术家，当然还有其他一些好处。一方面，他可以介入宫廷艺术家的创作，因为他清楚自己需要什么样的作品，所以可以给予这些人更为有效且颇具说服力的指导意见，并且在艺术品的制作过程中提供一些具体的建议。另一方面，优美的诗句可以帮他赢得京城、江南和其他文化中心的文人发自内心的尊敬。另外，作为艺术家和诗人，乾隆能从宫廷的艺术藏品那里获得更大的乐趣，也能让他成为一名更为合格的艺术评论家。

我们先从乾隆最不擅长的绘画和音乐谈起。乾隆 18 岁时开始学习绘画，他的绘画作品大多有关自然景物（老树虬枝是他的最爱）。乾隆虽然非常努力，但从现存画作来看，其绘画资质实属平常。乾隆本人也承认这一点，因此他反对别人对其过分的赞誉，而他在这一领域也没有取得什么成就。不过，他对色彩可能较为敏感。比如说，在制作宫廷服饰时，他禁止使用某种他不能容忍的深绿色的布料。当宫中的40多位画师为乾隆绘制画像时，对于画中乾隆与其他物体之间的关系，乾隆往往会明确表达他的意见。他会经常光顾他们在宫中的画室，对树木、植物和人物在画中的具体位置给出详细的指示。在乾隆宫廷内的一位耶稣会士所写的信件中，描述了另一位耶稣会士王致诚（Jean-Denis Attiret，1702－1768）的绘画情形，其中给我们提供了有关乾隆直接参与绘画创作的生动例子：

> 三日晨，皇帝屈尊前来见他。他想看看那些业已完成的画作，结果发现两幅关于他的人物画中（一幅是他骑于马上，另一幅则是他坐在马车上），他的身体都略向后倾。他要求立刻纠正这一错误，为了帮助画师，他甚至坐到王位上摆好了姿势。他把自己的想法付诸实施，让画师按他的意见创作。

有时候，乾隆甚至会和画师一起沉迷于创作之中。仍以上述的王致诚为例。

> 这个官员告诉画师（即王致诚），陛下想要绘制一幅画作，画中表现的是一位鞑靼贵族正在骑马追赶一只老虎，弓已拉开，箭在弦上，一触即发；他还说，皇帝希望亲自完成这幅画。王致诚遂依皇帝之意行事。次日，皇帝来到画室。一个太监手捧皇帝在王致诚所绘之

> 略图上亲自绘制的鞑靼骑马追虎图。皇帝向王致诚展示了这幅画，并令王致诚对画中骑手的姿态再加以润色。在略微进行了修改之后，这幅画又呈交皇帝，皇帝还想进行一些改进。但就在当天晚上，画作再次交给王致诚，皇帝命令他完成这幅画作。

几天后，乾隆又让这位疲惫的画师为其绘制一幅全身肖像画，他提出了一个特殊要求：为了美化他的形象，在画中他的头要比实际更大一些。毋庸置疑，王致诚满足了乾隆的要求。

乾隆的祖父康熙曾经学习过西洋翼琴，但是没有证据表明乾隆也会弹奏乐器。在有些画作中，乾隆被刻画为一个古典文人的形象，独自坐在林中的木屋旁，手抚古琴，似乎正欲弹奏一首可以表现他的孤寂与沉思之情的哀怨曲调，但这仅是一种虚幻之像。乾隆曾经写过一些乐评，而这些评论显示出他对音乐确实一窍不通。虽然如此，乾隆还是很享受音乐带给他的愉悦，而他对于宫中演奏之曲也非常挑剔。乾隆喜欢的音乐范围很广。在即位初期，他曾让耶稣会的一些音乐家在宫中传授弟子，甚至还让这些弟子组成一个小规模的室内管弦乐队表演欧洲曲目。而在氛围截然不同的承德避暑胜地，举行宴会时演奏的主要是蒙古音乐，这在很多画作中都有描绘。乾隆也很喜欢各种戏曲，尤其钟爱昆曲。在他的提倡下，昆曲成为京城最流行的戏曲，最终演变成为著名的“京剧”。虽然有时候他也批评这种娱乐形式有些轻佻，但在出游时却总是带着宫中的剧团陪伴。乾隆对于音乐文化的另一个重要贡献是对宫廷音乐的编纂和校对，不仅包括曲目，还包括乐谱在内。今天的音乐史专家的确应该感谢乾隆对此之关注。

在乾隆的艺术生涯中，书法成就让他颇为自信。在古代中国，不懂书法的确是一个严重的缺陷。就和 18 世纪的每位士绅一样，练习书法并不只是一种艺术行为，还是一种精神修炼，它可以反映出一个人的性格和道德。乾隆每天都会练习这种最具文人风范的艺术，并且形成了具有自己独特风格的优美字体，其书法成就得到了今天的多数艺术史家的赞赏。

作为一位真正的鉴赏家，除了一些鲜为人知的作品外，乾隆可以鉴赏出多数书法作品，对于各类名家的评价也颇有见地。事实上，他对书法作品的断代和归属的判断大多可以站得住脚。他最喜欢的书法家是名垂千古的王羲之（321 ~ 379）和米芾（1051 ~ 1107）。王羲之对于乾隆本人的书法风格具有最为明显的影响，在乾隆心目中占有非常重要的地位。在得到一份极其珍贵的王羲之的书法原作《快雪时晴帖》后，乾隆把它与王羲之家族的其他两位书法家的作品[①]一起摆在他最喜欢的养心殿西暖阁书斋中，并将这个房间命名为“三希堂”，还为此赋诗一首。每年冬雪之时，乾隆都会把王羲之的作品拿出来赏玩，并且像许多文人那样在上面盖上自己的印章，还在四周题字赋诗来形容他的喜悦，比如下面这首：

> 长夏清且闲，朝回憩池馆。
> 蕙风拂桃笙，鹅溪挥玉管。

① 指王羲之的儿子王献之的《中秋帖》及其侄子王珣的《伯远帖》。——译者注

淡淡墨池云，叠叠来禽版。
羲献去已遥，颜柳真迹罕。
追摹消永昼，徘徊作清伴。

到乾隆去世之时，乾隆已在书轴上题字赋诗 73 处。他还让人临摹王羲之的书法，然后刻于石上，做成拓本，这种拓本就成为其他人可以欣赏和临摹的法帖。而这些法帖只是乾隆命人以宫中收藏的历代名人字帖所制作成的 70 多种法帖（名为《三希堂法帖》）中的一小部分。

与其祖父一样，乾隆也经常将其书法作品赐予所赏识之人。乾隆更乐意将其在书法上的天资转变为一种政治资本，比如在除夕之夜，他会赐予朝中重臣“福”字，并在众人面前署上自己的名字。乾隆对自己的书法如此自信，以致在 1770 年时，他下旨让所有曾在 1756 年前接受过乾隆所赐书法作品的官员们将这些作品归还宫中，因为他的风格已经今非昔比，他认为早期的那些作品不再适合继续流传。他保证一定会用其他的替代作品来交换这些归还的书法作品，虽然其中有的作品还是大型的木匾和石碑。从今天可见的大量此类碑文来看，乾隆信守了他的承诺。在中国的政治人物中，唯一在书法方面可与乾隆相媲美的，就是中国共产党的领袖毛泽东，他的书法作品不仅为人称颂，而且同样遍布中国各地。

诗人

乾隆一生酷爱写诗，其诗作数量甚至多于书法作品。虽然年龄渐增，并且总是日理万机，但乾隆在位期间，每年都会创作大量的诗作。乾隆的 43000 多首诗先后于 1749 年、1760 年、1771 年、1783 年、1795 年和 1800 年（此时乾隆已经辞世）六次结集刊行，共 282 卷（其登基前的 24 卷诗作于 1737 年前即已刊行）。在数量上，乾隆肯定是中国最多产的诗人，从 10 岁开始直到 89 岁去世，平均每天都要创作两首诗。不过，卷帙浩繁的诗歌仅是乾隆文学作品的一部分，乾隆还写有数以千计的上谕、散文、序跋以及铭文。

很难相信所有这些诗歌均由乾隆本人创作。[①] 根据一位大臣的记载，每天午后，乾隆在结束公务之后，先是享用午膳，然后在书斋休息，他会在书斋创作至少一至二首诗歌、一篇散文，或是作画一幅。如果事实果真如此，那么署名乾隆的大部分诗或许确实是他所作，最起码可以说多数诗歌的基本想法是乾隆本人的。当然，他得到了很多人的帮助。乾隆通常会让内阁官员誊写他午后所写的草稿，然后听取那些高官的修改意见（这应该是一份棘手的工作！）。很多时候，乾隆在接见官员时也会灵光闪现，会立刻停下来大声说出他的诗句，他相信在场的大臣（编辑）能够记住这些诗句，并将其记录下然后进行修改。如果没有灵感，乾隆也会要求朝中大臣闲暇之时为其寻求诸如妙语绝句或是经典名言之类的可用素材。为此，就像朝中留用的那些宫廷画师一样，他也会在朝中留用一些在当时并不太有名的诗人。这些人要在

① 近代也有一些政治领导人爱好诗歌写作。美国总统中，约翰·昆西·亚当斯（John Quincy Adams，1767－1848）和亚伯拉罕·林肯（Abraham Lincoln，1809－1865）都写诗，而第 39 任美国总统吉米·卡特（Jimmy Carter）还曾在 1995 年出版了一部诗集。在中国领导人中，毛泽东就是一个很好的例子，他是一个具有天分的书法家，也是一个诗人。

诗作正式刊行前对其进行细致的润色，所以，修改后的诗作可能会与皇帝最初的作品大相径庭。

在前几章中，我们已经读过乾隆各种风格的诗篇，可以看出，几乎任何事物都可以成为创作的主题。他的大部分作品可以归为如下几类：风景、纪念（比如春节、军事胜利或是一些风景名胜）、说教以及歌颂，最后一种主要是歌颂诸如砚台和玉石之类的咏物诗（这些诗作往往会被直接刻于这些物品上）。许多诗都是乾隆忙中所作，难免显得略为生硬或勉强，下面的《观刈麦》就是很好的例子：

麦苗入夏结穗黄，东垄西垄硕且长。
老农此日走田忙，腰镰遍割乐岁穰。
笑看黄云各成片，密茎随手行行乱。
肩挑背负晒檐头，饘粥有余他不羡。
呼儿莫逐飞来雀，令渠亦识收成乐。

这首诗作于乾隆年轻之时，是一首非常理想化的颂扬农民劳作之作（我们不要忘记，农民的劳动成果最终都会成为皇帝的财富）。但是，从诗中可以看出，乾隆其实并不真正了解这些辛苦劳作的农民：这个未来的君主原本想要借此表现他与老百姓的亲密感，却反而证明了他与农民的遥远距离。

当然，乾隆有些人物类的诗作还是非常优美的，比如追忆其年迈的老师和祖父之作。还有，我们在第三章中所引用的乾隆怀念孝贤皇后的悲恸之作，因其所表露出的亲昵情感，让我们可以肯定只有乾隆本人才能写出这样的诗作。但是我们必须指出，在乾隆的所有诗作中，这种真情流露的诗篇为数极少。对他而言，写诗通常并不是一个沉思冥想、反躬自问以及不断锤炼语言的艰苦过程。毕竟，真正杰出的诗作总是具有颠覆性的，而乾隆根本就不大可能去经历那样的一个过程。乾隆的多数诗作都是短时间内写就，有时只是根据诗歌通常的韵脚、韵律的法则进行一些剪裁，还有一些诗属于消遣之作。在他所召集的宴会上，乾隆喜欢设定一个主题或者韵脚，然后让宾客即兴作诗。更难的要求则是写作更长的韵律诗；在这种情况下，乾隆会让官员们事先进行准备，然后将他们创作好的诗分发给每位参与者，以免有人担心在现场无法完成。

虽然乾隆的大部分诗都是即兴之作，但毕竟是皇帝的作品，因此写完后总是会由京城的文坛领袖来对这些诗进行点评。朝中之人自然大多是奉承皇帝的天资；当时有名的文人和史学家赵翼曾经赞美乾隆的诗句流畅如“神龙行空，瞬息万里”。欧洲的一些作家也会赞成这种观点：伏尔泰（Voltaire，1694 - 1778）就非常欣赏乾隆的文学素养，他在写给腓特烈二世大帝（Frederick the Great，1712 - 1786）的信中谈到了《盛京赋》，伏尔泰写道：“我很欣赏乾隆诗中透出的那种轻柔和美德。我禁不住要问，乾隆统治着这样大的一个帝国，怎么还能够有时间写出这样的诗篇呢?”但是，在看了《盛京赋》后（1770 年在欧洲已有法文译本），腓特烈大帝只是淡淡地表示此诗“并非欧洲风格”。多数现代读者在这点上可能会同意他的观点。

乾隆的诗作由于数量巨大，声名不佳，很少有文学评论家读过乾隆的全部诗作；钱钟书曾经批评他的作品“令人作呕”。这么说可能有点过于严厉，不过，公允地说，乾隆诗作的历史意义要大于其文学价值。而这也不能改变乾隆非常重视诗歌并认真致力于写诗这样的事实。他非常尊崇中国早期的诗歌，最推崇的则是唐宋时期的作品，他会反复阅读这些诗词，并且烂熟于心。1760 年，他下旨对中国最著名的诗集进行重新编辑评点。后来，这些诗集被收录进下文将会讨论的《四库全书》之中。

收藏家

虽然论者对于乾隆本人的艺术成就褒贬不一，但是，作为一位艺术品收藏家，乾隆皇帝对清朝的文化传统贡献可谓卓著。

无论在中国、欧洲、印度还是世界其他地方，君主身边总有无数的精品画作和各式各样的无价之宝，这些都是其权力的物质体现，也是对他们至高无上地位的一种认可。比如，12 世纪初的宋徽宗以艺术品收藏而著称，他也是乾隆效仿的对象（当然，我们必须承认宋徽宗在绘画和书法上极具天分，远远超越清高宗）。但是，乾隆的收藏品并非基于宋代，而是宋以后的朝代。由于清朝入主中原，导致艺术品流失极为严重，这就为当时甚至几十年以后的鉴赏家提供了得天独厚的收藏机会。乾隆借助这个绝佳时机，收集了数以千计的精美艺术品，如今主要藏于北京、沈阳和台北的博物馆，在世界各地的博物馆及私人收藏家手中也有许多。

除了前面已经提及的书法作品外，乾隆的主要收藏兴趣是绘画。他收藏的画作有一万多件，其中包括宋元明时期的绘画名家的多数作品。乾隆非常推崇这些画作，每天都会在书斋中对其中一些进行观摩，并且还会作些短诗，记录他的感想。他在出行时，也会经常把一些画作带在身边，其中包括一些珍稀之作。他仿效汉人的传统，也会让人对他最喜欢的一些作品进行临摹，以示对原画之敬。像其他收藏家一样，如果他被某幅作品打动，他也会在上面盖上他的印章，以向后人显示他曾经拥有这幅作品，并证明这幅作品是原作，颇有价值。这种情况似乎并不少见，因为今天带有乾隆印章的画作有数百幅之多，有的画作上面甚至盖有乾隆的好几个印章。除了印章之外，许多画上还有乾隆题写的诗，或是咏叹画作之美，或是抒发他在一个阴冷的雨天，独坐画前，完全沉浸于眼前画境中的愉悦心情。虽然艺术史学者有时候认为乾隆的赞誉有些过火，但是，他们也承认乾隆确实具有良好的鉴赏能力，很少出错。

乾隆也收藏同时代画家的作品，他非常喜欢传统画派的作品，尤其是山水画。其宫中就有许多这样的画家，他们的作品都具有很高的艺术水准。作为一个文人，这些“高雅艺术”不仅是他的精神食粮，也是其博学的标志，而这正是乾隆想要塑造的形象。如前文所述，在好几幅画像中，乾隆所展示出来的都是一个书斋中的儒家文人形象，其四周是典雅的画卷和作为文人标志的笔墨纸砚等物品。饶有兴致的是，在这些画像中，乾隆往往身着汉族文人宽松飘逸的长袍而非满洲宫廷服饰。有些画像显然借鉴了以前的一些知名画作，将乾隆明确塑造成了一个和汉人文化精英共同探讨典雅文化的人物。（有趣的是，他并没有真正穿过画中所展现的这种服饰——到今天为止，宫廷里还没有发现御用的汉人服饰。）通过此类画作，乾隆本人似乎进入画作之中，超出了收藏家的角色，其形象更接近于汉唐时代极具品味的富家贵族。与此类似，乾隆的形象还出现在宫廷中的很多佛教画作中，这些画作是宫中藏品一个完全不同的组成部分，有自己详细的目录。

乾隆对肖像画的痴迷，导致在其绘画藏品中有很大一部分都是宫廷画师所作，前文中已经提及其中的几幅。最让人感到惊奇的可能是乾隆非常钟情于欧洲绘画的表现手法：在现存的乾隆绘画藏品中，有几百幅都体现了乾隆这种独特的超越民族与地域的世界品味。乾隆之所以为西方绘画所吸引，异域风格无疑是一个原因，但更主要的似乎是因为西方绘画更为强调写实。西方绘画通过对色彩、透视和阴影的大胆使用，描绘出了栩栩如生的人物和事件；这种风格与中国传统山水画的背景相互融合，让乾隆颇为着迷和享受。虽然郎世宁及其画室成员创作的静物画如马、狗、鸟、花等毫无疑问都是一种“艺术”，但是，很难说乾隆及其周围的人是否也这样认为。这种画对乾隆的吸引力，更有可能是因为它在展现事物的绚丽和力量方面更容易让人接受。不知是否因为他的早期教育，以及他孩提时代在古代满洲编年史中看到的描绘其祖先辉煌事迹的那些朴实而又引人注目的图画唤起了他的想象，由此使他产生了对视觉形象的强烈兴趣。不管怎样，活灵活现地展现人物、战争、宴会的画作充斥于朝廷内外，已经突显出西方绘画这种非正统的艺术传统在乾隆时期占据了非常重要的地位。

除绘画外，乾隆还搜集了大量其他的艺术品，尤其是瓷器和玉器。他是一个非常出色的瓷器鉴赏家，最欣赏那些无与伦比的宋代瓷器。在他许多精美的瓷器藏品底部都有乾隆的标记，这不仅是为了表达其赞美之情，同时也表明乾隆是这方面真正的行家。这些无价之宝陈列于宫中，以使皇帝能够随时赏悦。他还在景德镇官窑定制了各种形态、大小的新瓷器。景德镇远在江西，但皇帝还是会定期检查其瓷器，并且和官窑主管保持密切联系，就瓷器的设计提出建议，或是在瓷器色彩不中其意及瓷器质量不合格时提出批评。

略微让人感到奇怪的是，乾隆时期的许多瓷器，虽然工艺精美，但相比康熙和雍正时期的瓷器，却显得过于俗艳。因此，带有“乾隆风格”标签的瓷器经常成为奢侈、华丽的代名词，就好比欧洲的洛可可（Rococo）风格。[①] 但这种风格并不能完全反映出乾隆的品味。有一次他曾夸张地评论道：“玩物丧志一言皆可以概之而有不然者。盖古之物朴于今。今之物华于古。尚朴屏华孰谓蹈丧厥德之失？”或者，用我们更熟悉的言语来说就是“人各有所好”。

和之前的时代相比，乾隆时期的瓷器虽然略显失色，但是玉雕艺术则在这一时期达到了巅峰，现存的那个时代的很多玉器都令人印象极为深刻。比如，有一件描绘唐代白居易《会昌九老图玉山》的玉雕，重达820公斤；另一件作品刻画的是传说中大禹治水的故事，重达5000公斤，重量是前件玉雕的六倍多。此外，还有其他各式各样精美绝伦的玉雕作品，如玉杯、玉盘、玉碗、玉壶、玉碟、玉刀、玉柄、玉腰扣、玉簪、玉头饰、玉指环、玉珠宝、玉墨台、玉毛笔、玉笔洗、玉桌面屏风、玉茶壶、玉白菜、玉昆虫、玉盒、玉杖以及玉印。乾隆辩称，之所以耗巨资大量雕刻玉器，是因为玉器制品比其他材料的制品更为实用和经久耐用；同时他也非常自豪，因为宫廷的玉石雕工所使用的玉石（包括上述两块巨型雕刻）都来自新近并入清朝版图的新疆。因此，使用这些玉器也是清帝国的军事征服和胜利的一种艺术表现。

---

① 18世纪盛行欧洲的一种建筑装饰、室内设计、绘画艺术风格，装饰花样多且繁杂，过于精巧华丽。——译者注

乾隆还收藏了大量诸如青铜器、漆器、珐琅、玻璃器皿、家具、钱币和欧洲钟表这样的奇珍异品，兹不赘述。众所周知，乾隆非常喜爱欧洲的钟表。如果有西方宾客前来北京拜访乾隆，乾隆总希望他们可以给他带一些西方的新款钟表。但是，这些人带给乾隆的却往往是一些具有中国风格或者说是欧洲工匠想象中的中国风格的物品。这些并非真正的艺术品，只能供人消遣。乾隆同样也喜欢打趣那些参观者，让人将一种材料打造成其他材料的形态。如将玉器雕得看起来就像是青铜器，或是将瓷器烧制成漆器的样子，或是把玻璃制成瓷器的样式。在宫中的一些墙壁上，乾隆还命人挂上了与实物一般大小的错视画（法语 trompe l'oeil），画中描绘的是园林景象或者是身着西方服饰的中国少女在拱廊里闲庭信步。乾隆之意在于让他的宫廷艺人（有几百人）尝试新的艺术风格，而这些艺人对此也做出了积极的回应。就此而言，乾隆时期的工艺成就可谓无与伦比。

坐拥世界

乾隆是如何获得这么多宝物的呢？一个重要的途径是通过赠礼，其中有一些来自国外。在 1761 年的一幅绘画中，我们可以看到，春节那天，来自外国的朝贡使团正在向皇帝进贡，画中的人物携带了大量的礼物。大部分礼物都用布包裹，但也有一些不是，如象牙、骏马、象背上巨大的嵌丝宝蓝花瓶以及珍贵的宝剑。而在国内，乾隆对收藏的热情尽人皆知。私人收藏家会将他们认为的皇上定会喜欢的绝世珍品进献给皇帝，而他们本人也会因此赢得乾隆的青睐。皇帝大寿之时，各级官员必须上书庆贺，也是很多官员进献礼物的大好时机。在乾隆的七十大寿庆典上，一位朝鲜使臣亲眼目睹了这一繁忙的场景，他注意到，光是车载的礼物就有三万多车，让他极为震惊，而人力挑送或是由马匹、骆驼驮载的礼物尚未包括在内。

乾隆还有其他一些获取宝物的途径，只不过在此类途径中，人们的参与热情就要大大降低了。例如“捐献”，如果某人拥有乾隆所欣赏的稀世绘画或是玉器，乾隆就会暗示此人可以将这些藏品主动“捐献”出来。在某些极端的例子中，一些做官的藏家因违法犯罪而被皇帝抄家，这时，皇帝会优先从被抄家者的传家宝物中挑选一些，以丰富其宫中藏品。还有，如果别无他法，皇室也会从私人手中购买一些藏品。总之，在乾隆统治时期，宫中藏品得到了非常迅猛的增长。

如此众多的珍宝流入皇宫，如何对其进行妥善的记录和保存就成为一个重要问题。乾隆宫中负责监管这些艺术藏品的官员投入了大量的精力对皇上的各种藏品（从碗和青铜器到砚台和贝壳等）进行描述和分类。他们对四种主要藏品进行了详细的编目，即佛教道教绘画（1744 年编目）、青铜器（1749 年编目）、世俗绘画（1754 年编目）和瓷器（1775 年编目）。1793 年和 1816 年又刊行了目录补编。每一个条目都对藏品的尺寸等进行了详细的说明。对于三维物品，会附带绘图以便确认。如果藏品本身刻有诗作，说明中也会予以记录。在藏品清单中，每样藏品都有其编号（今天我们仍然可以看到藏品底部粘着这些纸质的小标签）及其在宫中的收藏地点（内部都进行了精美的装饰），以便进行盘点和防盗。乾隆对于藏品的安置地点要求非常严格，对于每件藏品置放何处都进行了精心安排，绝对不能容忍有人随意改换。

这些详尽细致的目录反映出乾隆的一种近乎偏执的想法，他想拥有整个世界，至少是世界上一切东西的一些样品。这就好像是乾隆要在紫禁城内创建一个微缩的世界。这是对普天之下的一种诉求，正如同在欧洲，皇权的扩张导致了展示“阳光下的万物”的博物馆的诞生，而在清代中国，中央权力的扩张造就了象征丰富、宏大的皇家收藏。当然，两者的最大区别在于，在前者中，对公众开放的博物馆可以展现出皇权向普通民众（最起码是城市上层阶级）的延伸程度，而对于后者来说，皇家不计其数的藏品仅限于有权出入宫廷的少数官员。当然与皇家收藏同时存在的也有一些规模较小的私人收藏，但是，直到20世纪20年代，中国才最终出现了向公众展示国家藏品的理念。

文化之施主

乾隆在其统治初期曾说过：“人无书气，即为粗俗气，市井气，而不列于士大夫之林矣。”为了成为一名合格的文人，除了要精通诗画、书法之外，乾隆还必须要通晓书籍。这就需要掌握两方面的知识，一是书的内容，二是作为实物的书籍本身。

如同对待绘画一样，乾隆对于图书收藏与生俱来的热情注定了他必然拥有大量的藏书。乾隆即位之时，宫廷藏书已然不少，他在此基础之上又大大增加了宫中藏书数量，还命人专门建造房间予以储存和保护，仔细编订书目清单，并刊行了宫中藏书目录。乾隆收藏的最主要的目标是宋代的稀世珍本，那时正是中国印刷术的第一次高峰，不过，乾隆对于搜集元明时期书籍的兴趣也很浓厚。此外，如前文所述，乾隆还积极资助新书的刊行，尤其热衷于由宫中刊刻书籍。皇帝的这种兴趣与当时全国日益高涨的图书出版热潮可谓相得益彰，而当时廉价的印刷技术和不断扩张的流通渠道也导致人们对经书、历史、诗歌、戏剧、故事、小说、文集以及宗教等各种书籍的需求日益高涨。

就文本而言，乾隆的早期教育已经为他掌握书本的内容打下了良好的基础。如果想要真正了解历史和哲学文献，就必须全身心投入到这些经典之中。乾隆实现这一目标的方式与其提高艺术修养的方式如出一辙：如第二章中所述，乾隆每天都要花一定的时间来认真阅读并进行思考。除了独自阅读外，乾隆还要定期听取宫中那些博学鸿儒讲授古代经典，他们一般会针对预先选好的一些文章进行讨论。通过与这些博学鸿儒的讨论，乾隆可以从中获得很大的启发。日益自信的乾隆开始详细讲述一些重要的篇章，强调道德品行和统治之间的关系，忠诚的价值，以及如何通过严格的社会等级制度来实现社会的秩序和繁荣。由此，一些重要的经典解释得以再刊，其中包含他的最新评注，可以反映出皇帝本人对政治哲学和历史的理解。此类出版活动均始于 18 世纪 50 年代。

由皇家刊行的经典及其评注，融入了盛清时期占据主导地位的理学的正统观念，促进了对经典的阐释。在接下来的一个半世纪中，它对准备参加科举考试的年轻士子产生了深刻的影响。约在同一时期，为了让满洲生员获益，乾隆还下旨规范四书五经的满语翻译并对其全部予以注释。此外，他还刊行了诸如《御定资治通鉴纲目三编》（1767 年）以及有关明代历史（1775 年和 1777 年）之类的著作，阐述了他对于历史的见解和清朝统治合法性的看法，这点我们在前面几章已有论述。通过这些方式，乾隆对中国传统经典的大力支持使得其声名远扬。

这一点尤其体现在规模恢宏的《四库全书》项目上。出于对书籍和文本的双重兴趣，乾隆希望《四库全书》能够取代以前所有的丛书，同时，对所有值得收集的汉语文献，不论其体裁、时代和篇幅，都要编撰权威的提要。在此前将近两千年的王朝历史中，汉、唐、宋时期的帝王出于对书籍的敬畏之情，均命人收集并刊印了存世的所有书籍。而《四库全书》可谓乾隆在传承和延续中国这种悠久传统方面做出的巨大贡献，同时也是乾隆加强自己权力的一种途径。正如一位历史学家所言，“书写和统治是一枚硬币的两面，各自独具特征却又相互联系，表现出了中国王朝的文字统治”。

《四库全书》的编纂历史充分说明了权力对于书籍的重要作用，同时也揭示出了皇权的局限性。自登基以后，乾隆一直敦促地方官员留心当地大户是否藏有稀见书籍，或是那些隐士是否拥有或撰有值得广为流传之作。但是，只有少数地方官员对此有所反应。1771 年，乾隆再次下旨征集稀世书籍，此次亦未得到地方官员的积极回应。直到次年，乾隆第三次下发严旨，谕旨方才引起官员的关注和议论，有人提议对《永乐大典》进行修订。这一提议正合乾隆之意。《永乐大典》编于 15 世纪初明代第三位皇帝永乐帝统治时期。由于其书目以及其中收录有许多稀世图书，《永乐大典》被视为无价之图书宝库，如果不是《永乐大典》，很多图书可能早已不存。但是，《永乐大典》只有一个副本，且错误百出；正本则大多毁于明清换代之际。因此，清人认为需要对其进行修订。

乾隆并没有用自己的年号来命名这一丛书，而是根据正在修订中的这一丛书的结构来对其命名（四库指的是经、史、子、集这四种图书分类）。不过，不久以后，《四库全书》的编纂理念就发生了转变，编纂者不再满足于只是对《永乐大典》进行一些简单的修订，而是计划将其发展为一部更为全面、质量也更高的丛书。以下是与《四库全书》纂辑相关的一份谕旨的部分内容：

> 今内府藏书，插架不为不富，然古今来著作之手，无虑数千百家，或逸在名山，未登柱史，正宜及时采集，汇送京师，以彰稽古右文之盛。其令直省督抚会同学政等，通饬所属，加意购访。除坊肆所售举业时文，及民间无用之族谱、尺牍、屏幛、寿言等类，又其人本无实学，不过嫁名驰骛，编刻酬倡诗文，琐屑无当者，均毋庸采取外，其历代流传旧书，有阐明性学治法，关系世道人心者，自当首先购觅。至若发挥传注，考核典章，旁暨九流百家之言，有裨实用者，亦应备为甄择。又如历代名人，洎本朝士林宿望，向有诗文专集，及近时沈潜经史，原本风雅，如顾栋高、陈祖范、任启运、沈德潜辈，亦各有成编，并非剿说、卮言可比，均应概行查明。

皇帝在谕旨中还说，官府应以合理价格购买图书；如果系旧版重印，政府应支付印刷费用；如系稀见之作，必须仔细誊录副本，然后将原本返还藏家。乾隆谕示，第一步先要提交一个书目，送到北京汇集核对，然后再做取舍。直到这时，全国各地辛勤的官员们才意识到皇上以前交代给他们的任务是不能推卸的。各地官员随即开始积极搜求各类图书。

《四库全书》的征集和编修工作始于1773年，至1782年完成，前后耗时九年。随后的纠误和誊录副本又持续了十年，1792年方得以竣工。参与策划和审查的官员有数十名之多，另有大量文人负责对内容进行阅读、编辑和核对。这些官员每天要检查参与《四库全书》抄写的1400多人所抄录的内容，这些人因擅长书法而被选中，每人每天至少要抄写1000多字。乾隆也会经常对专门负责监管《四库全书》纂辑的四库全书处呈送来的文本进行复审。如果他发现有任何抄写错误，就会扣除失察的监管者的俸禄，并将文本发还修改。（抄写者都是义务的，每日只有免费的饮食，所以抄写者本身并无俸禄可被扣除。）最终成书的《四库全书》规模巨大，是《永乐大典》的三倍，共有36000卷，470万页，大约3500个条目。（《四库全书》的电子版需要167张CD光盘。）

如同其他藏品目录一样，乾隆也希望《四库全书》能够方便使用。因此，他坚持编纂一些与《四库全书》相关的配套书籍。其中一个是《四库全书总目提要》，对《四库全书》收录的所有书籍以及数千本未被其收录的书籍的源流和提要进行了介绍。另一个是《四库全书简明目录》。这两部著述很快被刊行，但是《四库全书》由于规模庞大而无法刊刻，最后只抄写了七部，今天尚存四部。每一部都被收藏于专门为其修建的建筑中。为了防火，这些建筑都由砖块而非木头建成，并具有良好的通风条件，以防虫蛀和发霉。其中四部保存于北方的皇家居所，[①] 其他三部分别收藏在扬州的文汇阁、

① 即位于京城的文渊阁、文源阁，位于承德的文津阁和位于沈阳的文溯阁，称为“北四阁”。——译者注

杭州的文澜阁和镇江的文宗阁，以方便南方文人使用。直到今天，《四库全书》及《续修四库全书》仍是研究中国古代文学、哲学和历史最为倚重的标准工具书。

我们很容易将包罗万象的《四库全书》工程与同时代法国的百科全书项目进行比较，这就直接引发出一个问题，即乾隆因何要开启《四库全书》这样一个巨大的工程？究其原因，起码有四点。最重要的一点我们在上文已经谈到，乾隆希望在儒家圣人殿堂中占有一席之地。在 1772 年六十寿辰庆典上，乾隆似乎已经开始思考其身后之事，这样就可以解释他为什么坚持要在十年内完成《四库全书》的工作。他意识到，如果顺利完成，《四库全书》将会流传千古，而为了确保他可以有效监管整个工程，乾隆当然希望能够亲眼目睹最终的结果。第二个原因是，乾隆希望借此增加他的藏书。虽然皇室藏书量并不少，但在某些方面仍然不及江南的著名藏书楼，它们的藏书已经历经了数个世纪，且奇迹般地逃过了火灾、恶劣天气、战争和人为的损毁。在全国搜寻珍稀图书（乾隆熟悉其中很多著名的藏书楼，因为南巡期间主人曾向他展示过），虽然也许无法拥有这些稀见之作的原本，但最起码也可以借此拥有它们的副本，这必将会使其藏书成倍增长。作为天下之主，乾隆希望能够拥有天下所有的书籍，以备随时查询。

编纂《四库全书》的第三个目的是为文人提供精确的文本。许多有名的著述由于经过几代人或是不同藏书楼之间的传抄，往往存在许多错误。有些书籍已经不可避免地出现腐蚀，严重影响了时人对其之理解。而《四库全书》所选的书籍，都经过了博学之士的仔细甄选，这些人可以将这些文本恢复到他们所认为的原始面貌。事实上，这正是《四库全书》最有价值的地方之一。但是，正如在欧洲，由于不同语境下对《圣经》某些记载的不同解读从而导致纷争一样，在中国，对传统经典文本理解的正确与否也导致对何谓“正统思想”产生了争论，而其背后隐含的则是关于真相本质的严重分歧。通过给皇帝提供权威的版本，《四库全书》旨在对那些存有争议的文本或是难以理解的文字予以一劳永逸地解决。现代有些学者并不认同乾隆及他手下文人所选的是最好的版本，也不认为他们的阐释就是定论。然而，或许推广这些反映乾隆时期正统思想的文本正是乾隆开启《四库全书》这项工程的一个关键动机。

“文字狱”之讼

编纂《四库全书》的第四个也是最后一个目标，是搜寻并销毁所有遗留下来的反清著作。满洲人入主中原130年后，政府依然致力于此，表明此时汉人对清朝统治的态度仍然让满洲精英们颇感不安。130年或许时间很长，但试想，鸦片战争和英法联军劫掠圆明园距今甚至更久，却仍给许多人留下了非常痛苦的回忆。因此，可以料想清兵入关与明朝覆亡对于汉人心理造成的巨大冲击，这种历史回忆直到乾隆中期以后仍然存在。

从乾隆早期的谕旨中，我们发现他从一开始就知道，对书籍、文稿的搜求迟早会导致针对书本性质的质疑，也许还会出现以往“攘夷”的争论。因此，为了让藏书家尽快上交图书，乾隆保证不会对他们进行任何惩罚并会尽快归还这些书。尽管如此，自各省解往京城的各种图书陆续送抵宫中的六个月内，一本有问题的书也没有发现。

1774年秋天，皇上开始有所怀疑："况明季末，造野史者甚多。其间毁誉任意，传闻异词必有诋触本朝之语。正当及此一番查办，尽行销毁，杜遏邪言。"又说："此次传谕之后，复有隐讳存留，则是有心藏匿伪妄之书。日后别经发觉，其罪转不能逭。承办之督抚等亦难辞咎。"这些话似乎对地方官员产生了极大的刺激，几周后，皇上就开始收到他所提到的伪妄之书，在接下来的十年中，很多被认为触犯清廷的图书被发现并焚毁。我们并不知道在这一时期被销毁的此类著作的确切数量，最广泛的一种说法是大约2900部。因此，虽然乾隆命人编撰《四库全书》的初衷是搜集和保存古今之图书，但它反而直接导致许多本可以继续流传的图书遭受了灭顶之灾。

在短短几年中，对伪妄满清王朝之书的打压行动愈演愈烈，近于失控。官员们既担心无法取悦乾隆，又害怕被革职，因此凡在书中发现一丝的问题，就会进行上报。这一趋势甚至使得有官员将在中国已流传了几个世纪的汉文本《古兰经》上报给了《四库全书》的审查者（皇上对奏报者进行了惩处）。许多地方低级官员因急于向朝廷邀功，以莫须有之罪名将许多无辜之人也牵扯了进来。在这种日益疯狂的形势下，一些普通士绅家庭遭到邻人诬告，被指私藏禁书，导致这些士绅受到猜疑并因此惨遭厄运，那些诬告者则得以从中牟利，通常是得到了他们的田产。乾隆的态度亦与其先前的宽仁承诺背道而驰，在50起与此有关的案例中，乾隆下旨将这些被他视为伪妄之书的作者（及其子孙）、收藏者，有时候甚至还包括那些刊刻者均以叛逆罪惩处。有一些人往往只是因为在诗中误用了"明"和"清"这两个字而被曲解为有谋逆之意。只要卷入其中，所有人都会遭到严厉的惩罚：处死、流放或发配为奴。

在18世纪70年代后期和整个80年代，焚书以及对那些被疑有反清思想的人的普遍迫害行为，导致全国气氛高度紧张，乾隆也因此被后人认为是一个小气、保守和过分敏感的独裁者，他对文学事务的干预导致了一场前所未有的文字狱。有些人甚至认为乾隆造成的这种恐怖局面压制了思想的创新，并使得中国思想和文学史的自然进程发生了偏离。在他们看来，乾隆是一个反面人物而非英雄，而编纂《四库全书》只是乾隆进行大规模文学审查和文学破坏运动的幌子。

确实，许多不公平的判罚正是打着朝廷的旗号进行的，而且，确实也有大量图书被销毁（很多书今天仅存其名）。但这并不能说明那些大规模的审查得到了乾隆本人的授意。事实上，1780年时曾经有人上奏提出这种建议，但遭到了乾隆的拒绝。因此，如果认为乾隆从一开始就想通过编纂《四库全书》来对学术和文学的发展加以审查，这是有失公允的。而且，如此大范围的查禁图书，虽然同乾隆的报复心理有关，但是，底层官员的热情和野心以及地方上发生的那些与地主士绅相关的琐碎纷争至少也应该承担同样的责任。当然，乾隆本应在其中有所作为。不过，他无力对那些文人通过玩弄权术来达到个人或是学术目的加以限制的事实（同样，一开始他也难以启动《四库全书》这一项目）也提醒我们，在18世纪的中国，即使是在乾隆这样一位如此强势的帝王的统治下，皇权也并不是无限的。

学术风潮

有些人指责乾隆破坏或阻碍了学术的创新，这一问题值得我们予以特别的关注。我们发现，乾隆皇帝介入学术之时恰逢理学遭遇严重危机。朝廷支持的《四库全书》这一项目，非常强调忠、孝的重要性。这一派主要依据的是以朱熹为首的一批宋代文人对古代经典的阐释。而朱熹之学则是基于某些版本的古代经典，他认为这些版本最接近孔子和其他早期哲人所使用的经典。至于最早的这些经典真相如何，一直存有争议，因为它们已经毁于公元前2世纪的秦始皇统治时期。汉代的学者恢复了这些文本，而宋代的朱熹及其弟子使用的正是这些汉代的版本。但是，至17世纪时，对于古代汉语的形式和发音的认识相较于12世纪已经有了长足进步，有关这一领域的研究使得越来越多的学者认为宋代理学家所使用的那些版本并不足信。这一派逐渐占据了上风，他们令人信服地指出，朱熹理学最为倚重的《尚书》中的一篇其实是伪造的。这就意味着朱熹和其他理学家的阐释相应也可能是错误的，而全部经典都需要重新进行修订。因此，整个清代学术界就分成了两派，即支持传统朱熹理学的“宋学”，以及“汉学”或“今文”学派，后者认为他们掌握了必备的语言考证工具，可以深入探寻那些古代经典的真正含义。

在编纂《四库全书》的过程中，由于每种经典只能有一种版本被收录其中，两派围绕对经典的阐释和认知而产生了冲突。编者必须做出艰难的抉择，但在他们内部也存在分歧。由于朝廷认定的供士子参加科举考试的文本是由正统的“宋学”一派编纂，我们可能会认为最终选定的经典必定是“宋学”的版本。而事实并非如此。因为在经历了艰苦的学术付出，尤其是撰写总目提要的中层官员中，很多人都是欣赏“汉学”考证之法的年青文人，而“汉学”在江南的发展最为繁荣。“汉学”派在《四库全书》中的主导地位最终从根本上改变了此后清朝统治思想的整体基调。因此，此时正是乾隆统治时期的一个微妙时刻，为了确保帝国大业中的国家利益与文化精英之间的平衡，乾隆必须对两派的斗争加以调和。

由于明显受到打压和审查，受此影响，一些学者将"宋学"在编纂《四库全书总目提要》中的失势归咎于乾隆的高压手段。不过，如果仔细阅读初稿，我们就会发现，是这些文人们在相互攻击，而非乾隆本人。事实上，乾隆还在帮助他们寻找一种折中之法。虽然乾隆确实可能赞成今文经学派的观点，但他最终也没有将今文经学树为正统，而且，他也没有完全倒向汉学一派。就此而言，《四库全书》正好处于中国思想史一个重要的转折点上，它没有结束而是开启了新的时代。最终，由这些主张讲求经世致用的汉学家所开启的这场运动，导致学术界在18世纪末再次展开争论，这对于充满纷争的19世纪的中国将会产生很大的影响。乾隆对于书籍、艺术和鉴赏的兴趣不应被简单看成是"为艺术而艺术"或者"为知识而知识"。我们应该将他的这种兴趣，连同他对于巡游和围猎的热爱，都视为他所追求的帝国统治模式的一部分，在这种统治模式中，帝王大汗应该掌控一切。这也反映出了乾隆对其统治的世界施加命令（还可扩展为所有权）的欲望。如同希望能够巡查全国的每个角落一样，乾隆也希望能够对艺术和文学创作进行考察，以了解其臣民的创造能力并留下自己的印记。总而言之，这反映出乾隆的一种"普天之下"的趋向，这一点我们在乾隆统治的其他方面已经有所了解。

但是一切并不仅限于此。为了实现这一目标，乾隆本人必须掌握某些知识或是技能，否则他在文化领域的言谈就会缺乏分量。换言之，正如他强调满洲旧道的重要性时，人们就希望在他身上能够体现出那些满洲素有的男性之德和军事能力；那么，在他支持汉人文人所钟情的艺术、文学和哲学价值时，人们自然期待乾隆能如那些人一般行事。因此，乾隆不仅希望人们将其视为文殊菩萨和尚武之王，也希望在人们的心中，他是一位能遵循古人之道的圣主。他对泰山的朝圣，对毛笔的使用和对书法的理解，对艺术、文学和学术传统的掌握，他的历史修养，他的虔诚孝心，所有这些结合在一起将乾隆塑造成一个儒家统治者的完美典范。编纂新的经典从另一个方面显示出他很清楚如何成为一个伟大的帝王。在现代人看来，所有这些看上去都是一些过于自我的行为。但是，中国的帝制历史如此悠久，乾隆作为天子，对自己的合法性又颇感不安，因此，他自然竭尽所能以使其本人和皇权都发展到一个新的高度，我们对此是很难进行谴责的。乾隆为此付出了最大的努力，虽然最终只是短暂达到了他所希望的高度，却创造出了很多优秀的艺术和文学作品。

八　清代的中国与世界

在前面的章节中，我们已经对乾隆所声称的天下之治进行了很多阐述。但是，人们不应过于拘泥于这种字面含义，认为像乾隆这样的清朝帝王拥有或是应该拥有对整个世界的主权。事实上，乾隆也知道在清朝之外还存在其他国家，如荷兰、印度或者俄罗斯，而且也很清楚他对于这些国家根本没有丝毫的控制力可言。乾隆承认其他国家的独立存在，这一点与成吉思汗之类的征服者的信念颇为不同，正如蒙古与欧洲中世纪的那些国王和教皇之间的通信显示，成吉思汗将全世界都视为其统治范围，他确信，虽然某些国家尚未并入其帝国，但它们终将并入。可以说，恺撒大帝和亚历山大大帝也持有大体类似的观点，认为他们的领土并没有“天然”边界，所有地方必将会归于其统治之下。在那个时代，很少有人能够对这种天下观形成挑战。

然而，到了乾隆生活的时代，情况已大不一样。此时的世界，边疆已然封闭，疆界已然划定。雍正曾经说过“九州岛四海之广，中华处百分之一”，乾隆对这句话无疑非常熟悉。因此，乾隆的普世天下观（universality）只适用于大帝国中的那些小的领地，这些领地中的统治者通过书信、朝贡以及册封等形式，承认清帝的至上君权，但是这种承认有时仅具有象征意义。虽然乾隆在有生之年没能看到前近代至近代初期的领土概念和主权观念之间的矛盾发展，但是，他对如何更好地处理清朝和其他外国势力之间事务的设想，奠定了18世纪和19世纪大部分时期处理相关问题的基调。而当这种处理方式最终出现矛盾之时，也给中国带来了很大的痛苦。我们也许会问，乾隆究竟是如何看待清朝之外的世界的？对于他所生活的18世纪的更大的世界，乾隆又了解多少？在乾隆眼中，应如何构建同这个更大世界的联系？本章将会对这些问题进行回答，这可以让我们更好地对乾隆及其帝国与世界各地的陌生国度和陌生人之间的相互交流予以阐释。

外交关系与朝贡体系

人们已经了解了清帝国的疆域非常辽阔，其领土远远大于今天的美国领土。不过，在清代帝王看来，其帝国的统治范围甚至比这还要大。比如朝鲜，作为一个忠诚的属国，人们想当然认为它应该忠于皇帝，正如乾隆所说（当然，并不完全正确）："朝鲜世为本朝臣仆，于藩部中至为藐小。"在18世纪的一些地图中，也忽略了朝鲜独立于清朝的这一事实。越南同样如此。此外，暹罗、老挝、缅甸、柬埔寨、琉球（现在的冲绳岛）、吕宋和苏禄（今爪哇群岛），中亚的一些民族如哈萨克、布鲁特（即柯尔克孜）、巴达克山以及1759年以前的准噶尔，也都被认为处于清朝皇帝的影响范围之内。但是，清朝皇帝并没有对这些国家实行直接的统治，也就是说，并未向这些地方派驻清朝的官员，而且如果不是迫切的战略需求外，他也无意对此模式加以改变。比如，1754 年，苏禄国王曾请求乾隆恩准苏禄正式并入中国版图，把苏禄国人也正式纳入清朝的户籍登记制度，乾隆答复无此必要，因为“其国之土地人民即在统御照临之内”。

皇帝至高无上的权力，皇帝与上天的特殊关系，皇帝在主流的文明和经济力量中占据的最高的礼仪与政治地位，这些均得到了广泛的承认与赞誉。同时，乾隆在东亚、东南亚以及内陆亚洲也享有很高的威望。这一事实意味着清帝国的“国内”与“国外”之界有时非常难以区分。相对来说，其他一些区别更为显著，而其中最重要的就是“文明”（civilized）与“野蛮”（uncivilized）之别了。所谓“文明人”或“文化人”，是指名义上愿意接受中国天子的政治和文化领导权的那些人，“野蛮人”则指拒绝接受或者根本处于华夏文化圈之外的那些人。文明人会被给予礼遇，野蛮人则会受到凌辱和威胁。如果对某些人究竟属于“文明人”还是“蛮夷”之列尚存疑问，这些人似乎通常会因此受益。

我们也可以将这种区别视为“内”“外”之别，或是“华”“夷”之别。如果说被视为“内”的方式有很多，那么被视为“外”的方式则只有一种，那就是不承认皇帝的权威。我们可以把清帝的身份视为一个包罗万象的、无限延伸的苍穹，在这个苍穹之下，有的人距离中心较近，有的人则位于较远的边缘，但或多或少都可以得到他的荫护。其中，皇室及其密友位于中心，这一群体的地位非常重要，也很稳定。而位于边缘（可能是其亲属，但关系更远）的那些人可能会脱离苍穹的阴影，但不会使这一群体分裂，不过，这可能会触怒清帝，他们以后一旦遭遇困境，是不可能重新回到帝国的羽翼之下的。

缺乏国内与国外的严格区分，以及诸如“内”“外”这类字眼内在的相对性，有助于阐释在传统的中国政治术语中为什么没有统一的对外关系这样的概念。这一事实常常让西方读者感到非常奇怪，好像中国的世界观存在某些缺陷，或是落后，或是非常闭关自守，以至于并不关注其边界之外的任何事情。但我们应该记住，这种涉及主权国家的正式国际关系体系（我们习惯上认为这是一种“标准的”国际关系体系）直到1648年威斯特伐利亚和约至1814年维也纳会议期间，方逐步在欧洲形成。在拿破仑时代以及近代民族国家出现之前，在很大程度上，欧洲国家之间的关系仍然是各个统治者之间所构建起来的一种个人关系，其中多数有亲戚关系。毫不夸张地说，在处理与他国在国家层次上的关系方面，乾隆所采用的框架与前近代欧洲所采用的框架大体上是相同的，只是欧洲国家的这种个人关系，在总体上要比中国同外国的那种关系更加平等或者接近平等。在中国，一个外国统治者与皇帝的关系，在礼仪和等级上都更不平等。

通过这样的框架而非广义的那种外交关系，清朝皇帝建立起了与朝鲜国王、暹罗国王、安南国王和俄国沙皇等之间的关系。在这些关系中，没有哪一种关系必然会成为其他关系的范例，而且，尽管清朝努力以一种同等和标准的制度来接待各国使团，但是，在对待关系远近不同的使团时，依然存在一些区别。比如，就各国使团到清朝的频率而言，朝鲜使团是一年一次，暹罗使团是两年一次，缅甸使团则是三年一次。而在18世纪40年代准噶尔尚未并入清帝国之前，他们每三年获准前往北京一次。这些使团的首要目标是认同大清皇帝的宗主权，并获得皇帝对自己国王地位的认可。他们的第二个目的（有时候似乎这才是其首要目的）是商业方面的，因为出使北京提供了一个绝佳的贸易机会。但是贸易量以及使团规模都受到了一定的限制，以避免其过度盈利。不过，在有些善于经营的使团中，私下的商业行为依然非常普遍，比如朝鲜使团，通过暗中出售高丽参，所获利润可以达到其派遣使团费用的 3 ~ 4 倍，而这一费用可不低。

欧洲与清朝在外交方面的一点重要区别应当予以指出，即在清朝的语境下，“外交”并不一定包含诸如探讨世界事务、签订条约、协调王室之间的关系之类人们通常认为的国家层面的事务。使团有时确实会提出一些要求，比如增加使团的贸易额，或是要求皇帝派代表去主持新国王的授职仪式。但此类要求往往都是附带提出，并非正式议程的一部分。外来者前来朝廷觐见的实质集中在皇帝接见的宾礼上，此类接见通常在紫禁城西边的紫光阁举行。当时，紫光阁（现在属于中南海的一部分，仍为接见外宾的重要场所）有令人难忘的功臣画像，异国情调的战争凯旋场景的印刷品，以及乾隆本人各种不同姿势的肖像。作为盛大庆典的背景，这自然是一种策略性的炫耀。这些庆典根据具体活动可主要分为四个步骤：等候、鞠躬、赏赐以及饮食。

首先是等候。那些被召见之人在黎明之前就必须到达，等候皇帝的到来，通常需要等待几个小时。等候者等候时间的长短可以体现出他们当时在天子面前的地位高低。其次是行礼。虽然同为皇上的臣属，但是不同身份的宾客行礼的动作是不同的。有人只是右腿屈膝（通常只适用于旗人，这种行礼动作在满语中称为 niyakūrambi），有人下跪，有人叩头（三跪九叩，满文为 hengkilembi）。再次是进贡与赏赐。出使清廷的使臣随身带有很多礼物，在觐见时进奉给皇帝。

这些礼物包括金、银、宝剑和珠宝，还有一些在中国难以获得的物品（如高丽参、犀牛角），或者使臣所在国的名产（如珍珠、象牙、珊瑚、稀有的熏香、大象、骏马和优质稻米）。一名太监会收下使臣的这些贡品，然后将其中最好最珍贵的那些献给皇帝。作为回赠，皇帝也已准备好一些物品赏赐使臣，往往是精美的玉器或其他贵重物品。赏赐给使臣的其他礼物，如丝绸、锦缎、瓷器以及上等茶叶，都堆在接见大厅两侧的桌子上。最后是赐宴。在接见结束前，皇帝会举行盛大的宴席，让来宾们品味精心准备的美味佳肴，欣赏音乐并享受各种娱乐活动。皇帝本人则独坐于主座。为显示其恩典和好客，并借机增进他本人和宾客之间联系，他会将自己桌上的菜肴和饮品赐给那些来宾。

在这种非常注重礼仪的接见中，进献礼物与赏赐非常重要，因此，清朝统治下的这种对外关系的实质通常被视为“朝贡体系”，人人常常将之理解为上（皇帝，中国）与下（他人，他国）之间一种严格的等级关系，前者的偏好单方面主宰了这种关系，并通过这种空洞的、沉闷的仪式来加强这种关系。从某些角度来说，这种观念比较符合旧有的那种将中国作为“中央王国”的形象，其中带有沙文主义、卖弄、傲慢以及隔离的含义。因此，朝贡体系常常被认为象征着清代中国（或古代中国）的傲慢和不妥协。

不过，应该注意到，对朝贡体系的描述也存在两点异议。首先，朝贡体系并不像想象中的那么严格。朝贡之称源于向皇帝进献礼物，汉语中称为“贡”。自有属民向罗马皇帝进献礼物之例后，“贡”在英语中通常就被译为“朝贡”（submit tribute）。这种译法使得人们认为“贡”与“朝贡”二者意思完全一致，但其实并非如此。事实上，任何进献给皇帝的礼物都可以称为“贡”，而不仅限于外国人进献的那些物品。因此，我们就可能更为准确地将朝贡体系视为一个构建皇帝和所有那些可能前来拜见皇帝的外来者之间的关系的框架，而这些外来者指的是朝廷外的每一个人，并不只是帝国苍穹下的那些属民，中国人当然也包括在内。这一体系可以适用于荷兰商人、蒙古王公、琉球使臣、俄罗斯使者、穆斯林宗教人员、西藏喇嘛以及库页岛、帕米尔高原和缅甸边境的部落领袖。正如本章后面所述，这种外交礼仪甚至会被生搬硬套地用来欢迎英国王室的代表。

清廷对于宾客的接待当然也按等级的不同给予相应的礼仪，其目的在于创造一种井然有序的社会景象，并使人们遵守这种秩序。而且，遵守这种秩序，可以给那些参与者带来威望、荣誉和物质利益。但是，这并不一定意味着这种秩序是僵硬和不可变动的，正如给皇帝叩头并非个人的一种耻辱。事实上，向自己尊贵的君主表示顺从正是一种可以提升自己身份的行为。它既不表示身份的低微，也不说明单方面向清朝放弃了自己的利益。比如，清朝对安南事务的处理显示出，参与朝贡体系对于较小的国家是有利可图的。17 世纪中叶的某一时期，生活在中国边境附近的安南农民就开始在边界以北中国云南的一个山谷中居住。70 多年后，该事件浮出水面，雍正起初感到颇为愤怒。但是，来自安南国王的一些柔顺的话语平复了他的怒火，1725 年，雍正愉快地将这一具有争议的领土（约 670 平方公里）割让给了安南这个朝贡属国和名义上的“臣仆”，并说：“安南入我朝以来，累世恭顺，不宜与争尺寸之地。”雍正还说，至于原来居住在这块土地上的中国民人，可以自由选择，既可选择成为安南人，也可选择迁入中国。

对通常所谓的朝贡体系的第二点异议是，“中央之国”并非人们普遍想象中的那般与世隔绝。清朝与外界的联系固然有限，但在18世纪时还是较为频繁的。清朝并没有像日本那样颁布官方禁令，禁止与外国的往来；虽然在18世纪的大部分时间里，清朝的对外贸易只限定在四个沿海城市，但这并没有妨碍清朝对外贸易的繁荣发展。欧洲商品在中国家庭中日益普遍，中国商品在欧洲也越来越多。下文将对此予以详述。接下来，我们先来关注一下人员的流动。

御用之臣

乾隆时期前来中国的大多数外国人是传教士、外交人员和商人，他们均为男性（直到19世纪下半叶，才有外国女性来到中国）。由于他们的人数有限，所以管理他们的往来相对要简单一些。

在前面的章节中，我们已经对18世纪在中国的那些传教士的多重角色进行了一定的介绍。他们在宫中扮演着各种各样的角色：天文学家、数学家、地理学家、地质测量师、艺术家、画匠、乐师、家庭教师和翻译家。此外还有少数俄罗斯人，他们是唯一获准可以长期定居北京的欧洲人。其他人则只能在澳门长期生活，16世纪后期，葡萄牙人获准将澳门作为他们的基地。澳门位于中国南部，距离广州不远，是当时几乎所有从欧洲航行来的游客进入中国的第一个停靠港口。在这一时期，传教士（除了罗马天主教教徒之外，主要是耶稣会或托钵修会成员）所获得的另一项特权是可以学习汉语和满语这两门宫廷语言。作为获得这种特权的条件，传教士们成了皇帝的臣仆：他们在来到中国之后，就不再被允许回到他们的祖国。他们中的绝大部分人信守了这一承诺，直到今天，在北京还可以看到他们的墓碑。

因此，传教士对于清朝内部的一些事务是比较了解的。他们长期生活在这个国家，他们懂得当地的语言，而且，很多人还与朝廷保持着密切的联系（他们与朝贡体系并没有什么关系），但也正因如此，他们的行动受到了严密的监督，在北京和各省，情况皆是如此。传教士在北京同政治精英的联系迫使他们保持低调，而在外地各省，他们可以修建教堂，以及向城市居民和农民等传教。但是，到雍正时期，朝廷不再允许传教士进行传教活动，因为那时居住在北京的某些耶稣会士卷入了雍正继位的阴谋之中，这导致人们对部分耶稣会士产生了怀疑。此后，尽管北京的教堂还可以继续存在，但是各省则禁止天主教传教，其教堂也被关闭。为数不多的那些依然留在中国的传教士只能依据皇帝的喜好来开展工作，他们期待着有一天可以再度传播他们的教义。但是，只要谨小慎微的乾隆在位，那一天就不可能到来。

乾隆并不像他的祖父那样充分信任耶稣会士。康熙曾花费大量时间和传教士们待在一起，并且同比利时的神父南怀仁（Ferdinand Verbiest）建立了尤为亲密的友谊，康熙曾邀请南怀仁陪同他一起巡游和围猎。他似乎很重视耶稣会士看待世界的不同观点，而且他本人还试图向他们学习某些领域的知识。康熙非常相信传教士，在1689年与俄国的谈判中，康熙任用传教士担任翻译，最终签订了《尼布楚条约》，该条约划定了俄国和清朝之间的第一条明确的边界。康熙还依靠传教士绘制了长城、北京地区以及后来整个帝国的地图（然而他确实限制传教士前往遥远的边疆地区）。乾隆同样在绘制地图方面有赖于传教士，但他和这些为其效劳的传教士们似乎并没有建立起紧密的私人关系。虽然在欧洲人来访时，乾隆也会任用传教士作为翻译，有时还会向他们打探国外的政治情况，但是，他肯定不会将其作为外交人员。

如果说曾经有一些传教士和乾隆关系较为紧密的话，那么，意大利人郎世宁和法国人蒋友仁（Michel Benoist）可以算是其中两位。在很大程度上，是因为他们让乾隆了解了欧洲文化，所以乾隆时代的宫廷文化明显受到了欧洲文化的影响。正如我们所知，乾隆年轻时就认识郎世宁，而且很喜欢他的画技；他们两个人相识30多年，可以确定他们之间存在一定的友谊。乾隆在宫中收藏了郎世宁的很多作品，还给他设立了一个画室，在郎世宁这里可以将其技艺传授给宫廷中的中国画匠。在郎世宁1766年去世时，乾隆曾加封其侍郎衔，并出巨资予以厚葬。蒋友仁入宫时间晚于郎世宁，其声名鹊起，部分是因为他的绘图和工程技艺。在技术方面，乾隆曾向蒋友仁求教，并让他负责圆明园中那些欧洲风格的建筑和花园的设计。这些装饰有希腊风格的圆柱和外观的宫殿建筑属于洛可可风格，它们也许比同时代欧洲宫廷所建的所有中国园艺都更为真实。在其中一个大殿的前院，修建了一个非常美丽的喷泉，属于典型的法国风格，模仿了法国的凡尔赛或是枫丹白露。与这些宫殿以及征服印度的莫卧儿帝国在德里修建的那些令人难以置信的皇宫一样，诸如承德和圆明园这样的风景点象征着帝国的扩张、秩序、包罗万象，以及对异域的迷恋。宫殿内部的装饰类似西方的风格，陈列了皇帝收藏的大量欧洲制造的钟表、镜子、音乐盒和小饰物。有些房间的假窗户上绘制的是想象中的欧洲田园风景。

虽然在圆明园这一宏大的园林建筑中，西方风格的建筑为数不多，它们却体现出乾隆对于西方技艺和表现风格的兴趣。它们的存在（不幸的是，1860 年英法联军对圆明园的劫掠使其变成了废墟）不仅说明了乾隆对欧洲事物的兴趣，同时也说明了乾隆对郎世宁、蒋友仁以及其他传教士的技艺的强烈关注。尽管如此，我们必须指出，乾隆的这种意识并没有能够让他对其他西方科技也产生类似的兴趣，而且，正如下文将要谈及的，也未能使乾隆将这种好奇延续到晚年。

远方来客

根据清朝的习俗，外交活动只能在北京、圆明园和承德举行。清朝没有专门的外交部门或类似的机构，朝贡国的使者由礼部负责管理。该部门负责安排外来使团在北京的住宿及其在清朝境内的各类所需（清朝还负责对其往返边境提供护卫），同时还要对外交使团的成员就各种礼仪和宫中规矩进行指导。对来自内亚和中亚地区的宾客的管理则与此不同。首先，正如第二章中简单所述，他们由理藩院而非礼部管理。理藩院是一个特殊的满洲机构，最初用来监管那些早期来到清朝的西藏僧侣和蒙古王公。后来，在哈萨克头人、沙皇代表以及其他内陆亚洲地区的宾客开始到来后，理藩院也负责掌管对他们的接待事宜。内亚的宾客与来自南方和西洋（当时使用的大致的分类）的宾客还存在另外一点重要的区别，就是前者被给予了更大的谈判特权。尤其是在乾隆统治初期，他会邀请蒙古、西藏和中亚的宾客到他的帐篷中，听取他们的诉求及意见。这些宾客几乎总是夏天来到承德的避暑山庄或木兰围场。在这里接见他们，不存在北京那样的繁文缛节。

随着俄国使团的到访，几乎所有人都认为双方会进行长期而直接的谈判。例如，1755 年，叶卡捷琳娜二世指示其大臣询问清廷，俄国船只是否可以在东北北部的黑龙江航行。俄国政府给理藩院去信咨询此事，乾隆获悉后，断然加以拒绝，其答复由清廷派往圣彼得堡的使臣告知了俄国方面。此事表明，清朝与俄国之间的关系显然是一种更为平等的关系；尽管乾隆没有同意俄国女皇的诉求，他还是通过正式的外交渠道进行了回复。毕竟，清廷曾分别于 1689 年和 1727 年与俄国签订了两个条约，双方还需要在这方面进行合作。清朝之所以要加强与俄国的边界贸易，是担心最终会与俄国在准噶尔问题上发生冲突。重要的是要保持与俄国的联系渠道的畅通。清朝自 17 世纪末起允许俄国的贸易使团每三年来北京一次，其规模限制在 200 人以内。此外，为满足这些俄国人在北京时的精神所需，雍正还允许俄国人在北京建立了一个永久性的俄国东正教据点，其原址如今是俄罗斯驻华大使馆所在地。该使团是唯一获准在北京居住的外国代表，他们还负责培训少量汉语和满语的学生，以备将来外交所需。通过上述事实可以看出，清廷对待不同外来者的方式存在很大的不同。

巨额财富

与传教和外交活动相比，与域外商人的商业交易行为要多得多。确实，贸易无疑是沟通清帝国和域外的主要渠道，其中一部分就是经由俄罗斯的陆上贸易。至 18 世纪 90 年代，两国间每年的皮毛、丝绸、棉花、瓷器、茶和大黄等货物的贸易额可以达到 500 万 ~ 700 万卢布。一些汉人家族通过这种贸易积累了巨额财富，其中多数人来自山西。

不过，大部分对外贸易属于海上贸易。这类贸易完全由政府控制：原则上，私人不能同海外商人直接交易，只能通过政府指定的代理商进行。这些代理商中的很多人都控制着大量的财富，他们需要向地方官员汇报所有的交易及其收益，然后再由地方官员奏报朝廷。当然，在这一过程中，各级官员都会克扣一部分。皇帝自己也靠此积聚起大量钱财，虽然其数量会因主管官员中饱私囊的多少而有所不同。如上所述，商人还受到了进一步的限制，因为外国的商船只能依法停靠在四个港口：广州、厦门、宁波和松江。如果非中国商人离开上述指定的目的地，他们的行动将被记录，并会被遣返回国。此外，商人们也不能进入他们从事贸易的城市，而是要待在专门为他们划定的地方，清朝认为这样会降低发生误会和不愉快事件的几率。

清朝隔离外国人和普通老百姓的政策得到了非常深入的执行。当西洋（即欧洲）的帆船于 18 世纪中期越来越多地出现在宁波时，乾隆担心这个江南港口城市会成为第二个澳门，遂命令除广州之外，其他港口禁止西洋船只停靠。此后，外国商船只能在每年十月到次年一月之间前来贸易，其余时间则只能在澳门进行。这种情况一直持续了 90 年左右，直到 1840 ~ 1842 年鸦片战争爆发，才使得这种对外贸易体系发生了重大变化。此外还有其他一些禁令，比如严禁枪炮交易，严禁购买中文书籍，所有通信和交易都要通过海外贸易代理商进行，不能直接与茶农和其他任何人进行直接联系，等等。但是，值得注意的是，广州贸易制度仅适用于西洋商人，对东南亚的“南洋”商人并没有影响。

宁波之所以受到欧洲商船的欢迎，原因之一是宁波地方官在征税时更为公平。这说明在涉外事务中，贸易最容易管理，因为多数贸易都发生在那些远离京师的港口城市。尽管乾隆试图对贸易进行限制，却无法阻止那些想要借此机会中饱私囊的地方官员的敲诈勒索。而且，乾隆不仅无力减少对外国商人们的诸多限制，也无力在外来商人发现与之进行交易的那些显赫的代理商们非法侵吞他们的钱财时，对其提供帮助。清朝没有海军，也缺乏一个统管沿海事务的机构在各个港口间进行协调，而且也没有中央政府部门记录下这些港口的活动。对外国商人进行管理是地方官员的职责，这些地方官员却认为这都是些琐碎和麻烦的事务。只有在荷兰或是葡萄牙的代表通过礼部的安排，在“朝贡体系”下前来朝廷觐见时，中央政府才会与这些海外商贸人员直接接触。1655～1795 年，这样的接触共有 17 次。这些使团的成员和其他来宾一样，都要进献礼物并行跪拜之礼，他们的请求在朝廷那里并不会得到尊重，而且通常都会被拒绝。对于皇帝的这种态度，他们当然没有办法。在皇帝眼里，他们能够获准前来清朝贸易就已经非常幸运，根本没有资格对此多加计较。

乾隆喜欢这样的贸易方式，他本人经常表示他并不关心对外贸易中的利益。乾隆不止一次说，允许臣民与外国人进行贸易是帝国的一种友好表示，就他而言，这是一种仁慈之举，全然无关其臣民的福祉。然而，对这样的声明不能只看其表面，之所以有此声明，与南方港口出现的一些事情直接相关。乾隆通过这种方式声称他有能力在中国臣民的福祉和外国商人的要求之间取得平衡。实际上，乾隆充分意识到了对外贸易无论是对朝廷还是对普通百姓都是很有意义的。在乾隆 19 岁到 44 岁这段时间里，约有价值 750 万两白银（按照同期汇率，约值两百五十万英镑）的对外贸易税收进入了皇帝的私人银库。乾隆后期，这种收益每年至少都有85万两白银。考虑到在18世纪的大部分时间里，广州与欧洲之间的贸易量年均增长率都在4%左右，乾隆还没有蠢到会采取某些行动来影响他的这些可观收入。

总的来说，对外贸易对清朝而言颇有价值。数百万人从事着与茶叶、瓷器、棉花和丝绸出口相关的加工业，这些人多数都生活在中国南方地区。从一条于1759～1764年实行的有关丝绸出口贸易的禁令中，可以详细地了解到乾隆非常清楚出口贸易对于国家经济的重要性。最初，之所以有人提出该禁令，是希望保证丝绸的低价，因为他们认为国外对丝绸的需求对国内市场形成了通胀压力。朝廷对此建议表示同意，但几年后，由于一些省份的官员奏称，每年对外的丝绸贸易额都在80万～100万两，同时，禁令并未能降低国内市场的丝绸价格，反而影响了蚕农和纺纱工人的生计，朝廷随之改变了注意。乾隆对于这种改变做出了如下解释："徒立出洋之禁，则江浙所产粗丝转不得利，是无益于外洋，而更有损于民计。又何如照旧弛禁，以天下之物供天下之用，尤为通商便民乎。"确实，与以前那个我们习惯于与耽于享乐相联系的乾隆相比，这种观点可是非常不同。但是，乾隆间或还是会对国家那些出口驱动型工业，如丝绸、瓷器、茶叶等的重要性表示不满，他充分认识到应该放手让这些工业获得发展。至乾隆晚年时，中国1/7的茶叶都出口到了英国。

马戛尔尼使团

乾隆末期，英国一位使臣来访清朝，在很大程度上，其来访与茶叶贸易有着紧密的联系。这无疑是乾隆时期最重要的外交事件，我们应该对其予以密切关注。

前面我们已经提到，乾隆统治时期，中国对欧洲的出口得到了飞速发展，皇帝本人的财富也因此得到了大幅增长。在这种贸易中，茶叶所占比重最大，其次是瓷器、丝绸以及棉纺织品。包括法国、瑞典、荷兰和美国在内的很多国家都参与了这一繁荣的商业活动，但是，与英国在这一贸易中的市场份额相比，这些国家可谓相形见绌。自17世纪50年代茶叶被首次引入伦敦之后，英国对茶叶的需求量直线上升。在五十年内，茶叶逐渐取代了咖啡，成为英国社会中的一种时尚饮品；到18世纪末，为了满足消费者对于茶叶的需求，英国每年进口的茶叶超过2300万镑。这些茶叶大部分属于红茶，因为从广州要经过漫长的海运运抵伦敦港，唯有已经发酵了的红茶才可以保存那么长时间。

英国的茶叶贸易主要由东印度公司等带有半垄断性质的公司控制。根据记载，乾隆统治后期，东印度公司等进出广州港的船运量年均增长45%，每艘船都会给他们带来可观的收益。对于英国社会中的某些人来说，茶叶进口具有重要的政治意义，其重要性可与石油对当今世界的重要性相媲美。例如，在东印度公司的业务往来中，茶叶贸易所占比例高达90%；同时，在18世纪末期，英国王室收入的一成来自国家的茶叶税。因此，当时很多人都意识到，在这一商业贸易中，由于中国控制了世界的茶叶供应，所以中国的地位最强大。除中国外，当时世界上只有日本生产茶叶，但日本实际上封闭了对外贸易（印度和锡兰的茶叶工业直到19世纪才开始发展）。此外，中国在丝绸市场也占据了主导地位，同时还垄断了优质瓷器的生产。乔赛亚·韦奇伍德[①]或者梅森[②]地区艺人的产品根本就无法与中国的瓷器相提并论。但是，相对于欧洲对中国商品的需求，中国人对于欧洲产品似乎并没有什么需求，所以，销售中国商品所获的收益，一大部分在来年又必须回流到中国，用于购买中国的茶叶、瓷器和纺织品。中国的国际收支存在巨额顺差：1775～1795 年，东印度公司输入中国的货物大约价值 3100 万两白银，而中国出口至英国的货物却超过 5600 万两，几乎是东印度公司出口到中国的货物价值的两倍。中国处于一种白银纯流入的状态，这对于其经济起到了支撑作用。因此，为了实现贸易的收支平衡，在英国国王的准许下，东印度公司首次提出了向中国派遣使团的建议。

正如英国内政大臣所说，使团的主要目的包括：让清朝增加对外贸易的港口数量；为英国争取一个像澳门那样的地方，使之成为英国经营商贸的基地；获准设立一个常驻北京的英国代表（同时也劝说清帝任命一个驻英国的代表）；“在中国尤其是在北京开辟新的市场，因为迄今为止中国人尚不了解英国的商品”；协商制定稳定而具有普遍意义的贸易条款，其中包括对所有进出中国的货物降低关税。为达到这些目的，使团需要尽可能地收集与这片土地、其居民以及统治者相关的信息，其中涉及经济、军事和政治等情报。东

① 乔赛亚·韦奇伍德（Josiah Wedgwood，1730－1795），英国陶艺家，出生于伯斯勒姆（Burslem）的特兰克河畔斯托克（Stoke-on-Trent，著名的陶瓷镇）。主要贡献是建立工业化的陶瓷生产方式，以及创立威治伍德陶瓷工厂。他是达尔文－威治伍德家族的一员，查尔斯·达尔文是他的外孙。——译者注

② 梅森（Meissen），位于德国东部萨克森州（Sachsen）首府德累斯顿市附近，欧洲著名瓷都。——译者注

印度公司为了实现上述目的，为这个代表团提供八万英镑的费用，但要求他们谨慎行事，不要触怒乾隆，以免皇帝愤而取消现有的贸易安排，反而得不偿失。

使团由乔治·马戛尔尼勋爵（Lord George Macartney）率领，他是一位经验丰富的殖民地官员，曾任职于西印度群岛和印度，还曾出任驻圣彼得堡公使。乔治·马戛尔尼是北爱尔兰人，为了此次出访，他本人查阅了所有能够找到的有关这个东方国家现状的资料，并为此征募了许多秘书、医生、科学家、制图员以及一位植物学家和一位钟表匠，还有少量的军事护卫以及一个乐队。1792 年秋，马戛尔尼率领 84 人的团队从伦敦出发，他相信他可以说服大清政府接受他的这些合理的条件。1793 年 6 月，使团抵达广州。他们的三艘船装载着各种礼物，有晴雨表、天文仪器、袖珍地球仪，以及在英格兰专为清朝皇帝精心制作的昂贵的玻璃天象仪。他们希望这些东西能够使乾隆宫廷对英国的富饶和文明留下深刻的印象，或许还能使后者增加对诸如烟斗打火机、刀具、羊毛制品和剪刀之类的日常用品的渴求。

抵达广州后，他们立即告知当地官员他们想去北京觐见皇帝。马戛尔尼在途中就已知道皇帝的生日庆典即将来临，遂决定借此机会前去觐见。得知有“嘆咭唎”国的使者跨越重洋、不远万里前来传递其国王致他的生日祝福，乾隆感到非常高兴，也很欢迎他们的到来。乾隆下令沿海的地方官员给英国使团提供一切必需品（皇帝本人支付这些费用），并从朝中派人前往天津北部的港口迎接使团，然后带领这些祝寿者前往京城。使团会在北京获准休整一段时间，然后前往承德，皇帝将在承德接见他们。马戛尔尼看到船上迎风招展的旗子上书写的“英国使臣向中国皇帝进贡”字样，感到很沮丧，但他知道，在见到皇帝前，他既不能有任何的怨言，也不能谈及其使命的任何细节。在北京被妥善安置后，马戛尔尼及其下属开始忙于准备即将到来的觐见，他们偶尔会从朝廷官员那里得到一些相互矛盾的指令。马戛尔尼希望能够同京城的耶稣会士就如何才能更好地行事进行交流，但由于使团在北京的行动受到限制，其努力屡屡受挫。

在觐见安排上，最棘手的问题是礼仪问题。如前所述，以前那些主要来自葡萄牙和荷兰的欧洲代表团，同意按照清朝宫廷的习俗行叩头礼，清廷显然希望英国人也能如此行事。马戛尔尼有些犹豫。作为英国国王委派的官方代表，他所得到的指示是，只要不损害他本人以及英国国王的尊严，都应该遵循清廷的习惯。但是，对他而言，叩头似乎逾越了这一界限。他提出像在威斯敏斯特（Westminster）那样单腿下跪来代替叩头。此外，乾隆的臣属还告诉马戛尔尼，任何人都不允许直接靠近皇帝，马戛尔尼对此表示反对，因为他的任务是将英国国王乔治三世的亲笔信亲手呈递给乾隆。

经过多次交涉之后，马戛尔尼最终得偿所愿。他不需要叩头，还获准可以靠近皇上。觐见当天一大早，精心装扮的马戛尔尼与同伴斯当东（George Staunton）以及使团其他成员 5 点即来到乾隆的营地。马戛尔尼身着斗篷，佩戴巴斯勋章和钻石勋章，斯当东则身着滚边刺绣的天鹅绒披风，以及宽松平滑的丝质牛津学位服。早上 6 点左右，鼓乐齐鸣宣告了皇帝的到来，乾隆乘轿来到接见众人的大蒙古圆顶帐篷（见图 8－1）。马戛尔尼的觐见是当天的第一项事务，其执行完美无误：这位英国勋爵迈上台阶，走近乾隆，将装有乔治三世书信的一个镶嵌着珠宝的金盒递到乾隆手中。乾隆将盒子交给太监，随后赏赐马戛尔尼两个玉如意以示尊重。马戛尔尼本人赠送给皇帝一对珐琅手表，然后走下台阶，坐到御座旁边的一个低矮的桌子旁（所有宾客都坐在放在地上的坐垫上）。随后宴会开始。席间，皇帝还盛情邀请马戛尔尼至御座前饮酒，并同他进行了短暂的交谈。

图 8－1　觐见中国皇帝

威廉·亚历山大（William Alexander，1767－1816）绘。版画。选自乔治·斯当东《英王遣使访问中国皇帝实录》，1797。现藏于哈佛大学霍顿图书馆（Houghton Library）。图左侧坐轿者为前往大帐准备接见马戛尔尼勋爵的乾隆皇帝；后者位于图右侧，率领一批显贵人士等待觐见。

在乾隆看来，宴会结束之时，英国使团的任务也就结束了。当然，接下来还会有其他一些活动——使团返回北京后，可以游览园艺、宫殿、庙宇以及圆明园。在皇帝生日之时，使团甚至可能会同其他几百名宾客一道再次受到皇帝的接见（对于马戛尔尼在此次觐见时叩头与否，史学家们一直存有争论）。不管怎样，清朝已经接待了来访的使团，倾听了他们的问候，而且也举行了仪式来欢迎这些远道而来之客，除此之外，还需要做什么呢？

不过，在英国人看来，使团的任务才刚刚开始。他们当然认为皇帝的正式接见非常重要，而且适当的谨慎也可确保给人留下良好的印象。如今这些礼节已然完成，甚至可以说非常圆满，因此该转向手头的事务，就英国发展与清帝国未来关系的一系列请求与清朝进行协商了。马戛尔尼多次试图确定好时间，与他认为大权在握的清朝官员（主要是满洲人）进行具体的协商，却多次遭到拒绝。最终，马戛尔尼只好设法将一份清单，上面列着他所希望探讨的问题交给某些低级官员，但同样无济于事。同时，他们所展示的那些从英国带来的礼物也并未能引起乾隆的兴趣，而他们所渴望的扩大清朝和英国的贸易范围之事也未能实现。到了10月初，只有一件事情日益清晰，马戛尔尼及其随从该返回英国了。皇帝会像以前那样为他们配备必需品，为他们提供力所能及的便利条件（包括一对奶牛和一艘运送他们的船只），但是，他们必须要离开了。

离开北京的那天，他终于收到了乾隆对使团提出的各种要求的正式回复。在给乔治三世的答复中，乾隆的口吻一如往常同外国商人谈论贸易问题时那般傲慢：

> 天朝抚有四海，惟励精图治，办理政务，奇珍异宝，并不贵重。尔国王此次赍进各物，念其诚心远献，特谕该管衙门收纳。其实天朝德威远被，万国来王，种种贵重之物，梯航毕集，无所不有。尔之正使等所亲见。然从不贵奇巧，并无更需尔国制办物件。

这很可能是乾隆被引用最多，也是被误解最多的一句话。乾隆或许是想要刻意淡化清朝与英国之间的贸易关系对清朝的实际重要性，才如此答复英国使团的那些诉求。假如当时有人告诉马戛尔尼，乾隆其实非常喜欢西方的玻璃（中国那时并不生产玻璃），年轻时甚至写了三首诗描述西方玻璃的魅力和神奇，当了皇帝后又令人将宫中的窗户首次安上了透明的玻璃，不知英国勋爵心中会作何感想？或者，如果马戛尔尼获准参观乾隆收藏的 70 多只英国钟表（例如，有一只可以演奏英国流行乐曲，还有一只是丘比特跳舞报时），马戛尔尼又该作何感想？但是，乾隆更关注英国在中国的外交居留问题：不允许英国派遣常驻代表，不对英国开放更多的港口，也不给予英国一寸土地。马戛尔尼极其失望，他怀疑使团任务失败的主要原因是清廷的阴谋。

只是在南下广州与等候在那里的英国船只会合的旅途中，马戛尔尼的任务方才有所进展，这让他感到颇为惊喜。通过与陪同的清朝官员、大学士松筠的非正式交谈，马戛尔尼开始对清朝如何处理对外关系有所了解，同时，松筠对于欧洲的外交运作也有了一些认识。马戛尔尼终于有机会向一位既具同情心又身居朝廷要职的听众畅所欲言。清政府能够降低和规范广州的关税吗？那些掮客可以终止他们的敲诈勒索行为吗？商人们可以直接向地方官员而非那些本身就是商人抱怨对象的掮客们发出他们的怨言吗？松筠承诺将其想法转告乾隆，并得到了乾隆的迅速回复，称一定会调查这些问题，并会对所有不规范的行为予以纠正。在杭州，松筠的陪同任务由同为旗人的两广总督接替，他继续向马戛尔尼保证乾隆对使团的关照，并向马戛尔尼承诺，他会尽力让使团满意，至少在其有关广州贸易的要求方面。但是，马戛尔尼使团最终取得的具体成果可谓微乎其微。

世界中的中国

马戛尔尼使团是清朝运用传统礼仪处理的最后一批西洋来客。（二十年后，又来了一个英国使团，但因双方未能就外交礼仪达成一致，使团根本就没有得到清帝的接见。）两个不同的外交公约体系开始了相互间的接触，各自背后都有极为不同的世界观的支持，而这些世界观本身在很大程度上又由当时的历史经验所决定。这种接触虽然短暂，却非常重要。马戛尔尼及其属下对于乾隆时期的主要事件有了尽可能多的了解，而乾隆及其朝臣同样也了解到 18 世纪的英国。马戛尔尼使团在中国停留期间，他本人及其随从都竭力收集各种信息，记录其所见所闻，向人们提出问题并记下其答复。虽然使团中只有一位 11 岁大的英国男孩（斯当东之子）会说一点汉语，但在使团返回英国时，其对于清帝国的了解比从英国出发时已经深入了许多。相比之下，清朝对欧洲的了解却几乎没有取得任何进展。在英国，使团中的几个成员都留下了书面记载，其中包括使团中的那位画家绘制的一卷绘画作品。这些作品在随后几年先后得以出版。而在中国，马戛尔尼使团在清朝的精英中几乎没有引起一丝涟漪，很少有作品提到它。

这并不是英国人所期望的结果。马戛尔尼期望乾隆会像其祖父康熙那样兴趣广泛，迷恋于从耶稣会士记载中了解到的那些西方科学、医药和数学。然而，使团最终颇为失望，他们的精美礼物并未能激起乾隆的一丝热情。（他们本想通过热气球展示欧洲最新的飞行技术，但是，他们甚至未能获准装配热气球。）那么，乾隆，或者说清廷中所有人缘何对马戛尔尼使团向他们展示的那些欧洲科技成就缺乏兴趣呢？

这个问题非常值得我们思索。这并非因为乾隆缺乏好奇心。他对宗教启蒙、艺术和文学的追求，对自然界的喜爱，对旅行的热衷，对西方表现形式的偏好，都说明乾隆求知欲很强且思维活跃。所以，我们不能武断地认为乾隆对于外部世界毫无兴趣。确实，他对马戛尔尼勋爵提出的问题，让人觉得他对欧洲地理的了解非常肤浅："他问英国距离俄罗斯有多远，他们的关系是否友好？意大利和葡萄牙是否距离英格兰不远，是否向英格兰朝贡？"但是，如果乾隆能够抽时间去查询一下多年前传教士们为他绘制的地图，就不会问出这样简单的问题了。毫无疑问，乾隆对于西方地理是非常熟悉的，他甚至让蒋友仁在圆明园一座大殿的墙上绘制了一幅世界地图。他知道欧洲出现了大麻烦，即法国爆发了革命，也知道俄国宫廷中当前的阴谋。乾隆是一个可以不厌其烦地去纠正他所看到的文字中的语法错误的人，怎么可能会假装不知道英国和俄国的相对位置呢？如果乾隆一再提出这样幼稚的问题，那么他很可能是故意为之。他是希望给马戛尔尼留下这样一个印象，即伟大的大清帝国不可能对遥远的小岛国家英国有任何的兴趣。

康熙当然没有采用这样的态度，他虽然自负，但还是常常会提出问题。乾隆则大不一样，他既自负，同时又缺乏安全感。统治如此多样且巨大的国度数十年，再加上个人的生活也受到了很多的烦扰，或许乾隆已经因此而精疲力竭了。如果换成一个年轻的君王，或许会去探寻马戛尔尼那些精美机械的秘密；但是乾隆年岁已高，无力对此加以关注了。而且，18 世纪 90 年代朝廷的政治氛围（详见第九章）也不适于进行大胆的行动或是激进的观念转变。党派之争已经严重影响朝廷的决策：那些为数不多的可以向乾隆指出这个英国使团不同于以往外来使团的权贵们，只想借机加强他们自己的政治势力，维持现状。如果马戛尔尼早来二十年，或者晚来十年，清朝的国内政治形势没有如此极端，或许情形会有所不同。

但是，乾隆朝之所以对欧洲事务缺乏持续的兴趣，或许最好的解释是他对欧洲没有产生好奇：不是说乾隆对西洋国家缺乏兴趣，而是乾隆觉得根本就没有迫切的必要去注意那些国家。表面看来，这似乎很荒谬。我们想要知道的是，他怎么会没有看到重商主义与立宪主义的兴起、议会的日益强大、实验科学的进步、“启蒙理性”的日益自信，以及正在形成中的“进步”的信念等这些将在他死后一个世纪内引导欧亚大陆最西端的半岛居民成为几乎整个世界的政治与经济的支配者？乾隆怎么会如此迟钝？

从 20 世纪后的观点来看，人们皆知西方的崛起主宰了世界资源的分配，这一明摆着的事实让我们很难认识到可能还会有其他不同的发展路径，也很难设想历史为什么是这样而非那样。但是在 18 世纪后期，没有人（不光是英国人，还有其他人）预见到不久后的技术突破、资财充裕以及政治野心的结合会最终驱使欧洲人及其北美大陆的门生冒险将其势力伸向所有他们认为可以服务于其科学、文明、上帝以及“合理”利用自然与人力资源的世界各地。我们不要相信这是那些事件的必然结果，无论是作为自然条件、经济法则、与生俱来的理性至上精神，还是神的意志的不可避免的后果；如果那样的话，就会忽略时机、理念、个人以及偶然性在导致变化发生的过程中所起到的决定性作用。

相反，如果后退一步，看一下乾隆时代的中国并思索一下乾隆自信的来源（我们已经看到，在那些让人印象深刻的画作中，乾隆的形象有猎人、军官，也有菩萨和文人），我们就可以比较容易地理解乾隆为何无法预见到未来了。在国际上，清帝国可谓一个令人瞩目的政治实体，其领土让所有欧洲国家都相形见绌。相比之下，除俄国之外，欧洲那些国家更像是清朝的单个省份，而且还存在诸多的政治争端。清朝的人口相当于当时世界人口总数的1/4，是当时欧洲人口的3倍。清朝的国内经济规模同样非常庞大（马戛尔尼本人估计至少是大英帝国的4倍）。驶向北方市场的满载木材的船只需要一天时间才能通过固定的检查站。地区间的茶叶、棉花、糖、丝绸和粮食贸易量，相当于欧洲的纺织品和日用品的国际贸易量。从广州这样的南部港口到天津这样的北方港口的航程有3200公里，相当于里斯本到汉堡的航程，只不过，前者一直航行在中国的内部，处于同一个政府的管辖之下。（直到20世纪末，在欧洲才出现了这种规模的共同体。）北京和江南沿海城市的奢侈品消费，与伦敦和阿姆斯特丹的奢侈品消费不相上下。所以，如果欧洲人或是其他外国人愿意把全球各地的顶级货物带给乾隆，那么乾隆还有什么必要为此去求助于欧洲人或是其他外国人呢？如果只是出于单纯的商业利益，而没有军事或是战略方面的意图，又有什么必要派其臣属去经受那些周游世界的危险航程呢？毕竟，即使没有国家的支持，成千上万的中国商人及其家眷已经在向东南亚的很多地方进行非官方的移民了。

在国内政治形势方面，到乾隆即位时，影响顺治和康熙朝的那些不稳定因素基本上已经成了历史。而且，虽然不时还会出现一些民族怨恨，但总体上满洲的权力是非常牢固的。与同一时代的欧洲君主不同，乾隆无须面对有人与其争夺权力，也不用面对严重的经济问题。他没有经历过文化危机，也没有经历过经济或政治灾难，这些危机或灾难本有可能会促成一种向其他政治和经济组织模式的自觉转变，而欧洲国家则有可能成为一种潜在的模式来源。总的来说，乾隆统治时期（至少在其前 2/3 统治时期），是一个社会稳定、经济增长、疆土扩张、军事力量强大、政治自信以及文化繁荣的时期。因此，如果乾隆认为他统治下的这个自给自足的王国正在经历前所未有的和平时期且拥有空前的财富，我们是很难对其进行指责的。

然而，我们还是很想知道，乾隆是否真的认为清朝的全盛局面会一直延续下去，尤其是考虑到在马戛尔尼觐见时，清朝已经出现了很多衰败的迹象。如果能更多地注意到那些陷入困境的无地无业者正在不断加入叛军，那么乾隆及其臣僚或许就会预见到英国人带到广州贸易的鸦片量会很快得到扩大。到 19 世纪 30 年代，鸦片大量流入清朝，导致清朝一度享有的贸易顺差开始为巨大的贸易赤字所取代，乾隆最为担心的经济失衡问题成了现实。数十年中，自中国各港口流出了大量的白银，直到今天，那些流失出去的财富才又返回了中国：中国的银行已经拥有了价值 33000 亿美元的外汇储备。

九　晚期的国家秩序与衰败

1793 年，马戛尔尼勋爵来到中国的时候，正值乾隆 82 岁寿辰。马戛尔尼曾谈到，对于一个如此高龄的人来说，乾隆看上去依然非常精神："他是一个精神矍铄的上了年纪的绅士，身体健康、精力充沛，看上去还不到 60 岁。"的确，乾隆甚至在晚年的时候都严格遵守作息时间，所以至少他的身体看上去非常健康，尚未年老体衰。他自称从不需要眼镜，甚至在 87 岁时仍然精力充沛地参加了生前最后一次围猎。但是，18 世纪末清朝表面上的风采和活力并不能掩盖此时国家已经显现的衰落，而在很多情况下，乾隆本人已看不到这种衰落。作为皇帝，乾隆统治末期的故事不仅是他本人日渐衰老的故事，而且也是乾隆统治全盛时期的国家秩序逐渐解体的故事。

衰落的原因很多。也许最主要的原因就是日益增加的各级官僚机构的腐败和官员的无能，它摧毁了政治制度的合法性。信念的丧失连同人口的空前增长以及随之而来的社会、环境与经济压力，导致民间的不满情绪日益增加，并爆发了许多大大小小的起义。平定西南少数民族地区叛乱的行动似乎永无尽头，这进一步削弱了朝廷的控制力。此外，皇帝本人也日渐孤立，导致他极易受到周围人的影响，这种情况甚至在乾隆1795年退位后也没有发生改变。本章主要叙述了这一时期主要的社会和经济趋势以及乾隆在形势日趋恶化的情况下为维护其早年的成就和幻想而进行的努力，从而使我们对乾隆形象的刻画更为丰满。

晚期的乾隆帝国

虽然“康乾盛世”已日薄西山，但清朝依然气势不凡，基本上符合人们所认为的一个大帝国应该拥有的特征。精明能干的文武群臣辅佐着一位贤明之君，朝廷中满是能臣、才子、佳人，天才的艺术家、乐师和诗人，恢宏的宫殿、华美且耗资巨大的园林创造了极好的环境。不管耗资多少，世界上最好的东西被乾隆尽收囊中，受到强烈震撼的西方人将乾隆朝廷形容为“民殷国富”。帝国精英的生活进一步加强了西方人的这种印象，对于前者来说，这是个猎奇、奢华和放纵的时代。那些最富有的家族生活极其奢华，他们的府邸中有精致的瓷器、珍稀的图书、昂贵的家具，其中一些家具乃由欧洲进口。确实，当时清朝上层对欧洲风格的追求与同时期风靡于欧洲人中的对中国时尚的追求极为类似。他们的鼻烟壶上有翩翩起舞的法国少女，报时钟表有阿尔卑斯牧羊人和乡村女孩跳跃而出。那些意欲炫耀的家庭在孩子娶亲时会租借西方风格的马车，就像今天地位显赫的消费者租借加长轿车一样。

如果乾隆回顾过去，他会对其治下50多年里帝国发生的很多变化感到满意。乾隆尤其自豪于那些将准部和回部并入帝国版图的军事征服，这些在第六章中已经进行了探讨。

军事征服之后，清政府对这些地区的统治非常成功，他们通过当地可信的贵族进行管理，并任命八旗官员对其进行监督，而八旗驻防城市则散布于西北边疆。这些机构设立之后，清朝迅速开展移民实边工作，不惧风险的汉族商民很快就发现那里存在着极具诱惑的新的发展契机。清朝对西南边疆也进行了类似的征服和殖民。与草原和沙漠的情形截然不同的气候和地形，让装备精良、供给充沛的清军拥有的优势无以发挥。读者们肯定会想到不幸的讷亲在1747～1749年第一次金川战争中的艰难经历和悲惨下场，后来是傅恒较为迅速的胜利让乾隆感到欣慰。但是，仅一代人之后，战争又在这一险恶的地区爆发。这次战争所耗时间是上次的两倍之多，从1771年一直打到1776年。清朝投入10万兵力和7000万两白银，规模等同于对准噶尔的战争。清朝的胜利对乾隆来说是一种安慰，1771年时，清军在四年的征缅战争中由于运气不佳而战败，一半清军死于疾病，乾隆曾因此想要退位。第二次金川战争的结果显然要好于1788年清朝对安南的干涉，在这次战争中，虽然清军暂时恢复了被推翻的黎氏王朝国王的王位，但后来实际上被阮氏家族的军队所驱逐。

乾隆与西藏

与上文那种依靠武力扩大版图的模式相比，西藏则非常不同。正如第二章中所述，在18世纪早期，清朝就已经两次派兵前往拉萨驱逐准噶尔，准噶尔希望通过控制藏传佛教格鲁派最重要的化身达赖喇嘛的继承人来左右西藏政局从中获利。1728年，清政府任命世俗贵族颇罗鼐为贝子，摄政西藏，享有相当大的自主权。虽然达赖喇嘛（七世达赖喇嘛，1720 年在青海的塔尔寺受清朝册封）在 1735 年回到布达拉宫，但是实际权力仍由颇罗鼐掌握。颇罗鼐与各个宗教阶层和清朝的驻藏大臣（作为皇帝的代表，驻藏大臣是清朝常驻拉萨的满洲官员）之间保持了长达 20 年的友好关系，维持了整个西藏的稳定。

但是，颇罗鼐于 1747 年去世，其职位由儿子珠尔默特那木所勒承袭，珠尔默特那木所勒野心勃勃，不愿效忠清朝。他不仅公开支持格鲁派，而且还渴求更大的权力和西藏自治，因此，他杀害了自己的兄弟，并与准噶尔重建联系，很可能想共谋破坏大清皇帝在西藏的宗主统治。在拉萨的两位驻藏大臣密切关注着他的行动，但乾隆并不相信当地局势正趋于恶化；相反，他还将在拉萨的驻军从 500 人减至 100 人。1750 年秋，局势日益不稳，驻藏大臣觉察到了珠尔默特那木所勒的叛乱计划。在乾隆的默许下，两位驻藏大臣孤注一掷，诱捕并杀死了珠尔默特那木所勒。而他们两人在随后的骚乱中毙命，另有数十人受伤，政府的粮仓也遭到劫掠。满洲对拉萨和西藏的统治受到了威胁。

在这种形势下，乾隆面临着他的父亲和祖父曾面对的挑战，即如何才能更好地构建起中央政府和拉萨之间的关系。乾隆似乎已经想付诸一场惩罚性的战争，全面占领拉萨并向西藏中部进行殖民，但是，乾隆的宗教导师若必多吉（Rolpai Dorje）从中进行了协调。若必多吉即第三世章嘉呼图克图（1716～1786），如第五章所述，他是清代著名藏传佛教领袖，担任过雍正、乾隆朝国师，扮演的是清代的类似于八思巴喇嘛那样的角色。他说服了乾隆，作为“密宗护法”，乾隆应当放弃这样一场激烈的军事行动。七世达赖的果断行动在一定程度上缓解了乾隆的困境，他迅速重建了西藏的秩序，并表示愿意与满洲皇帝保持友好关系，这样就疏远了他本人与准噶尔的关系。在这次事件之后的协商中，双方勾勒出了一种新的管理西藏地方的模式，即众所周知的《西藏善后章程》十三条。清朝给予达赖喇嘛和班禅更多的自主权；增加驻藏大臣的权力；建立一个由贵族组成的噶厦取代个人的摄政。双方希望这种基于供施关系的理想历史模式能够确保西藏的长久稳定。鉴于乾隆在藏传佛教中的长久兴趣，以及满洲皇帝与文殊菩萨之间的密切联系，乾隆在协商中的态度非常强硬。当然，这并不意味着他对佛教艺术与建筑的慷慨资助，对佛经翻译和印制的赞助以及他对五台山的巡游只是单纯的政治行为，只不过这些行为与其个人信仰完全结合在了一起。

改进后的清朝在西藏的统治体系运转非常良好，清政府在这一地区的影响力一直维持到了 20 世纪初。它避免了长期大规模驻防的花费，还给予西藏地方很多的自主权，同时，也承认了大清皇帝的最高统治权。或许更重要的是，这种特殊安排使得乾隆皇帝在西藏的世界秩序尤其是对外关系中，也拥有了自己的独特地位。在 18 世纪 80 年代末，这一点表现得非常明显，当时以尼泊尔为中心的廓尔喀王国企图向北扩展影响，但是遭到了满洲士兵而非西藏士兵的抗击。清朝利用此次干涉，对西藏和朝廷之间的关系重新进行了调整，清政府首次制定章程，要求通过“金瓶掣签”来选定包括达赖喇嘛在内的新的重要的转世灵童。不过，根据记载，1792～1912 年，仅有十世、十一世和十二世三位达赖喇嘛是通过“金瓶掣签”选定的。这可以充分说明乾隆之后，清朝在西藏的统治日趋衰落。

人口与经济

与对领土扩张的高调宣传相比，对发生在乾隆时期的人口增长的宣传则要低调很多，但是，人口扩张的重要性其实并不亚于领土的扩张，二者至少是旗鼓相当的。18 世纪的人口爆炸在本书前几章中已经有所提及，1700 年时国家的人口约为 1.5 亿，到 1750 年时人口超过 2 亿，1800 年时则已超过 3 亿。直到 19 世纪中期，人口增速才有所降低，此时全国的人口已经高达 4.1 亿左右。这种不可思议的增长似乎有些不可信，对此存有疑心的读者可能会认为这或许是以前的统计数字过低造成的。

清朝像以前的王朝一样，强调人口普查的重要性，上述人口数字就是基于这些调查而来。同样，清朝也像前代王朝那样无法保证人口普查的准确性，因为以往的人口普查缺乏现代人口普查中的误差分析。不过，迄今为止，研究此问题的学者们并不认为清代的人口数据存在很大的谬误，因为，不同于前代，清代并非依据家庭规模来征税，这样就减少了一个少报人口数的因素。而且，更为可信的 20 世纪初的统计数字大体上也可以证实清代的人口数据。简言之，中国人口在清代特别是在乾隆时期急剧增长是确凿无误的（20 世纪后期也出现了类似的人口增长现象，从 20 世纪 50 年代至 80 年代，中国人口数量翻了一番）。不过，我们至今也不太清楚为什么在那个时候会出现人口的骤然增长。一种可能性是 18 世纪的生育率突然上升。但是，迄今为止有关这一问题的研究似乎尚无法为这种可能性提供合理的解释，因为在中国历史上并没有哪个时期的生育率明显高于其他时期，或是高于同时期世界其他地方。而且，尽管医疗技术和生活水平得到提高，尤其是在城市中，有可能会降低由分娩、疾病导致的死亡，但是，并没有确切证据表明死亡率在同时期出现相应的下降。也许，促进人口增长的一个可能因素是像番薯、玉米和花生这样的新作物的出现，这些营养丰富的食物可以在相对贫瘠的土地上生长。

无论如何，人口增长在当时已经引起广泛关注，并被视为皇帝仁政和上天佑助的例证。但是，也有人开始谈及人口增长带来的问题，官员们警告说，人口增加让农村变得拥挤，没有足够的土地容纳这些新增人口，结果是地力耗尽，食物短缺，物价上涨，贫困蔓延。

然而情况也许并没有那些人所想的那么严重，即便是在18 世纪晚期，马戛尔尼使团成员之一的斯当东在其记载中称，他们所到之处“基本上没有严重的贫困现象”。不过，乾隆依然认识到，身为皇帝，他应该保证国家的和平与繁荣，关注如何解决这么多人口的衣食问题。他说：“安忍己垂裳而听天下之民之有寒不得衣，己玉食而听天下之民有饥不得食者乎？”乾隆鼓励从东南亚进口粮食，并严禁产粮省出口粮食。18 世纪 40 年代，乾隆延续了他父亲推行的一项政策，强调尽可能开垦新的可耕地的重要性，特别是在山头地角、河滩和海岸这样的边缘地带。所有土地，不管是坚硬如石，还是贫瘠、偏僻，都应该得到开垦。为了鼓励农民的积极性，他将土地无偿给予那些响应他的号召不辞劳苦去开垦土地的农民，并延长他们的免赋时间。此外，他还改变了一项长期实行的政策，放松了对汉人家庭移民东北和蒙古东南部这些土地肥沃的边疆地区的禁令，甚至允许他们移民到他所钟爱的承德周边去进行垦殖，结果导致了这一地区大量森林的迅速消失。满洲故地的南部到处都是山东来的无地汉人农民，他们向盛京的移民一直持续了一个世纪之久。

举国上下，人们都在为自己和家人寻找生存空间。在东南，大批福建人移居台湾；在西南，越来越多的汉人移民不断与苗、傣和彝等土著居民发生冲突。在西部，如前所述，国家在1760年以后积极鼓励内地农民移居准部。最初新疆的补给大多由甘肃省提供，为了减轻甘肃的负担，国家还在新疆建立了军屯，并在南疆招募熟悉中亚独特灌溉技术之人到天山北部，以恢复这些地方的农业生产。1740年到1774年这35年间，共开垦了约19万顷新耕地。到1785年，全国各地呈报的耕地面积将近1000万顷，比200多年前增加了三成。如果国家的粮食储备能够因此而大量增加，那就说明这些政策是行之有效的。乾隆早年因为觉得酿酒浪费粮食，曾经想要禁止酿酒，这一措施如今好像并没有太大的影响和必要了。

当然，纵然有国家的积极干预，可耕地数量终究不可能无限扩大。一般说来，养活一个人需要四亩地。随着人口的快速增长，这一比率在乾隆时期日益下降，从1766年的每人3.35亩降为1790年时的每人3.33亩。为了提高农民的生活水平，乾隆命人印发了一些小册子，教育农民使用最新的种植、灌溉和施肥技术，他还教导官员们要关注新的农作物和成功的农业革新。如果土地不适合种植粮食作物，乾隆就让地方官向农民说明种植棉花、桑树（用于养蚕）、果树、油料作物、糖、烟草或者其他经济作物的好处，同时官员们也要协助农民寻找产品销售市场。在绝大多数情况下，这些都不太难办。通过乾隆时期的商业网络，各种货物得以在全国大规模流通。一位长期居住在中国的耶稣教士说，

“中国国内的贸易量如此之大，整个欧洲的商业都无法与之匹敌；中国各省就如同许多国家，可以互相交易各自的产品。这有利于加强各省民众间的联合，也可以促进各地城镇的繁荣发展，民众的安居乐业”。

这里提到的地方产业的专门化可以增加我们对某些地方的特定产业的了解，如江西的瓷器（景德镇的瓷窑每年生产大约100万件瓷器）、江南的丝绸、福建的茶叶、云南的木材、湖南的大米，这只是其中几个例子。这些产品以及其他产品的长途贸易以及与此相关的船运、经纪业和钱庄，在国家经济中占据着重要位置。确实，18世纪中国的粮食贸易总量是欧洲粮食贸易量的5倍，它更应该被视为是一种大陆经济。不过，我们不应因此而忽略这种经济存在的很大的局限性：据估计，30%的产品和服务都局限在产地方圆160公里之内。

乾隆时期贸易繁荣的原因之一是，在儒家传统之影响下，国家几乎不对地方贸易征税。虽然对国内和国际贸易征收赋税是国家重要的收入来源，但是这样的税负在乾隆时期可谓微不足道，且并不属于国家的正式税收。乾隆在其统治初期，还对小本买卖的税收进行了限制：“其在府、州、县、城内，人烟辏集，贸易众多，且官员易于稽查者，照例征收，但不许额外苛索，亦不许重复征收。若在乡镇村落，则全行禁革。”国家的主要收入来源是农业而非商业。对于农业税，乾隆的指导原则也是轻赋。田赋平均占到每户收获量的20%，以白银或实物征收，这取决于人们的居住地（富庶地区所征货币较贫困地区要高很多）。国库依赖的就是这种税收，每年共计约2800万两白银，约占政府收入的2/3。

因此，乾隆同意进行新的土地调查，但不提高 18 世纪初制定的田赋的征收标准，这对于乾隆后半期的统治来说，其意义可谓重大。因为清朝的税收体制意味着人们无须隐匿家庭人口，但它确实会诱使人们隐瞒自己拥有的土地面积。在乾隆时期，包揽行为非常普遍，即人们将自家土地虚报为邻近的士绅家族所有，因为拥有功名者可以少缴赋税。由于朝廷宣称新开垦的土地也免征税负，因此，随着时间的推移，承担税负的群体就日益缩小，导致越来越多的家庭家道中落。这反过来又拖累了经济，并给政府带来了新的问题。虽然政治上代价高昂，但是，重新评估应课税财产，可以缩短这个经济贫困的过程，并且可以使后人拥有一个更加牢靠的财政基础。不过，由于康熙皇帝在 1713 年宣布永不加赋，乾隆出于孝道而没有采取这一措施，从而导致国家收入减少，而这些收入原本能够解决因人口剧增所引发的更多的需求。

确保民众之福祉

这些政策体现出当时多数统治精英认可的一种信念，即国家拥有的资产有限，而这些资产应该尽可能地广为散发："朕思海宇乂安，民气和乐，持盈保泰，莫先于足民。况天下之财，止有此数，不聚于上，即散于下。"在乾隆统治时期尤其初期也存在这样类似的关注。"自古致治以养民为本，而养民之道，必使兴利防患"，乾隆曾说，"水旱无虞，方能使盖藏充裕，缓急可资"。在这方面，尽管儒家经典对于乾隆时期经济政策的形成具有影响，但是，乾隆更为关注的是其底线：这种结果是他们所需要的吗？这些数字究竟意味着什么？例如，乾隆总是担心瘟疫或是恶劣的天气，并经常关注全国各地的降水量。最让乾隆生气的是官员们对早期旱灾迹象的瞒报，而最让他高兴的则是官员们奏称当地风调雨顺。1744 年春的一天早上，畿辅之地下了一场透雨，乾隆接见群臣时说："不知百姓今皆趁种否，籽种备否？何不详悉奏闻，以慰朕怀？"

除此之外，乾隆很清楚迟早会出现粮食歉收之事，因此建议政府要提前做好准备。下面的谕令也出自 1744 年，其中总结了他对这一问题的看法：

> 国家继绪百年，至于今日可谓成平无事。然于无事之日，而竟谓无可事事，则将来必有事随之。怀安即是危机，狃治即为乱本。朕幼读诗书，颇谙治理，御极以来，无日不思措天下于邳隆。今起视天下，太平果有象乎？目今生齿益众，民食愈艰，使猝遇旱干水溢，其将何以为计！我君臣不及时筹划，又将何待？

这些"及时筹划"中的主要措施是遍布全国的发达的官仓，在乾隆统治时期，这些官仓的粮食贮备翻了一番。因其可以稳定粮价，这些官仓又被称为"常平仓"，在遇到紧急事件时，它们可以行之有效地缓解粮食供应问题。例如，在 1743～1744 年河北省的饥荒中（乾隆时期最严重的灾害之一），官员们在进行了实地调研后，根据受灾的严重程度划分了灾民的等级，为受灾民众搭建起了临时帐篷，粜米煮粥，为 160 万饥民提供了粮食。此外，军队的粮食供应有时也会出现问题，常平仓就须额外为军队的运转提供粮食。

应该说，到乾隆中期时，对于维持这样一种强有力的国家干预行为，乾隆似乎有了其他的考虑，他更倾向于让市场在其中能够发挥越来越大的作用。这一转变，加之军费逐年增加和腐败日渐严重，严重削弱了常平仓的作用，导致 19 世纪和 20 世纪国家对灾害和饥荒的救济远没有乾隆初期那么有效。

毋庸置疑，对这类灾害最好的准备是预防灾害发生。对于地震和旱灾，除了特殊的祈愿和祭祀（乾隆经常进行）外，几乎别无他法。但是，对于自古以来经常暴发的洪灾，情况就大为不同。数个世纪以来，国家的主要职责之一就是维修堤坝，防止河水泛滥。河务的治理焦点是黄河，因为黄河河床很高，在历史上就易于泛滥；黄河泛滥之时，大水轻易就能淹没整个华北平原，冲毁庄稼，冲走家畜，家园遭到破坏，生灵涂炭。乾隆在 1756 年的南巡中，有机会亲眼目睹了这一悲剧，他说，“菜色嗟惄视，蓝缕鲜完衣。踉跄或无屣，实泽果遍及”。

治理洪水不只是建设堤坝和海塘，还需要挖掘疏通河道，及时管理那些连通江河湖泊的水库、容易泛滥的河道和排水沟渠。有些能员干吏甚至还设法对多余之水加以引导，以作灌溉新田之用。治水失败将会导致灾难性的后果，所以，对于统治者乾隆而言，水利治理可谓一个让其一展身手的竞技场。但是，不同于遥远边疆战事失利，如果君臣治水失利，黎民百姓立刻就会有切身体会。难怪乾隆要像以往那样将政府年收入的 10% 用于全国防洪工程的建设和维护（乾隆南巡的理由之一就是巡视这些公共工程）。如同取得军事胜利一般，乾隆也立了很多石碑作为治水胜利的标志。多数人都认为乾隆在这方面取得了重要的成就。

在应对水旱灾害方面，乾隆通常采取的措施是下令蠲免受灾郡县的税收。免除那些没有收成的农民一年、两年或者更多年的赋税，是一种直接减轻受灾家庭负担的办法，这非常符合乾隆所持的国家财富用之于民、国家税负应该控制在最低水平的整体理念。即使在未发生自然灾害之时，乾隆有时也会实行这种减税政策，他曾于 1745 年、1770 年、1777 年和 1790 年先后四次下令在全国范围内恩免赋税。他认为（并非所有大臣都如此认为）国库足够充盈，免除部分税收并不至于对国库安全产生影响，仍然能够保障消费支出。上述免税总额高达 1200 余万两，人们由此可以想象乾隆后期的经济规模多么巨大。乾隆能够四次而非一次恩免赋税，充分说明在其统治下，国家的财富和自信都达到了无以复加的水平。此外，他还曾三次免征国家主要产粮区的漕粮（用于供应京师）；无数次免除受灾省份和州县的赋税；在土地开发政策中，免征新垦土地赋税。乾隆之慷慨令人印象深刻，但是，这种慷慨自然也要付出代价，它限制了国家财政收入的增长，乾隆没能预见到王朝还需要更多的资源以应对不断增长的人口和不断扩大的版图。

政权的局限

乾隆的赋税政策主要并非出于慷慨或是造福大众之考虑，而是基于这样一个事实，即皇帝以天子之名掌控着非常重要的资源，而且政府的直接开支也相对较少。中央政府唯一需要承担的永久且重要的开支是占国家预算比重最大的军事开支，大约要占到 60% 甚至更多。相比之下，官员的开支要小得多。在 20 世纪前的中国，完全没有大多数近代政府需要维系的庞大官僚机构。而国家需要保卫边疆、维护和平、执行律法和解决危机。它的代表性任务是树立道德典范，以赢得民众的信赖（乾隆常常强调“自古有治人无治法，而治人概不多得”），其他方面则顺其自然。相对于总人口来说，官员数量很少，在 18 世纪中期这一比率平均为 1∶100000，而且俸禄较低：一个县令的基本薪俸每年只有 45 两白银。因此，他只能依靠地方士绅进行管理，这些地方士绅往往来自有功名的家族，他们在地方事务管理方面提供了很多的财政资助。这种资助至关重要，因为地方官通常需要自己招募办事人员，包括师爷、主簿、衙役、随从、捕快以及守卫。另外，与地方望族搞好关系，可以使新任官员了解当地的详细情况，有益于对地方的管理。

只要官员忠于朝廷，且官员的贪腐和滥用职权行为在朝廷的可控范围之内，不至于影响到国家基本的税收和稳定，那么官员和地方社会之间的共生关系就可以获得长期的良性发展。为了避免官员与地方关系过于亲近，省级官员三年就要进行轮换，而且，在任何情况下官员们都不能在自己的家乡任职（回避制度）。官员一个任期结束时，需要对其任职表现做出评估，而这种评估会对其下一个任命产生直接影响。但是，在乾隆统治后期，开始出现一些令人不安的趋势。其一，朝廷任命的官员与地方权势人物之间的联系日趋密切。其二，官员之间的关系超出了君臣之间的关系。这两种趋势都说明个人与皇帝之间的私人关系日趋松散，标志着在乾隆统治后半期，乾隆的权力开始衰弱。

第一个趋势可以与乾隆时期的人口急速增长联系起来。因为人口虽然翻了一番，但是民事官员的数量并没有相应增加，与康熙时期的官员数量相差不多。这就导致那些超负荷工作的地方官员如今需要负责管理的地区的人口已经是几十年前的两三倍。由于中央政府并没有提供持续的额外财政资助，地方官们苦恼日增，不得不想方设法在当地寻求其他可能的财源，这就导致中央与各级州县地方政府之间产生了隔膜。对金钱的需求日益迫切，自然使得他们难以抵制收受贿赂、敲诈勒索的诱惑，或者偶尔也会来些阴谋诈骗。为了维持政府最低限度的财政支出，这也是迫不得已之事。几乎每项工程（如修建桥梁、建造神龛、修缮寺庙等）所需的资金都需要那些富户捐赠，当然，这些人也乐于响应地方官、政府或是皇帝的号召，尤其是在捐纳可以获得较低的候补官衔时更是如此，因为这些官衔可以使他们减免赋税。这种筹集资金的方式是如此成功，甚至连军事行动也有赖于此。事实上，越来越多的证据表明，捐纳的现象非常普遍，后来成为国家收入的重要来源，而其所占比例甚至高于我们以前对此的想象。

第二个趋势则反映了清代官僚机构或者更确切地说任何一个与权力和金钱相关的大机构不太可能避免的特征，即派系活动。在前几章中已经提到，在中国，朋党政治一般都不受人信任。但是，派系活动似乎又是不可避免的，因为不同的人对于问题的解决总有不同的看法，有时甚至对问题本身究竟是什么也存在争论。另外，在中国，急于创业的年轻人为了得到能够让他们步入仕途的功名，总要经过激烈的竞争。幸运的话，他们会成功地赢取声誉，谋得权力和威望。在这种氛围中，一个人绝不可能有太多的朋友；同时，一个人也绝不可能知道谁才是他的朋友。这就使得不同的官员采取了不同的策略。一些人选择碌碌无为和推卸责任，另一些人则选择更为冒险的道路，他们或者提出大胆新颖的倡议，或者弹劾他们所察觉到的违规行为。相对来说，乾隆更喜欢后者，他会将那些仅会趋炎附势的人革职。但是，如果乾隆发现某一官员行为不端，或者更为糟糕的，掩盖自己的错误行为，他会立即对这些官员进行惩罚。无论怎样，每位官员都会发现自己不可避免地要选择立场，而那些坚持不做选择的官员通常会发现自己陷入孤立无援、被边缘化和缺乏影响力的境地。

和珅和长期的腐败问题

虽然政府的规模明显需要扩大，但是，乾隆对此却从未加以认真的考虑，他没有增加地方官员的数量，也没有对其所继承的政治模式进行基本的改造或变革。乾隆当然不会容忍制度性的政党的存在，在他看来，唯一紧要的政党就是他本人。但是乾隆最不能容忍的一件事就是官员们的严重腐败。百姓必须能够信任那些管理他们的人，因为这从根本上反映出的是他们对皇帝的信任。乾隆谨记康熙后期政局混乱的教训：过于仁慈只会滋生欺诈，并使皇权日益分散。而且，乾隆相信官员不忠会危及皇帝的正统地位，削弱帝国有效施政的能力。因此，这种不忠就相当于背叛，是最严重的罪行。所以，乾隆鼓励人们秘密向他汇报官员们的可疑行为：收受贿赂、欺诈、任人唯亲、滥用职权和瞒报等。这样就能使乾隆有效控制官员，确保实权为其一人掌控。出于同样的原因，如果想要清除政敌，那么控告他犯有腐败行为就是一个非常好的办法。至于控诉的真假则由皇帝决定。

摆在乾隆面前的所谓弹劾案件有数百件之多，其中绝大部分都与挪用国家资金有关。这是因为乾隆在登基后曾宣称要改变其父亲雍正时期的苛刻政策，导致很多官员心生贪腐之念。乾隆被迫改变初衷，在其统治初期坚定了惩治贪腐之决心，下令任何案件只要涉赃额超过一千两，案犯就将斩立决，数十名官员因此丢了性命。这种政策似乎取得了一定的效果，一段时间内，以前频繁出现的丑闻逐渐消失了。

不过，到了乾隆统治的后半期，官员贪污这一严重问题再次出现，每隔几年就会爆出一些重大案件。由于上层官僚之间通常总会相互包庇，一人被捕不会牵出其他人，因此对官员不法行为的揭发和对罪犯的追捕都很困难。而且，由于贪腐的风险越来越高，其涉案金额相应也越来越大，一般都高达上万或数十万两白银。乾隆企图扭转这一局面，但同时，当他发觉批评的矛头直指他本人的时候，他便失去了耐心。1780 年，内阁大学士尹壮图奏称多数省份的财政收入都被政府官员无耻侵占，却遭到了乾隆的严厉斥责："若如尹壮图所奏，则大小臣工等皆系虚词贡谀，面为欺罔。而朕五十余年以来竟系被人蒙蔽，于外间一切情形全无照察，终于不知矣。"

就在这一年，发生了一起有名的案件。出身显赫旗人家庭且极有权势的云贵总督李侍尧①被人揭发贪赃枉法，包括进行权钱交易、以高价向下级官员兜售低价得来的珠宝、侵吞国家财产以及通过修建府邸收受贿赂等。乾隆命御前大臣和珅调查此案，和珅奏称李侍尧的部下几乎全部涉案，全省账目需要仔细复查。经过调查，许多官员被革去官职，名望扫地。李侍尧名下的三万非法所得银两足以让其被判处死

① 李侍尧，字钦斋，二等伯爵李永芳四世孙，汉军镶黄旗人。其父李元亮担任过户部尚书。李侍尧在乾隆初年曾被乾隆接见，先后出任军机处章京，热河副都统，工部侍郎，户部侍郎，广州将军，两广、湖广、云贵三省总督等职。——译者注

刑，但是乾隆犹豫了，被最信任的官员之一背叛让乾隆非常烦乱。因此，乾隆怀疑各省督抚中没有能够让他真正信任的人。最后，在和珅的建议下，乾隆宽恕了李侍尧，并恢复了其总督之职。

乾隆的这一行为向大家暗示，年迈的皇帝已经没有当年的魄力去严惩官员们的渎职行为。在接下来的几年里，越来越多的贪腐案件浮出水面。1781 年，就在李侍尧一案结案之前，乾隆得知以布政使王亶望为首的甘肃全省官员在三年间上下勾结，通过捐监①中饱私囊。为使利益最大化，官员们常常夸大旱灾的影响以获得更多的赈灾粮，这样就需要地方名门望族予以更多的捐助。而捐监者可以被授予国子监生，就可获得盐菜银，并有资格应试入官，可谓迅速致富之良机。乾隆一度感到极为困惑，为何像甘肃这样的贫困省份突然间会冒出如此多的监生。而且，无论怎么慷慨大方，粮仓储备也不至于如此之低。最先派去调查的人被当地官员收买，所以乾隆无法获知事情的真相，遂将此事暂时搁置起来。人们可能会感到奇怪，甘肃省奏报的全省捐粮总数相当于全省粮产量的七倍还多，乾隆怎么可能会相信其中没有甘肃布政使的猫腻呢？乾隆甚至还认为甘肃布政使政绩突出而对其予以了奖赏，将王亶望由甘肃布政使升迁为浙江巡抚。

最终，幸好还有一些正直清廉的官员不断对此进行调查，方才揭露出了这一阴谋的细节。事实的真相是，旱灾是虚构的，而许多捐监者并非来自甘肃，而是来自江南，他们

---

① 捐监，清代捐纳制度中的一种，因出资捐报而取得监生资格的人须向当地官仓捐交一定数目的谷粮，时称“捐监”，遇到灾荒即用这些粮食赈济灾民。——译者注

冒充甘肃本地人，利用当地文化教育较为落后、科举较为容易的机会，来当地获取功名。此次腐败案件的波及范围可谓空前。一百多名官员因骗取国家一千多万两银而获罪，这些银两相当于国家年收入的1/4强。在这一百多名官员中，有约60人为自己的贪婪而被斩首。在这一案件结案之后的一段时间，甘肃全省许多官位空缺，没有足以可信之员来管理该省事务。

第二年又爆出了另一个政治丑闻，这一次是山东巡抚国泰与其同党，包括布政使于易简，卷入一起阴谋之中，他们涉嫌收受贿赂，导致山东各州县的常平仓全部出现亏空。乾隆再次派和珅前去调查，结果再次证明那些指控所言不虚：账目上的几百万两白银不翼而飞。至山东巡抚被处决之时，浙江又出现了一起类似的指控，当时浙江省的账目中亏空了一百多万两白银，更多的乾隆亲自遴选的官员被发现卷入其中。自此以后，一直到皇帝退位，几乎每不到半年就会爆出新的弹劾案。谣言迅速蔓延，有人被捕、招供，然后是更多的人被捕，《北京公报》上不断刊载皇帝愤怒的上谕等，则证实了这些传言并非虚无。从皇室到市井，政府的腐败成为人们的日常话题。

而在乾隆看来，在这些欺诈行为中也存在一些积极因素，其中之一便是所有被没收的贪官污吏的家产都流入了乾隆的腰包，大大增加了他的财富。而财政赤字和粮食亏空则由那些被免官员的继任者负责。另一个积极因素是满、汉官员都卷入了这种犯罪，这样乾隆就无须担心存在汉官通过腐败来故意破坏国家政治体制的阴谋。但是，看到那些本应更加效忠皇帝的满洲官员同样也在做着有损皇帝统治之事时，乾隆也会感到不太舒服。不过，好在还有一些值得依靠的、公正廉明的官员让乾隆感到些许安心，这些人对乾隆总是以诚相待，不收受贿赂，不会为了一己私利而欺君罔上。他们之中多数是满洲人，包括阿桂（他平定了1781年甘肃的苏四十三起义）和傅恒，此二人均出身显赫，担任过军机大臣，战功卓著，威名远扬；还有舒赫德，他因刚直不阿以及在关键问题上敢于直言进谏皇帝而闻名。当然，另一方面，也有和珅这样的官员。

和珅出身于北京一个普通旗人家庭，天资聪颖，9岁时就进入专为那些有天资的满洲子弟设立的咸安宫官学学习。他17岁时娶了大学士英廉的孙女为妻，这对和珅而言可谓福音，因为这让他结识了许多权贵，并在不到20岁时就承袭了三等轻车都尉。这一职位虽然俸禄有限，却会让他偶尔置身于皇帝的侍从之列。两年后，和珅引起了乾隆的注意。

乾隆之所以会对年轻的和珅产生兴趣，一种说法是，和珅的一些细微特征让皇帝想起了皇后富察氏；另一种说法是，和珅因其能够背诵出他一年前应考时所作的文章而给皇帝留下了印象。无论如何，和珅明显受到了乾隆的关注，1771年，乾隆提拔和珅为三等侍卫。在接下来的几年里，和珅以令人惊异的速度迅速步入政府高层，并于1775年在军机处上行走。对于一个尚无多少资历的25岁才俊来说，这种经历真可谓闻所未闻（阿桂在60岁时才成为军机大臣）。自此以后，一直到1799年乾隆驾崩，和珅的仕途一直都是一帆风顺，不断升迁，几乎不费吹灰之力，这与乾隆时期的其他大臣形成了鲜明的对比。到1790年时，年仅40岁的他已经出任过几乎所有的官职，并获得了几乎所有的荣誉。更有甚者，这一年，和珅之子迎娶了皇帝最为宠爱的女儿和孝公主，婚礼之奢华让人难以想象（在第三章中有述)，这就使和珅合法地成为了宗室成员。

和珅现象在清朝可谓前所未有。许多人对和珅的成功产生了质疑，甚至有少数勇敢的大臣试图将其拉下马，但是皇帝却坚定地选择支持和珅。因此，多数官员看到和珅地位强大并且稳固，都明智地选择站到了他那一边。结果是，在乾隆统治的最后20年中，实际上是乾隆和和珅共同支配国家权力。如果和珅能够确保皇帝利益至上，那么这种前所未有之事可能还不至于产生灾难性的后果。但是，糟糕的是，和珅在任上可谓为所欲为。一方面，和珅对待乾隆极尽谄媚(朝鲜使臣的记载反映了当时的流言，他说“皇帝若有咳唾，和珅以溺器进之”)，另一方面，他却一直蒙蔽乾隆，破坏了皇帝的权威。乾隆对他这位得力助手的信任使得他本人根本意识不到派和珅前去调查各省的腐败案件本身就极具讽刺意味，因为此时正是和珅本人在带头侵吞国家财富，也是和珅本人在为后来那些因不法行为而不得不予以抓捕的人提供庇护，并从中渔利。乾隆在其统治后期的失误使得他本人和国家都付出了高昂的代价。

只有在乾隆驾崩之后，这种代价的严重程度才真正显现出来。新皇嘉庆为铲除其父之宠臣和珅已经等待了很长时间，在乾隆驾崩仅三天之后，和珅就被指控犯有20项不同的罪名而被抓捕。一周后，和珅被赐自尽，和珅的巨额财产自然归还到了嘉庆之手。在和珅的财产被开列清单后，其家产终于浮出水面，达到了令人震惊的八亿两白银，比国家20年的财政收入还要多，足够再来一次“十全武功”。正如民谚所说，“和珅跌倒，嘉庆吃饱”。当我们想起，60年前的官员仅仅贪污一千两白银就会被处死，而这与和珅的贪污相比不过九牛一毛，从中足见随着时间的流逝，皇权遭到了多么严重的削弱。我们也可以看到乾隆依赖个人之间的关系来维系君臣关系的局限性，由于缺乏系统的防范和监管，这种个人之间的关系易于走向极端：我们目睹了乾隆姻亲和珅骇人听闻的奸猾狡诈，这与皇帝姻弟傅恒的忠心耿耿形成了鲜明对比。

纷乱四起

在乾隆后期，政府办事效率不断降低、官员贪腐事件不断增多并非秘密，但这些贪官毕竟只处于食物链的低端，他们必须去供养处于高端的和珅和其他高级官员。另外，人口压力以及对稀缺资源争夺的加剧，都成为社会日益动荡不安的重要原因。有关土地所有权的争夺骤然增多，而这种争夺通常会以命案和斗殴等收场；由于事务繁多，濒于极限，地方官员几乎无暇对此进行处理。人口的不断外流，尤其是未婚男性（所谓“光棍”）自世代居住的乡村向边疆新定居点的不断外流，形成了新的社会群体，其中缺失了那些用于联结乡村生活结构的传统制度。在他们的地盘上，出现了非官方的兄弟会、白莲教和血腥的仇杀，所有这些都越出了国家的控制范围。经济商业化的不断加强带给很多人财富，同样也侵蚀到旧有的、更为个人化和更为稳固的交易模式。从乾隆中期开始，物价不断上涨；到了乾隆末年，一些地方的米价已是乾隆初年的三倍。土地所有权易手频繁，以至于佃户都不知道谁才是真正的地主，导致不断发生因逃租而引发的冲突。即使是那些境况较好的人也无法承受征税者不断提高的要求。另外，对森林的过度砍伐、对水资源的肆意使用以及表层土壤的大量流失，导致自然灾害频繁发生，最终使得整个形势进一步恶化。在自然灾害日益频繁发生之时，用于赈济灾民的粮食和资金从未能够到达灾民手中，因为负责赈灾的官员侵吞了救灾银两，变卖了所有的赈灾粮食，于是导致群情激愤。在乾隆统治后期，抗议、骚乱、暴动频繁爆发。

可以肯定的是，在18世纪前几十年，乡村也曾经发生过骚乱，但是其发生频率及严重程度显然无法与以1774年山东王伦起义为发端的乾隆朝最后三十年的骚乱相比。尽管王伦起义很快就被镇压，但是，这次起义就发生在皇帝眼皮底下，人们有时认为它标志着乾隆朝的气数已尽。随后，甘肃省于1778、1781和1784年，山东于1781年，河南于1785年，湖南和贵州于1795年都爆发了起义。后两次起义还有以前的反抗者苗人卷入，乾隆在其统治之初曾与他们进行过战争。这里尚未提到当时爆发的两次最大规模的起义，一次是1788年的林爽文起义，一次是1796～1804年的白莲教起义。二者都对中央权威形成了严重的挑战，清朝在付出巨大的代价和努力后，才镇压了这两次起义。

历史学家对林爽文知之甚少，他们只知道林爽文1757年出生于福建一个贫苦农民家庭，1773年随其父移民至台湾以谋求更好的生活。林家居住在台湾西海岸富庶的农业区彰化附近，来自大陆的移民几乎都聚居在那里。几十年前，在乾隆的允许下，汉人开始移民台湾，尽管如此，台湾依然是一个边远地区，很多来到这里的人都是目无法纪之徒。他们与岛上原住民之间常发生械斗。清朝在台湾只有一座军营，驻有约6000名军纪涣散的士兵，其民事管理能力非常有限，这就意味着那些移民实际上只能依赖自己的才智来进行自我管理。由于岛上并没有建立起大陆那种乡村头人或是世系族长的制度，在大的乡村社会之间或是乡村社会内部常常发生的争斗，尤其是围绕土地纠纷发生的争斗，通常都是以地方关系为基础的。此外，像主张成员间互助友爱的天地会之类的秘密结社在台湾西部的蛮荒之地也找到了富饶、适合的土壤。林爽文与许多人一起加入了天地会。1787 年底，彰化知县决定抓捕一些闹事者，导致暴乱迅速失控，彰化知县和其他两名官员被杀，谷仓和军械库被抢。

此时，林爽文公开领导揭竿造反。但是，造反者从未明确提出自己的要求。乾隆命令刚刚失宠的李侍尧连同其他福建官员前往平定叛乱，但是这些官员平庸的指挥能力导致清军困守于岛内几座城池之中，岛上多数地方都落入林爽文领导的十万部队之手。经过六个月的无用之功，乾隆最后寄希望于他宠信的满洲将领福康安（傅恒之子，皇后富察氏之侄），希望他能从叛乱者手中夺回对台湾的控制权。1788 年底，福康安带领一支由六万人组成的新军队抵达台湾，并立刻投入战斗。在令人生畏的身经百战，曾在新疆、缅甸、金川作战的海兰察的帮助下，清军不到一周就击溃了叛军主力。林爽文看到大势已去，便逃往山内，不久在那里被俘，之后被解往北京，很快就被处死。乾隆接下来对台湾的官员进行了清洗，因为这些无能的官员才是此次严重骚乱的罪魁祸首。同时，在接下来的几个月里，清军不断搜捕那些曾经参与叛乱之人，导致成千上万的人又逃回大陆，无形中又将天地会的主张和组织习惯传到了福建等地。19 世纪，天地会在这些地方再次兴起，不过那时它在底层社会被称为洪门或者三合会。

比林爽文叛乱制造的灾难更让朝廷震惊的是，自 1796 年起，在靠近统治中心的华中、华北大部分地区爆发了多次起义，持续了几乎 20 年的时间。虽然这些起义之间并无紧密联系，但是它们均受到了当时盛行的将民间佛教和道教信仰结合起来的一个教派——白莲教教义的感召。白莲教信徒除崇拜无生老母外，还相信世界末日即将来临，要为即将来临的弥勒佛降临做好准备，这些准备活动通常包括宣布新的秩序这样一种易被视为反政府活动的行为。

白莲教的缘起至今尚不清楚，但至少可以追溯到 16 世纪，其宗教体系之要素可以追溯至各种各样且名字五花八门的组织。白莲教的主张在最为贫穷的社会底层人群中最具号召力，对他们来说，在新的时代得到救赎并过上富裕生活的承诺能带给他们安慰和希望。教派信徒来自三教九流，且男女皆有，其中多为农民和文盲。随着时间的推移，越来越多的城里人也加入其中。教派领袖亦有男女之分，不过通常多由略有文化的人如草药商、武林高手、江湖郎中，甚至卖艺者担任，这些人可以宣讲白莲教为数不多的经文，也可以教授教徒吟唱白莲教特有的颂歌。由于白莲教的经文和颂歌不在佛教教规认可的范围内，所以它们常被视为异端邪说，这就要求白莲教教徒要秘密行动，以免招惹麻烦。此外，在乾隆时期，一些白莲教教义中已经增加了反清复明的内容。

白莲教与乾隆后期的其他起义一样，背后都隐藏着同样的政治、社会和经济问题。人们有足够的理由去抱怨，也有足够的空间发展同全国各地、各行各业的志同道合者之间的联系。在 1796 年爆发第一次起义时，起义波及的程度远远超出了官员们的估计。政府镇压白莲教的手段残忍且不分青红皂白，比如封锁整个村子，收受贿赂释放“无辜者”等，这反而导致教徒们的顽强抵抗，从而给彻底铲除带来更大的困难。一般人，甚至那些奉公守法之人也并不同情政府。这种战术在朝廷中也引发了反对意见，甚至还对那些受到利用的农民予以同情。但是，当叛军开始占领县城、杀掉官员，并在鄂西大部、川北、陕南以及相邻的安徽、河南等地引发大面积骚乱时，清政府就再不能延缓行动或是缓和立场了。此后，经历了耗时八年、花费两亿两白银的平叛活动后，和平得以恢复，但那时乾隆早已驾崩了。

最后一幕

在乾隆的众多特征中，给人印象最深的是其禅位。在中国历史上，除乾隆之外，唯一主动禅位的是宋徽宗[①]（1100～1125 年在位），他也是乾隆的艺术典范。乾隆称其禅位动机只是出于孝道，这是众人皆知的，但是，我们可以肯定乾隆一定在盯着史书。当乾隆于 1735 年即位时，他便宣布“若蒙眷佑，得在位六十年，即当传位嗣子”，理由是，如果他的统治超过 60 年的话，就会打破祖父康熙皇帝统治 61 年的记录。作为一个贤孙，这一里程碑是他所不能逾越的。

大部分人可能早就忘记了乾隆年轻时的这个承诺。36 年后的 1772 年，乾隆再次重申了这一承诺，他告诉自己的儿子们，他会在 86 岁时退位。不过，直到 1778 年时他才公开重申了这一意图，同时宣布他已经为国家选定了继承人，已将其名字藏于正大光明匾额后面。他还说，如果他在七八十岁后神志稍衰，“不能似今之精勤求治”，他也会在实现统治六十年这个目标之前退位。过了 86 岁生日后，乾隆更

① 在认识到宋朝都城很快会被女真金国攻陷时，宋徽宗禅位。唐高祖（618～626 年在位）也是禅位的，但并非出于自愿。

加频繁地谈及即将到来的退位。从1793年起，在很多谕令中都可以看到乾隆提到了退位，国家权力的具体移交计划亦在进行之中。春节这一天本该是乾隆统治的第61年，但在这一天举行的一个特别仪式上，乾隆正式移交了玉玺。在将统治权移交给他的儿子时，乾隆使用了一个新的称号“太上皇”，而上一次出现这个称号还是在六个多世纪之前。

然而，正如其新称号所示，乾隆本人其实并不想退位。1795年初，他给群臣这样写道：“至朕仰承昊眷，康强逢吉，一日不至倦勤，即一日不敢懈弛。归政后凡遇有军国大事及用人行政诸大端，岂能置之不问?”确实，在他于统治六十周年时颁布的正式宣布新皇身份的谕令中，乾隆明确说他仍将负责所有军国重务。乾隆说这是为了让新皇能够有一个适应期。而且，根据新的方案，“嘉庆”这一年号用于国家历法中，而“乾隆”则将在朝中继续使用。乾隆仍如以前一样居于养心殿，他仍有权发布谕令，并召见军机大臣，而新铸的钱币则一面写“嘉庆通宝”，一面写“十全老人”。

换句话说，清帝国在四年左右的时间里处于两位君主并存的奇怪形势之下：嘉庆是皇帝，但乾隆继续掌有实权。这绝不是一种理想的形势，尤其是乾隆身体日益虚弱，其记忆力也开始减退。老皇帝绝不能接受他已无力有效地解决全国各地发生的叛乱，依然不愿意将日常统治权移交儿子。他从未搬进自己专门设计的退位后居住的倦勤斋，而是仍然居住在养心殿。虽然乾隆也认识到各省之所以遭到破坏，从根本上与其错误统治有关，却仍如往常一样关注自己的历史名声，竭力宣扬那些可以与其十全武功相媲美的成功。他的皇后去世已经很久，所有的老臣也都已经离世，乾隆朝最后一个重臣阿桂亦于1795年去世，他的身边只剩下了贪官和珅，而和珅控制了六部中的三部，有时候和珅好像才是帝国的继承者，而非嘉庆帝。政府机构陷入了停滞状态，导致新政事宜或倡议被搁置一旁或是无限期延迟。嘉庆本人是个孝子，除了依父之意行事之外什么都不能做，只能耐心地等待乾隆的故去，然后再来解决他的困境。

1799 年初，这种异常的政治终于结束。乾隆在接受了来自儿子、孙子、曾孙、玄孙们的新年问候之后的次日，做了最后一首祈祷白莲教叛乱早日结束的诗。几个时辰后，乾隆突然变得虚弱，静卧于床上。38 岁的嘉庆皇帝陪伴着他，乾隆向他的儿子说了最后几句话，对遗留给嘉庆皇帝的未竟事业表示了歉意，一切都如同 64 年前他陪伴在弥留之际的雍正皇帝身边一样。次日一早，乾隆帝驾崩，享年 88 岁。文献称“（乾隆）频望西南”。

几个月后的 1799 年秋天，乾隆被葬于北京以东清东陵中的裕陵，他的祖父康熙皇帝也葬于清东陵。乾隆自己指定了这一地点并亲自监督了裕陵的建造。游人今天仍可参观位于北京东边的这个地方。裕陵地面上的建筑全为汉族风格，令人印象深刻：墓地入口处的石柱高达九米，建筑十分壮观。不过，最特殊的是地宫。地宫两侧是巨大的厚石板，六米高的墙壁上雕刻着精美的梵文，没有一个满文和汉文字符，表明乾隆一生都在致力于佛法。棺椁之上覆有黄色的丝绸幔帐，上以红线刺有梵文咒文。乾隆的石墓旁是其皇后富察氏的石墓。他们的棺椁是地宫中仅有的两具。

结论　天之骄子，世之凡人

乾隆皇帝离世距今已经二百余年。在乾隆驾崩50年后，其统治时期的很多事件仍是人们的谈资，并且也为各种传记、私家所修史书及笔记记载。1840年英国坚船利炮的到来则让乾隆时期的余晖日渐暗淡，英国人通过武力获得了40年前马戛尔尼努力想赢得的外交和经济让步，终结了乾隆皇帝建立起的贸易制度。1851年又爆发了太平天国起义，这一世界史上最猛烈和血腥、规模最大的内战，使得前代的辉煌成就最终成为历史。1911年的辛亥革命推翻了清朝，建立了共和体制的中华民国。但是，中国的民主试验很快于1915年遭到失败，之后，军国主义、法西斯主义、日本入侵、国共内战等，让整个国家长期处于一种不稳定的状态之中。这些意味着在1915年之后的75年中，乾隆皇帝这个曾经在东亚大部分地区具有重要影响的人物，变得与现实格格不入，看上去已经完全丧失了他的历史地位。可以肯定的是，教科书中确实提到了乾隆皇帝，但是其形象要么是一个心胸狭隘而又有迫害情结的暴君，是向中国文坛投下一枚炸弹的恶棍，是让中国陷入落后和衰弱的历史泥坑的人；要么就是地主阶级的朋友，其本人及其亲信贪婪地聚敛财富，在数十年中大肆地对农民和部民进行盘剥，残酷地镇压那些违抗其意愿的人。正是乾隆放任了腐败横行，是他的自大关闭了中国通向外部世界的大门，忽视了对现代武器的需求。简而言之，乾隆皇帝总体上代表了满洲人的统治、列强的入侵以及目光短浅和自私，代表了民族主义的现代化的汉族人所痛恨的充满屈辱的近代史上的一切。1928 年，正在乡间劫掠的孙殿英的部队甚至盗掘了乾隆墓。他们在洗劫陵墓时，粗暴地将乾隆的遗骸弃置一地。

20 世纪末，乾隆的历史地位发生了显著的变化。中国共产党的领导层从政治激进主义向经济实用主义转变，于 1979 年开始实行改革开放政策，逐渐地改变了中国人对 18 世纪和乾隆帝 60 余年统治的看法。经济的迅速发展使得中国成为世界大国，恢复了中国在东亚的支配地位；此时，人们可以回眸一下此前中国在世界上处于领先的最后时刻，即乾隆的时代，当时的中国同样拥有强大的军队、政治局面较为安定、民众创造了大量的财富、其文化为很多人所羡慕。因此，在大众媒体上，对这一时代和这个人物第一次出现了积极的评价，并且在旅游文学作品和博物馆的说明文字中，重新以一种赞同的色彩对其进行了书写。在新的学术成果的影响下，20 世纪 80 ~90 年代的电视剧和历史小说将乾隆尊崇为一个不知疲倦的统治者，他创建了近现代中国的地缘政治蓝图，聚集了世界上最为精美的艺术品。乾隆的名字开始出现在各种地方，包括饭馆、游艇、宾馆、KTV 俱乐部、茶叶、白酒、饮料、中药、陶瓷、抛光砖、地板砖、玻璃纤维等，人们都希望能够将帝国辉煌发扬光大，或是宣扬自己的宏伟事业或优质产品。

乾隆皇帝重新受到的这种欢迎并不局限于中国。自20世纪80年代中期开始，欧洲、北美、日本和东南亚的博物馆举办了很多有关乾隆朝的展览，游客们在这里感受到了乾隆时期的文化的重要性和视觉的辉煌。而数百万前往北京故宫及其周边景点的游客无论如何都免不了要面对乾隆的影响。虽然“乾隆”这个名字在西方还不是家喻户晓，但是正在逐渐为人所熟知。

无论是西方还是东方，能够全面透彻地认识乾隆及其时代并非易事，困难之一在于衡量标准。根据他的经历，可以将乾隆的一生划分为四个阶段。第一个阶段是乾隆的年少时期，1711～1735年。在这一阶段，他接受了正规的教育，并作为宝亲王做好了登基的准备。我们看到的是一个真诚的年轻人，充满了抱负，大清国的未来在他手中。由于前景逐渐明朗，所以弘历认真地学习；他渴望像记忆中的祖父那样成功，因此努力从书籍和父亲手下那些官员的经验中吸取可能的教训，以得出他自己的指导原则。

第二个阶段从他1735年登基一直到1748年富察氏离世，这也许是乾隆统治最为乐观的一个时期。新皇帝清理了雍正的遗产，有效地树立了自己的权威，打造了一种更为宽容而非恐怖的氛围。朝廷发布了大量的谕旨，劝告大家要关注国计民生，切勿骄横。对新政权的基本评价是，所有人和这个年轻的君主一样，对一切日常事务，如降雨、收成、粮价和市场状况等，都充满了激情。富察氏的去世不仅使乾隆失去了一个亲密的伴侣，也让他在随后揭出的包括其儿子在内的很多上层人物并未遵循合乎体统的哀悼礼仪事件中，受到了彻底的打击。他好像突然认识到了并不是每个人都像他那样深切地关注着王朝的大业。

这种经历让他变得更[illegible]坚韧与成熟，这是 1748 ~ 1776 年第三阶段的突出特征[illegible]第三阶段，乾隆显得精力充沛而充满自信。他是一个[illegible]，还享受到了与一群精明能干的文武群臣进行合作的乐[illegible]正是在这一时期，乾隆取得了最伟大的成功。他在中[illegible]腹地开始了一系列广为人知的巡游，与当地文化精英交[illegible]并在江南名胜中留下各种各样的印记：公共工程得到[illegible]，他本人的书法作品悬挂于千年园林的门楣上，沿途[illegible]6000 多匹皇家马匹的足迹。东到曲阜和泰山的朝圣之[illegible]巩固了他对儒家传统的影响，而西到五台山的巡游则让[illegible]以融入千年以来的转轮王的世系之中。为了恢复满洲[illegible]精神并保持自己的良好状态，乾隆每年都要进行木兰[illegible]，并让其成为清帝国日历中的要务。他把这些与在西北[illegible]疆地区的进取政策结合在了一起。在消除了准噶尔的威[illegible]击败了和卓兄弟并把数十万平方公里领土并入清朝版[illegible]，这种政策的效果达到顶点。灵活的外交、创造性的制[illegible]建设和决定性的军事行动帮助清朝扩大及巩固了在蒙古、[illegible]藏和西南边疆的主权。在全世界都在进行帝国扩张的这样一个时期，乾隆及其臣民当然也不例外。

在乾隆统治的第三个阶段，他对文化事业的资助也达到了顶峰。在这方面，他的行为就像一个典型的 18 世纪的君主。在他身边聚集了一大群天才艺术家，乾隆让他们创作了很多有关国家日常生活的视觉材料，这些都成为他统治时期的生动记录。清帝国的作坊制作的绘画、雕刻、瓷器、家具和各种古董充斥于宫廷的每个房间。因为缺乏足够的房间，他又建造了更多的宫殿，其中一些宫殿甚至是西方建筑风格的。每件物品都被编目并贴上标签。他对收藏的热爱也让他拥有了无价的古董和书法作品，乾隆皇帝本人也亲自展示他所喜爱的藏品。武英殿的印坊无法满足他想要印制大量古代经典、佛经、艺术品目录、则例以及卷帙浩繁的历史、哲学作品和包括其本人作品在内的诗作的需要。而且，即使是皇家印坊，也无法印制乾隆的史诗般的《四库全书》，这可是中国历史上最大的丛书。

随着 1774 年山东王伦叛乱的发生，1776 年乾隆任命和珅为军机大臣，以及 1777 年乾隆母亲之死，乾隆的生活步入了第四阶段。频频发生的叛乱和不断揭露出的政府腐败现象，使这一时期成为了一个逐步异化和恶化的时期，以 1795 年乾隆退位和 1799 年驾崩而告终。乾隆作为“太上皇”的四年标志着这个令人不安的统治时期的奇异终结。在此期间，将这样一个多样性的帝国整合在一起显然面临着很多棘手的困难。在上层，帝国的权威在道德与政治层面都遭到削弱，与此同时，在底层，村落和家族制度也受到破坏，暴露出了整个政治、社会系统的脆弱。物质需求和官员的贪婪，意味着许多人都会趁机牟利和贪污；只有少数人认为应该保卫正统秩序所依赖的原则。

作为 18 世纪生产和扩张的驱动力，人口前所未有的翻番同样也是社会日益不安的原因之一。许多人，尤其是那些甚至没有机会成家立业的单身男性，看到自己与家族的纽带变得松弛，便转向新的秘密会社或是民间宗派（官方称之为“邪教”）以求得生存及结识同伴。更为绝望的人则从赌博、酒精中，后来又越来越多地从鸦片中寻求对现实的逃避。因此，在日趋衰落的乾隆统治的这一时期，社会开始解体，经济开始出现衰退，这种有害的联结将会对 19 世纪的中国社会造成非常大的破坏。

我们不应把乾隆过分地浪漫化，以免混淆了传说与历史。因为对于重要的历史人物，总会存在大量或好或坏的评论，而且很多评论看上去是互相矛盾的。谴责乾隆帝的暴行与赞美他的成功一样容易。更难的是在其时代背景下对乾隆的成败得出一种均衡的理解，明白它们的长期意义。下面谈及的乾隆的五个悖论，可以让我们更好地理解乾隆的统治，或许也有助于阐释18世纪的中国所面临的问题。

第一，乾隆强调驯服蛮夷并在边疆殖民的重要性，以增加可耕地的数量去养育其治下快速增长的人口；但他这样做，造成了环境的退化，对汉族和非汉族土著后代的生活反而产生了消极影响。

第二，乾隆郑重地谈到要关心普通民众的福祉，在他统治之下，生活水平总体上提高了，人们在遇到危机时能够依靠国家的救助；与此同时，在他统治下，有二十多年却是历史上官员腐败最为严重的时期，这些官员的财富正是来自普通民众。

第三，乾隆毕生都在努力追求一种平衡，也就是少数满洲精英的狭隘利益与多数汉人士大夫的要求之间的平衡，他一直强调一视同仁、和谐共生的重要性，但是，他的行为却一直都是有利于满洲人和满洲官员的。

第四，乾隆在雄心勃勃的文化事业上投入了巨大的财力，其成果直到今天我们仍在享用；然而，应该认识到这些工程也毁灭了成百的文学与历史作品，乾隆还大量地删去了很多作品中不符合他利益的观点。

第五，乾隆竭力创造一统，并努力对他所谓的帝国重组施加控制，当时很多人都为这一成就而欢呼；但同时，在这一过程中也有成千上万的人死去或是被杀，还有数以万计的人被俘，失去土地，他们的文化也遭到了劫掠。

所有这些以及其他一些悖论都是真实的。其中一些明确与乾隆个人做出的选择相关，而另外一些，乾隆则没有多少直接的责任。无论如何，它们都提出了一系列的问题，正如本书所示，其中很多问题都需要乾隆及其群臣考虑：

第一，如何评估人口增长和经济发展的成本？

第二，如何将才俊纳入政府部门，同时还要保持官员的诚实可靠？

第三，如何在帝国某些族群的特殊利益与普世天下的帝国的关系之间取得平衡，以使之成为包罗万象的政体？

第四，在文化保护也导致了文化破坏之时，应如何评估包容性与全面性？

第五，如何评估帝国统一的成本？

在这些问题中，并非所有问题都必然是乾隆统治下出现的新问题；尤其是第二个问题，儒家的经世致用之学已经为之努力了数个世纪。但是，这些问题在清朝暴露得非常突出，同时，这些问题在近代早期的欧洲各国也有凸显。在今天的中国（也不仅仅是中国），类似问题同样突出，只是形式各异。因此，在某种程度上，我们或许可以称乾隆为近代中国的第一个统治者。

然而，乾隆本人毕竟不是一个近代统治者。想想乾隆的统治及其为解决其所面对的问题而付出的努力，我们一定要记得乾隆是一位皇帝，而非一位总统或是首相；他并不能代表人民的政治意愿。他的合法性并非来自选民或是公众的选举，而是来自上天。对他而言，这意味着他一方面不对任何人负责，同时又要对所有人、所有现象负责。作为普天之下的主宰，他认为是上天让他去掌控这样一个复杂的世界。乾隆自负地将自己装扮为儒家圣人、士绅文人、艺术鉴赏家、老于世故的精明政客，以及历史上永垂不朽的中国帝王的合法继承者。同时，他又将自己塑造为满洲勇士的典范，精于骑射，不畏惧任何人和猛兽；还把自己塑造为转轮法王，一个掌握部分佛教教义智慧的虔诚者。这些他都做得非常高调，却又令人信服，他还利用了许多不同的方式来向世界传播他的这些形象。然而，乾隆希望对帝国许多机构制度的运行进行积极有效的干预却是一个不可能实现的梦想。他的热情让他总是无法理解在追求一个目标时，可能会影响到对另一个目标的实现，但即使自相矛盾，他还是要坚持寻求二者的和谐；有时他成功了，有时则失败了。

作为天下之主，乾隆帝当然对包括君王应该如何统治在内的所有事情都有自己的看法和理解。在这里，我们插入最后一个悖论，这就是他继承自父亲雍正的强化了的皇权，在他统治时期又遭到了削弱。尽管他遵守神圣的道统，也强调君主对先祖及尚未出世的后代的责任，但是，他遗留给儿子的皇权却日益削弱。应该说，乾隆最大的失败是，随着时间的推移，皇帝原有的统治实权日益流入大小官员之手。宫中奏折制度日益失效让这些官员重新拥有了特权，他们得以检查皇帝的信件，并控制他的消息来源。皇帝偶尔也还能找到别的渠道得到他想要的信息，却并不能完全掌控那些讨厌的官员。另外，他对人的鉴别能力越来越差，导致错信了很多人，其中最为有名的就是和珅，其行为严重削弱了皇权。我们确实可以说，在这二十年中，政府高层中普遍存在一种玩世不恭的态度和作风，国家的典章和制度再未恢复。这不仅使乾隆帝，也使他以后的嘉庆帝再也无法激励人们去无私地实践清朝前期的那些政治理想。就此而言，必须承认乾隆帝不只削弱了皇权，也削弱了国家应对未来挑战的能力。

公平而言，中央权力的丧失并不完全能由乾隆个人掌控。至少，部分原因在于出现在大一统国家中的向心力和离心力之间的永恒张力。自公元前 3 世纪开始，中国各个王朝的中央势力总是不得不与地方势力展开竞争，这些地方势力寻求一定程度的自治，或是远离中央的统治。就像月相一样，有时候中央的拉力较大，有的时候则较小。在很大程度上，这有助于说明统一和分裂的模式缘何不断重复。这种动力在今天的中国依然存在，当代中国是一个与清朝差不多大的统一政体，因此对清朝具有非常密切的认同。

我们先把这些成就、形象、矛盾和萦绕于胸的疑虑搁置一边，最后的一个问题是：乾隆究竟是个什么样的人？在本书中可以发现很多的答案：他聪明、勤奋和尽责，虚荣、冲动和易怒。他忠于家庭，尤其是他身边的女性。他热爱戏剧、音乐和大型庆典。他慷慨地奖赏英勇和尽责之人并特别敬重艺术天才。他会原谅判断失误和过失，尤其是对那些功臣，但是不能容忍愚蠢、怯懦或背叛，因此交替表现出纵容与严惩。除此之外，他也许还是个空想家，他相信历史一定会为他保留一个特殊的位置，并竭尽所能地（也许有些过于执着地）去实现它。

有一个故事有助于我们进一步了解乾隆的人格。乾隆晚年时，将他做宝亲王时期曾经住过的重华宫变成了一个小的博物馆。他令人将这里按照 1730 年代前半期他与富察氏一起居住的房间原貌进行布置，甚至将当年她的嫁妆之一——一个大柜子搬到了这里。周围摆着他未登基时用过的各种物品：中间堂屋的东边是康熙皇帝赐给小弘历的礼物，而西边有两个柜子，展示他父母赏给他的各种东西。1795 年，乾隆下谕：

> 皆朕潜邸常用服物。后世子孙随时检视，手泽口泽存焉，用以笃慕永思，常怀继述。是则孝之大者，正不在多为崇奉，以致蹈礼烦则乱之戒也。

我们或许会觉得，乾隆建立自己的纪念堂，放置那些私人的、对他个人有重要意义的物品，可能显得过于自负。不过，这个地方并不是为了标榜乾隆的伟大成就，而是为了表达他对其一生中最重要的人物的怀念和敬意。还原重华宫之意，主要还是让他幻想时间可以永远停止在那个美好的时代，让他能够缅怀年青时代的美丽岁月。似乎唯有在这个特殊的地点，乾隆才可以告诉子孙那些无法留存史书的留恋话语："假如你们真的想认识我，请到这里来，对我来说最宝贵的东西都集中于此，都来自这些亲人，我是为了他们而奉献了一辈子的心血。"这也提醒我们，一个王朝，哪怕像大清王朝这样成功，毕竟还是一个家庭的事务，而一个皇帝，哪怕像乾隆这般富有雄心，毕竟也还只是一个凡人。

乾隆时期大事年表

1711 年	胤禛（雍王）和钮钴禄氏的四子弘历诞生（9 月 25 日）
1722 年	弘历陪同康熙前往承德；12 月，康熙驾崩；弘历父亲继位
1723 年	雍正元年；秘密立弘历为储
1727 年	弘历与富察氏大婚
1730 年	弘历刊行首部诗集
1733 年	雍正封弘历为宝亲王
1735 年	雍正驾崩；弘历登基（10 月）；贵州苗民叛乱
1736 年	乾隆元年
1738 年	恢复军机处
1740 年	与准噶尔蒙古订约
1741 年	乾隆恢复木兰秋狝传统
1743 年	首次北巡盛京，拜谒祖庙；河北饥荒
1745 年	鄂尔泰去世；首次宣布全国税收蠲免
1746 年	首次西巡五台山
1747 年	开始首次金川战役（1749 年结束）；西藏摄政颇罗鼐去世

1748 年　首次东巡泰山和曲阜；原配皇后富察氏去世
1749 年　处决讷亲；张廷玉致休
1750 年　升乌拉那拉氏为皇后；拉萨叛乱，清军前往平叛
1751 年　乾隆六次南巡江南的第一次
1755 年　第一次准噶尔战役；阿睦尔萨纳反叛
1756 年　第二次准噶尔战役
1757 年　阿睦尔萨纳逃逸；大小和卓叛乱；限制广州贸易“西洋”器皿
1759 年　兆惠击败白山派和卓后返京
1760 年　未来的嘉庆帝、十五子颙琰诞生
1761 年　乾隆为母举行七十大寿庆典
1767 年　缅甸战役开始（1771 年结束）
1771 年　第二次金川战役开始（1776 年结束）；皇太后八十大寿庆典；土尔扈特回归；《御制增订清文鉴》刊行
1773 年　《四库全书》编纂工作开始；王伦叛乱
1775 年　和孝公主出生；任命和珅为军机大臣；巴黎制作的西域战争图献予乾隆
1777 年　乾隆之母去世，享年 84 岁
1780 年　乾隆七十大寿庆典；在承德接见班禅喇嘛；李侍尧贪污案
1781 年　甘肃回民叛乱；王亶望贪污案
1782 年　首部《四库全书》完成
1787 年　林爽文叛乱
1788 年　第一次廓尔喀战役；安南战役开始
1790 年　和孝公主大婚

1792 年　　第二次廓尔喀战役

1793 年　　英国马戛尔尼使团来访

1794 年　　湖南苗民叛乱

1795 年　　乾隆正式逊位；颙琰即位，年号嘉庆

1796 年　　嘉庆元年；白莲教叛乱爆发

1797 年　　阿桂去世

1798 年　　最后一次造访承德

1799 年　　乾隆去世，享年 89 岁；和珅被处决

书目介绍

对于研究诸如乾隆皇帝这样的重要历史人物的学者们而言，通常不会遇到材料匮乏的问题，既有很多的一手资料(即乾隆时期刊行的文献)，也有二手资料（后世史学家的著述)。确实，对于任何一个人而言，且不说读完这些卷帙浩繁的文献有多辛苦，关键的问题是，根本就不可能有人能够读完所有这些文献。所以，在写作此书的过程中，虽然我参考了很多的原始文献，但是我也必须利用很多其他史学家的著述。通常我应该在脚注和参考文献中提及这些史学家及其著述，在本书中我则在下文记录下我对他们的感谢之情。下文将介绍研究乾隆及其时代的一些重要的原始文献，并对当代学人的相关研究进行概述。

主要文献

对于一个有兴趣于乾隆帝及其生活时代的人而言，相关的原始文献可谓多不胜数。其中绝大多数为汉语文献，多以古代汉语写就，直到 20 世纪初期，在文人阶层，古代汉语仍然颇为盛行。在汉语文献之外，还有一些满语、蒙古语、藏语和朝鲜语的文献，也有一些英语、法语、俄语、拉丁语以及其他语言的辅助文献。这些文献中的许多已经刊印（有些甚至在清朝时期即已出版），而且每年还有更多的文献出版或发布在互联网上。但是，原始文献的主体是那些藏于北京、台北、沈阳及其他地方档案馆和图书馆中尚未刊行的文件。魏根深所编的《中国历史手册》（Endymion Wilkinson, *Chinese History: A Manual*, 2nd ed., Cambridge, Mass.: Harvard Asia Center Publications, 2000）的相关部分，对于清代各种原始文献有非常好的概述。

在已经出版的原始文献中，对于本研究最为重要的一部是《大清历朝实录》，这是清朝官修的一部与国家事务相关的详细编年史料。其中乾隆时期的实录共有 1500 卷，涵盖时段从 1735 年到 1790 年。每月的实录分为两卷，每卷篇幅为 20 ~ 50 页不等；通常每天都有条目记载。在实录的编纂过程中，编者参考了大量为此目的而收集的原始文献，在编纂工作完成后，其中一些原始文献被销毁，但是很多都被保存在了宫中的档案中。今天，在我们对这些原始档案文献的记载与实录中的记载进行对比时，会发现收入实录中的档案文献基本上是准确的，不过，篇幅通常遭到了压缩，而且，有时也能够看出存在篡改的迹象。因此，学者们在使用这些实录时，还是应该保持一定的慎重。尽管如此，由于实录内容全面，且依据年代顺序排列，所以对于所有研究清史的史学家而言，依然是一部重要的入门史料。

值得一提的是，编纂实录的目的并非在于出版，完全是为皇帝及其臣僚所用。人工誊写的实录副本分别保存在北京、承德和沈阳的五处地方，以备宫中人员随时查询。日本占领东北后的1937年，藏于沈阳的实录副本被发现，随后在东京出版了它的精装印本，使得实录首次可以为全世界的学者所用。1964年，东京版实录的小幅影印本出版，1985～1987年，北京藏实录的石印本也得到出版。如今，人们还可以在网上订阅使用台湾中研院的实录全本。

除实录外，就乾隆研究而言，还有大量其他种类的原始文献可以利用，数量太多，兹不一一枚举。这些文献的来源包括满、汉原始档案文献和写本（由于乾隆统治时间很长，所以这样的原始文献数量多达几十万），其中许多都有乾隆作品的特征。此外，当然还有乾隆数以千计的诗篇，数百首序、文和碑铭，以及长篇累牍的官修方略和南巡行纪。这里还没有提到各种法典、则例、准官方或非官方的史书、书目，以及已刊行的重要文武官员的著述，这些文献为我们了解乾隆及其时代提供了独特的视角。非文本的资料包括无数有关乾隆及其宫廷的绘画作品（有些已在本书中进行了介绍）、地图、服饰，以及很多曾为乾隆拥有并藏于宫中的实物。简而言之，对于后世研究18世纪清朝历史的人而言，有充足的原始材料可供使用。

下面来谈谈西语文献，其中最有价值的是乾隆宫廷中那些耶稣会士的信件，他们对于乾隆以及18世纪北京的政治和生活具有充分的了解和观察。这些拉丁语原始文献大多藏于罗马，不过19世纪初开始出版法文译本，成为当时世界各地耶稣会士文献系列《通信集》（*Lettres edifiantes et curieuses concernant l'asie et l'Afrique*，巴黎，1838；来自中国的信件在第3、4卷）的一个部分。收录于《北京信札，1722～1759》（*Correspondance de Pékin*，1722－1759，Geneva：Droz，1970）的宋君荣（Antoine Gaubil）的信件也非常有价值。有关乾隆后期极为重要的另一套史料是马戛尔尼使团成员所撰写的回忆录。其中最有价值的是马戛尔尼本人的日记，由 J. L. Cranmer-Byng 整理，名为《出使中国之使团：马戛尔尼勋爵出使晋谒乾隆帝日记，1793～1794》(J. L. Cranmer-Byng, *An Embassy to China*: *Beijing the Journal Kept by Lord Macartney During His Embassy to the Emperor Ch'ien-lung*, *1793－1794*, Hamden, Conn.: Archon Press, 1974)，以及乔治·斯当东的《英使谒见乾隆纪实》(George Staunton, *An Authentic Account of an Embassy from the King of Great Britain to Emperor of China*, London, 1798)。相关文本的英文译本比比皆是，如在米华健主编的《新清帝国史》（James Millward, et al., *New Qing Imperial History*, London: Routledge, 2004）第四部分，司马黛兰（Deborah Sommer）翻译了画匠王志诚与乾隆的相遇（相关情况参见本书第七章）；司马黛兰允许我使用这一材料，谨向其致以谢意。

二手文献

清代的传记与通史

有关乾隆的二手文献当然也很丰富，其中多数仍是汉文文献。正如本书序言中所说，1987 年后涌现出了相当多的乾隆传记，其中颇具代表性的有如下几种：刘璐著《古稀天子乾隆》(1987)，白新良著《乾隆传》(1990)，周远廉著《乾隆皇帝大传》（北京，1990），戴逸著《乾隆及其时代》（北京，1992），孙文良、张杰、郑川水著《乾隆帝》(长春，1993)，郭成康、成崇德著《乾隆皇帝全传》（北京，1994)，唐文基、罗庆泗著《乾隆传》（北京，1994)，高翔著《康雍乾三帝统治思想研究》（北京，1995)，张杰著《天朝威福：清高宗，乾隆帝，弘历》（哈尔滨，1997)，陈捷先著《乾隆写真》（杭州，2003)，以及郭成康著《乾隆大帝》（北京，2004)。吴十洲的《乾隆一日》（天津，1999）深入地研究了乾隆皇帝在1765年1月28日这一天的生活，这一日标志着乾隆漫长统治的中点。庄吉发有关乾隆军事行动的全面研究《清高宗十全武功研究》（台北，1982)，高王凌有关18世纪清朝经济史的研究《十八世纪中国的经济发展和政府政策》（北京，1995）以及万依、王树卿和刘潞有关宫廷生活的研究《清代宫廷史》（沈阳，1990）也具有非常重要的价值。这些流行的著述都是基于上述原始文献所作，对我的研究大有裨益。

除了这些专著，还有成百篇有关乾隆及其时代的学术论文，以及大量由知名人物如二月河所写的以乾隆及其宫廷为中心的通俗历史读物和文学作品。尽管此类著述乃基于史实所作，也颇具可读性，但是，它们常常会偏离当时的真实情况，因而对于历史学家的研究来说，就不是特别可信。

在日本学界，有两部可信但是过时的乾隆传记：后藤末雄著《乾隆传》（东京，1942）及杉村勇造著《乾隆皇帝》（东京，1961)。

在英语世界中，有关乾隆统治最为综合的描述是亚历山大·伍德赛德的《乾隆朝》（Alexander Woodside, *The Ch'ien-lung Reign*)，载于毕德胜编《剑桥中国史》第九卷第一部分《1800年前的清王朝》（Willard J. Peterson, *The Cambridge History of China*, Volume 9, *Part* 1, *The Ch'ing Dynasty to 1800*, Cambridge: Cambridge University Press,

2002）。牟复礼在《帝制中国：900～1800 年》（Frederick Mote, *Imperial China: 900－1800*, Cambridge, Mass.: Harvard University Press, 1999）中有关乾隆的一章也很有参考价值。在恒慕义主编的《清代名人传》（Arthur Hummel, *Eminent Chinese of the Ch'ing Period*, Washington, D.C.: US Government Printing Office, 1943－1944）中，方潮英（音译，Chao-ying Fang）所写的"乾隆传"虽然简短，但也非常重要。《清代名人传》包含了清史各个方面的信息，至今依然是清史专业学生不可或缺的工具。在费正清主编的《剑桥中国史》第十卷第一部分《1800 年以后的清王朝》（John K. Fairbank, ed., *The Cambridge History of China*, Vol. 10, Part 1, *The Ch'ing Dynasty from 1800*, Cambridge, 1979）中，曼素恩和孔飞力所写的"王朝的衰落和叛乱的根源"（Susan Mann and Philip Kuhn, Dynastic Decline and the Roots of Rebellion）对于 18 世纪的政治成就和问题提供了非常全面的论述。

在欧洲各类语言中，唯一一本有关乾隆皇帝的专著依然是康无为的《帝王眼中的君主统治》（Harold Kahn, *Monarchy in the Emperor's Eyes*, Cambridge, Mass.: Harvard University Press, 1971）。在书中，康无为对乾隆登基前后的形象塑造过程进行了考察。此书之构思和文字都很优美，给我们提供了有关清朝统治机构的非常有价值的见解，不过，它对于乾隆统治时期的细节缺乏论述。此后，孔飞力的《叫魂》（Philip Kuhn, *Soulstealers: The Sorcery Scare of 1768*, Cambridge, Mass.: Harvard University Press, 1990）可谓有关乾隆统治中期时的清朝政治和社会的一部非常吸引人甚至奇妙的著述，乾隆本人正是故事的主角。学术专著的缺乏由于近来大量博物馆的精美展品目录的出现得到了一定程度的弥补，后者包含有很多与盛清时期宫廷文化相关的精美说明，并配有著名专家们撰写的翔实文章。其中最值得一提的是冯明珠所编《乾隆皇帝的文化大业》（台北故宫博物院，2002），张红星（音译）编《乾隆皇帝：故宫珍品》（Zhang Hongxing, *The Qianlong Emperor*: *Treasures from the Forbidden City*, Edinburgh, 2002），何翠梅（音译）、本奈特·布朗森编《中国故宫的辉煌：乾隆皇帝的光辉统治》（Chuimei Ho and Bennet Bronson ed. , *Splendors of China's Forbidden City*: *The Glorious Reign of Emperor Qianlong*, Chicago: The Field Museum, 2004），罗有枝与杰西卡·罗森编《中国：康雍乾三帝，1662～1795》（Evelyn Rawski and Jessica Rawson ed. , *China*: *The Three Emperors*, *1662 - 1795*, London: Royal Academy of Art, 2005）。对于能读懂中文的人来说，由朱诚儒所编的《清史图典》（北京，2002）系列非常有用，其中有两卷的内容与乾隆朝相关。

至于清代通史，由西方研究近代中国的资深史学家史景迁主编的《寻找近代中国》第二版（Jonathan Spence, *The Search for Modern China*, 2nd ed. , New York: Norton, 1990）中的前1/3内容是有关清代的最好的概述。另一部比史景迁的著作更为详细且值得信任的教科书是徐中约的《近代中国之崛起》第六版（Immanuel C. Y. Hsü, *The Rise of Modern China*, 6th ed. , Oxford University Press, 1999）。尽管魏斐德的《中华帝国的衰落》（Frederic Wakeman, *The Fall of Imperial China*, New York: Free Press, 1975）有些过时，但是，此书对于盛清时期秩序的论述是非常杰出的，费维恺的《18世纪中国的国家与社会：清帝国的辉煌》（Albert

Feuerwerker, *State and Society in* 18th*-century China*: *The Ch'ing Empire in Its Glory*, Ann Arbor: University of Michigan Center for Chinese Studies, 1976）同样如此。而前面提到的学术水平极高的《剑桥中国史》中则展示了更新的研究成果。值得注意的研究成果还有有关满族在近代中国历史发展中的贡献的讨论，如罗有枝的《再观清代：清代在中国史的意义》(Evelyn Rawski, Reenvisioning the Qing: The Significance of the Qing Period in Chinese History, *Journal of Asian Studies*, 55.4, November, 1996)，以及何炳棣对此的回应——《捍卫汉化：驳罗有枝之"再观清代"》（Ping-ti Ho, In defense of Sinicization: A Rebuttal of Evelyn Rawski's "Reenvisioning the Qing," *Journal of Asian Studies*, 57.1, February, 1998)。

王朝更替与乾隆统治初期

康无为的《帝王眼中的君主统治》是一部有关年轻的乾隆及其所受教育方面的杰作。而黄培的《乾纲独断：雍正朝研究》(Pei Huang, *Autocracy at Work*, Bloomington, Ind.: Indiana University Press, 1974）则给我们提供了更多的雍正朝的背景。不过，史景迁的《雍正王朝之大义觉迷》(Jonathan Spence, *Treason by the Book*, New York: Norton, 2001）对于青年乾隆时期的政治又提供了一种更新的认识。史景迁有关康熙时期的两部著作《曹寅与康熙帝：奴与主》(*Ts'ao Yin and the K'ang-his Emperor*: *Bondservant and Master*, New Haven: Yale University Press, 1966）与《中国的帝王》(*Emperor of China*, New York: Knopf, 1974）对于理解乾隆祖父时期的历史趋势依然是极佳的参考。而倪德卫的《和珅及其控告者：18 世纪的理念与政治行为》(David Nivison,

Ho-shen and His Accusers: Ideology and Political Behavior in the 18th Century, in Nivison and Arthur Wright, eds., *Confucianism in Action*, Stanford University Press, 1969）则是有关乾嘉更替的一部经典作品。

清廷的生活、仪式与宗教

罗有枝的《最后的帝王：清代宫廷社会史》（Evelyn Rawski, *The Last Emperors: A Social History of Qing Imperial Institutions*, Berkeley: University of California Press, 1998）一书对清代宫廷做了非常好的论述，在对宫中女性的介绍方面尤为突出。而收录于何翠梅和琼斯所编《中国清代宫廷生活》（Chuimei Ho and Cheri A. Jones ed., *Life in the Imperial Court of Qing Dynasty China*）中的一些论文也非常有用，此书为《丹佛自然史博物馆纪要》系列中的一本（*Proceedings of the Denver Museum of Natural History*, Series 3, No. 15, November 1998）。诺曼·库彻的《中华帝国晚期的哀悼：孝与国家》（Norman Kutcher, *Mourning in Late Imperial China: Filiality and the State*, Cambridge: Cambridge University Press, 1999）对清代的哀悼仪式进行了深入的研究，尤其关注孝贤皇后死后出现的那些丑闻。而司徒安的《身与笔：18世纪作为文本/表演的大祀》（Angela Zito, *Of Body and Brush, Grand Sacrifice as Text/Performance in Eighteenth-century China*, Chicago: University of Chicago Press, 1997）关注的则是乾隆对于宗教仪式的参与及态度。白瑞霞的《虚静帝国：清代中国的佛教艺术和政治权威》（Patricia Berger, *Empire of Emptiness: Buddhist Art and Political Authority in Qing China*, Honolulu: University of Hawaii Press, 2003）对乾隆在

艺术和宗教方面的追求，尤其是他（及其母亲）对藏传佛教的兴趣给予了进一步的阐述。如果想要了解更多有关满洲宗教的内容，可以参考狄宇宙的《清廷的满洲萨满仪式》(Nicola Di Cosma, Manchu Shamanic Ceremonies at the Qing Court, in Joseph McDermott, ed. , *State and Court Ritual in China*, Cambridge: Cambridge University Press, 1999)。韩书瑞的《北京：寺庙与城市生活》（Susan Naquin, *Beijing: Temples and City Life*, Berkeley: University of California Press, 2000）则对清代北京的寺庙进行了详细的介绍。

帝国的机构与统治

有关清朝统治机构变革的最为权威的阐述，当属白彬菊的《君与臣：1723 ~ 1820 年的军机处》(Beatrice S. Bartlett, *Monarchs and Ministers: The Grand Council in Mid-Ch'ing China, 1723 - 1820*, Berkeley: University of California Press, 1991)。欧立德的《满洲之道：清代的八旗及族群认同》(Mark C. Elliott, *The Manchu Way: The Eight Banner and Ethnic Identity in Late Imperial China*, Stanford University Press, 2001）则对八旗、满洲在中国统治的起源及 18 世纪对少数族群统治问题的解决给予了介绍。柯娇艳在其《透明镜：清代帝国理念的历史与认同》(Pamela Kyle Crossley, *A Translucent Mirror: History and Identity in Qing Imperial Ideology*, Berkeley: University of California Press, 2000）则针对满洲统治提供了不同的视角，并对乾隆时期的帝国思维进行了复杂的评论。张勉治的《马背上的朝廷：帝国巡游与清朝统治的构建》（Michael Chang, *A Court on Horseback: Imperial Touring and the Construction of Qing Rule*, Cambridge,

Mass.：Harvard University Asia Center Publications，2007）与布莱恩·多特的《认同反射：清代中国的泰山朝圣》（Brian Dott，*Identity Reflections*：*Pilgrimages to Mount Tai in Late Imperial China*，Cambridge，Mass.：Harvard University Asia Center Publications，2004）对于康熙和乾隆巡游的意义提供了多种理解。而米华健主编的《新清帝国史》中的很多文章主要探讨的则是清朝的第二都城承德的政治意义。

有关省级行政机构及其与中央政府的关系以及清代官员对统治的认识，可见前述孔飞力的《叫魂》、罗威廉的《拯救世界：陈宏谋与18世纪中国的精英意识》（William Rowe，*Saving the World*：*Chen Hongmou and Elite Consciousness in 18th-century China*，Stanford：Stanford University Press，2001）以及魏丕信的《官僚机构与18世纪中国的饥荒》（Pierre-Etienne Will，*Bureaucracy and Famine in* 18th*-century China*，Stanford：Stanford University Press，1990）。盖博坚的《清代中国的帝国权力与巡抚的任命》（R. Kent Guy，"Imperial Powers and the Appointment of Provincial Governors in Qing China"，in Frederick P. Brandauer and Chun-chieh Huang，eds.，*Imperial Rulership and Cultural Change in Traditional China*，Seattle：University of Washington Press，1994）一文也非常有价值。

边疆扩张与军事战役

卫周安的《中国的战争文化：清朝统治下的帝国与军事》（Joanna Waley-Cohen，*The Culture of War in China*：*Empire and the Military under the Qing Dynasty*，London：Tauris，2006）和《国际历史评论》有关满洲殖民主义的特

刊（*International History Review*, June, 1998）对清代的军事文化进行了概括性的介绍。至于清朝对准噶尔的战争，濮德培的《中国西进：清朝对新疆的征服》（Peter Perdue, *China Marches West: The Qing Conquest of Central Eurasia*, Cambridge, Mass.: Harvard University Press, 2005）进行了详细的叙述，并有令人信服的分析。而米华健的《嘉峪关外：清代新疆的经济、族群与帝国》（James Millward, *Beyond the Pass: Economy, Ethnicity, and Empire in Qing Central Asia*, Stanford: Stanford University Press, 1998）则对清朝统治向新疆的扩张进行了非常好的论述。在英语世界中，还没有著述对18世纪清廷与西藏的关系进行充分的论述。伯戴克的《18世纪初期的中国与西藏》（Luciano Petech, *China and Tibet in the Early 18th Century*, 2nd ed., Leiden: Brill, 1972）以及博格尔的《空虚的帝国》（Berger, *Empire of Emptiness*）涉及了其中的一部分内容。王湘云（音译）的《清廷与西藏的联系》（Xiangyun Wang, "The Qing Court's Tibet Connection," *Harvard Journal of Asiatic Studies*, 60.1, June, 2000）对此问题进行了引人入胜的论述。乾隆对蒙古问题的处理则是艾尔沃斯考格的《我们大清：清代的蒙古、佛教与国家》（Johan Elverskog, *Our Great Qing: The Mongols, Buddhism, and the State in Late Imperial China*, Honolulu: University of Hawaii Press, 2006）的部分主题。

至于东南边疆，邵式柏的《台湾边疆的经世与政治经济》（Johan Shepherd, *Statecraft and Political Economy on the Taiwan Frontier*, Stanford: Stanford University Press, 1993）对于清朝在台湾的扩张和统治进行了非常全面的阐述。劳拉·霍斯泰特勒的《清朝的殖民大业：近代中国早期的民族学与制图术》（Laura Hostetler, *Qing Colonial Enterprise: Ethnography and Cartography in Early Modern China*, Chicago: University of Chicago Press, 2001）、纪若诚的《亚洲的疆界：清代中国云南边疆的变迁》（C. Patterson Giersch, Asian Borderlands: *The Transformation of Qing China's Yunnan Frontier*, Cambridge, Mass.: Harvard University Press, 2005）以及约翰·赫尔曼的《云雾之间：中国在贵州的殖民》（John Herman, *Amid the Clouds and Mist: China's Colonization of Guizhou*, Cambridge, Mass.: Harvard University Asia Center, 2007）叙述的都是西南的历史。此外，戴莹琮的几篇文章也与乾隆在西南的军事开发有关，如《金川战役中的国家、商人与军事劳役》（Yingcong Dai, "The Qing State, Merchants, and Military Labor Force in the Jinchuan Campaigns," *Late Imperial China*, 22.2, December, 2001）。

18 世纪的社会与经济

韩书瑞和罗有枝的《18 世纪的中国社会》（Susan Naquin and Evelyn Rawski, *Chinese Society in the Eighteenth Century*, New Haven: Yale University Press, 1987）是有关乾隆时期清代社会的一部非常好的概述之作。在前面已经提到的几部著作中，如罗威廉的《拯救世界》和魏丕信的《官僚机构与饥荒》，对于清代政治经济的论述较为详细。另一部比较重要的著述是彭慕兰的《大分流》（Kenneth Pomeranz, *The Great Divergence: China, Europe, and the making of the Modern World Economy*, Princeton: Princeton University Press, 2000），此书重点对 18 世纪中国与欧洲的经济发展进行了大胆的比较分析。邓海伦则在其《国家还是商

家？1740年代中国的政治经济与政治进程》（Helen Dunstan, *State or Merchant? Political Economy and Political Process in 1740s China*, Cambridge, Mass.: Harvard University Asia Center, 2006）中对于清朝的财政政策进行了谨慎的检视。

以下著述涉及了乾隆时期清朝社会的其他方面。曼素恩的《内闱中的先生：18世纪前后的中国女性》（Susan Mann, *Teachers of the Iner Chambers: Women in China's Long 18th Century*, Stanford: Stanford University Press, 1996）打开了清中期江南性别研究的一扇窗户；大卫·欧恩比的《清朝中前期的兄弟会与秘密会社：传统的构成》（David Ownby, *Brotherhoods and Secret Societies in Early and Mid-Qing China: The Formation of a Tradition*, Stanford: Stanford University Press, 1996）追溯了形成于边疆地区互助组中的秘密会社的起源以及国家对其一贯的控制行为；苏成捷的《清代中国的性、法律与社会》（Matthew Sommer, *Sex, Law, and Society in Late Imperial China*, Stanford, Stanford University Press, 2000）审视了性别观念的变迁及其在社会和法律标准方面的影响；麦柯丽的《社会权力与法律文化：清代中国的讼师》（Melissa Macauley, *Social Power and Legal Culture: Litigation Masters in Late Imperial China*, Stanford: Stanford University Press, 1998）分析了18世纪的法律案例，针对社会与经济生活得出了一个自下而上的观点。上述著述是近二十年中涌现出的一部分非常重要的有关乾隆时期中国社会的学术成果。

知识分子与文化趋势

艾尔曼的《从理学到朴学：中华帝国晚期思想与社会

变化面面观》(Benjamin A. Elman, *From Philosophy to Philology: Intellectual and Social Aspects of Change in Late Imperial China*, Cambridge, Mass.: Harvard University Asia Center, 1984)和《经学、政治和宗族——中华帝国晚期常州今文经学派研究》(*Classicism, Politics, and Kinship: The Ch'ang-chou School of New Text Confucianism in Late Imperial China*, Berkeley: University of California Press, 1990),全面论述了乾隆时期的主要学术发展及其社会与政治意义。尽管艾尔曼有关科举制度的巨著《中华帝国晚期科举制度之文化史》(*A Cultural History of Civil Service Examinations in Late Imperial China*, Berkeley: University of California Press, 2000)在时间跨度上更大,并不限于18世纪,但其中蕴含了丰富的信息。至于《四库全书》,除了傅路德的经典作品《乾隆时期的文字狱》(Carrington Goodrich, *The Literary Inquisition of Ch'ien-lung*, New York, 1966)外,盖博坚的《乾隆晚期的学者与国家》(R. Kent Guy, *The Emperor's Four Treasuries: Scholars and the State in the Late Ch'ien-lung Era*, Cambridge, Mass.: Harvard University Asia Center, 1987)也是一部非常杰出的著作。安东篱的《说扬州:一座中国城市,1550~1850年》(Antonia Finnane, *Speaking of Yangzhou: A Chinese City, 1550 - 1850*, Cambridge, Mass.: Harvard University Asia Center, 2004)给予了18世纪的城市文化以重要的意义;而包筠雅和周启荣的《中华帝国晚期的印刷与书籍文化》(Cynthia Brokaw and Kai-wing Chow, *Printing and Book Culture in Late Imperial China*, Berkeley: University of California Press, 2005),关注的则主要是当时繁盛的印刷业。

对外关系

费正清主编的《中国的世界秩序》（John K. Fairbank ed.，*The Chinese World Order*，Cambridge，Mass.：Harvard University Press，1970）是一部有关清代对外事务的基础性研究著述。何伟亚的《怀柔远人》（James Hevia，*Cherishing Men from Afar：Qing Guest Ritual and the Macartney Embassy of 1793*，Durham，N. C.：Duke University Press，1995）则对《中国的世界秩序》中的一些观点提出了强有力的同时也是有争议的挑战。在上文所列书目中，对于乾隆朝中耶稣会士的地位也有详细的记载，此类著作还有卫周安的《北京的六分仪：中国史上的全球潮流》（Joanna Waley-Cohen，*Sextants of Beijing：Global Currents in Chinese History*，New York：Norton，1999）。

索　　引*

A

B

* 原著以英文字母顺序为序，此处以汉语拼音为序。

C

D

E

F

G

H

J

K

L

M

N

P

Q

R

S

T

W

X

Y

Z

译者后记

正如欧立德教授在本书中文版序言中所说，乾隆这样一个在中国家喻户晓的历史人物，对于绝大多数西方人来说却是完全陌生的。因此，欧立德教授这部英文著述的出版发行，有助于欧美读者认识和了解乾隆以及那个时代的历史。欧立德教授作为一位美国的清史学者和新清史的领军人物，在这本著述中自然将新清史的一些观念及研究成果贯彻其中，从而塑造了一个新清史学者视野中的乾隆形象，可以让熟知乾隆形象的中国读者从另外一个角度重新对乾隆进行审视。正如新清史的出现在一定程度上改变了传统的清史研究一样，《乾隆帝》一书的问世对于重新理解乾隆皇帝及其时代的历史也具有重要的意义。

本书英文版出版后，承蒙欧立德教授惠赠，我即得以拜读，颇为这一既忠实于历史文献，且具有学术深度，又不乏小说叙事之生动的乾隆传记所吸引，书中所塑造的“天之骄子，世之凡人”的乾隆形象给我留下了颇深的印象。

欧立德教授希望出版该书的中文译本，并请我作为译者。当时我正参加一个以新清史文献为主的阅读小组，遂将此事告诉大家，众人皆对翻译这本书表示出了浓厚的兴趣，且得到了定宜庄教授的大力支持，我便欣然应允，组织大家开始着手翻译。所以，本书的翻译是集体合作的结果，具体分工如下：

中文版序：贾建飞

英文版序：贾建飞

第一章：贾建飞

第二章：邢新欣

第三章：吴玉廉

第四章：汪润

第五章：王惠敏

第六章：贾建飞

第七章：吴玉廉

第八章：邱源媛

第九章：邢新欣

结语：贾建飞

参考文献及索引：贾建飞

全书译稿审校：贾建飞　欧立德

2011 年末，译文初稿完成，我对全部译稿进行了审校。当时正值我在哈佛大学访学，其间我与欧立德教授就译稿中的问题进行了多次的交流，让我对欧立德教授在书中所表现出的学术思想有了更深的认识，对我的审校工作给予了很大的帮助。审校完成后，欧立德教授又逐字逐句进行了二次审读，他不仅提出了很多宝贵的修改意见和建议，还补充了译稿中缺失的很多原始引文。

翻译期间，欧立德教授的高足谢健（Jonathan Schlesinger）博士也给予了很多帮助。在此谨对各位译者、欧立德教授、定宜庄教授和谢健博士表示诚挚的感谢。

感谢社会科学文献出版社编辑们的辛苦工作，使得这本书的中译本得以顺利出版。另外，欧立德教授在本书中文版版权问题的解决中给予了很大的支持和帮助。

翻译从来都不是一个简单的工作，往往难于原始创作。由于译者能力有限，其中难免存在错误，译者自当承担全部责任。

贾建飞

2014 年 1 月 7 日

图书在版编目(CIP)数据

乾隆帝/（美）欧立德（Elliott，M.C.）著；青石译.
—北京：社会科学文献出版社，2014.5（2020.3 重印）
ISBN 978-7-5097-5690-4

Ⅰ.①乾… Ⅱ.①欧… ②青… Ⅲ.①乾隆帝（1711～1799）-传记 Ⅳ.①K827=49

中国版本图书馆 CIP 数据核字（2014）第 035367 号

乾隆帝

著　　者／［美］欧立德
译　　者／青　石
审　　校／贾建飞　欧立德

出 版 人／谢寿光
项目统筹／徐思彦
责任编辑／赵　薇

出　　版／社会科学文献出版社·历史学分社（010）59367256
地址：北京市北三环中路甲 29 号院华龙大厦　邮编：100029
网址：www.ssap.com.cn
发　　行／市场营销中心（010）59367081　59367083
印　　装／三河市东方印刷有限公司

规　　格／开　本：889mm×1194mm　1/32
印　张：9.25　字　数：215 千字
版　　次／2014 年 5 月第 1 版　2020 年 3 月第 10 次印刷
书　　号／ISBN 978-7-5097-5690-4
著作权合同登记号／图字 01-2013-4474 号
定　　价／49.00 元